Stress ganzheitlich verstehen und managen

Stress ganzheitlich verstehen und managen

Ariane Orosz

Programmbereich Psychiatrie

Ariane Orosz

Stress ganzheitlich verstehen und managen

Trainingsmanual für Gruppen – mit neurobiologischen Grundlagen und integrativen Ansätzen

Dr. sc. ETH Ariane Orosz
Zentrum für stressbedingte Erkrankungen
Sanatorium Kilchberg AG
Alte Landstrasse 70
8802 Kilchberg
Schweiz
E-Mail: ariane.orosz@sanatorium-kilchberg.ch

Bibliografische Information der Deutschen Nationalbibliothek
Die Deutsche Nationalbibliothek verzeichnet diese Publikation in der Deutschen Nationalbibliografie; detaillierte bibliografische Daten sind im Internet über http://www.dnb.de abrufbar.

Anregungen und Zuschriften bitte an:
Hogrefe AG
Lektorat Medizin/Psychiatrie
Länggass-Strasse 76
3012 Bern
Schweiz
Tel. +41 31 300 45 00
info@hogrefe.ch
www.hogrefe.ch

Lektorat: Susanne Ristea
Bearbeitung: Christine Bier, Nußloch
Herstellung: René Tschirren
Umschlagabbildung: iStock/fizkes
Umschlag: Claude Borer, Riehen
Satz: Claudia Wild, Konstanz
Druck und buchbinderische Verarbeitung: AZ Druck und Datentechnik GmbH, Kempten
Printed in Germany

1. Auflage 2019

(E-Book-ISBN_PDF 978-3-456-95908-5)
(E-Book-ISBN_EPUB 978-3-456-75908-1)
ISBN 978-3-456-85908-8
http://doi.org/10.1024/85908-000

Inhalt

Geleitwort

Es freut mich sehr, das Geleitwort zu diesem Manual von Ariane Orosz schreiben zu dürfen. Sie leistet damit einen wesentlichen Beitrag zum ganzheitlichen Verständnis und Umgang mit Stress.

Menschen brauchen Orientierung und Sicherheit. Ein Neugeborenes orientiert sich zuerst im Außen an seinen nächsten Bezugspersonen. Feinfühlige Eltern gehen auf seine Bedürfnisse und Einzigartigkeit ein. Das hilft ihm, sich auch in seinem Inneren zu orientieren, dafür nutzt es zuallererst die Signale seines Körpers. Der Säuglingsforscher Daniel Stern hat gezeigt, dass diese Entwicklung schon zwischen dem zweiten und dem sechsten Lebensmonat stattfindet, das Kind erlebt dadurch ein Gefühl der Selbstwirksamkeit. Spürt es beispielsweise ein unangenehmes Grummeln in der Magengegend, wird es Signale aussenden, auf die die Mutter reagieren kann, indem sie es stillt. Das darauffolgende wohligwarme Gefühl in der Magengegend signalisiert dem Kind Sättigung und die Wirksamkeit seines Handelns.

Stress ist im Leben des heutigen Menschen zu einem alltäglichen Phänomen geworden. Wir beachten ihn erst, wenn wir mit seinen Folgen zu tun haben. Wenn wir uns immer weniger selbst regulieren können, ist Burnout eine mögliche Folge. Dann haben wir die Orientierung verloren. Wir haben so lange versucht, die Bedürfnisse der Umwelt zu befriedigen, bis die Selbstwirksamkeit verloren geht und alles in einem psycho-physischen Zusammenbruch endet.

Natürlich brauchen wir dann neue Lebenskraft und Regeneration. Was wir aber genauso brauchen, ist eine erneute ganzheitliche Orientierung für unser Leben.

Ariane Orosz ist es gelungen, zwei wesentliche Bereiche zusammenzuführen: die äußere Orientierung in Form des aktuellsten Wissens über die neurobiologischen Zusammenhänge von Stress und die Möglichkeiten, hier fördernd einzuwirken. Und die innere Orientierung, indem sie die Theorien und die Methoden der Integrativen Körperpsychotherapie IBP nutzt, um den Betroffenen Möglichkeiten an die Hand zu geben, wieder ein selbstbestimmtes, mit den eigenen Werten und Zielen verbundenes Leben zu führen. Wenn wir unsere Innenwelt mit unserer Umwelt in eine stimmige Balance bringen, schaffen wir eine wichtige Grundlage für glückliche Beziehungen und ein erfüllendes Berufsleben.

Ich wünsche diesem Manual ein großes Interesse in der professionellen Gemeinschaft und deren Willen, die Vorschläge in die Tat umzusetzen.

Matthias Keller
Fachpsychologe für Psychotherapie FSP, eidgen. anerkannter Psychotherapeut
Winterthur, im April 2019

1 Einleitung

1.1 Überblick, Aufbau und Praktisches

Stress ist ein ganzheitliches Phänomen. Dennoch werden stressassoziierte Fühl- und Denkmuster und die körperlichen Folgeerscheinungen oft separat betrachtet und behandelt. Im vorliegenden Manual wird ein Stressmanagement-Programm mit einem ganzheitlichen Ansatz vorgestellt. Es werden neurobiologische Grundlagen stressbedingter Reaktionsweisen aufgezeigt und mit Modellen und Methoden aus dem Integrativen Körperorientierten Coaching nach der Integrativen Körperpsychotherapie (Integrative Body Psychotherapy, IBP) verknüpft [1]. Dieses Manual ist für Coaches*, Therapeuten und andere Fachpersonen geschrieben, die sich mit Stress ganzheitlich auseinandersetzen, eine Gruppe zu Stressmanagement anbieten oder ihr bestehendes Angebot erweitern möchten. Das Programm eignet sich als ambulantes oder stationäres Angebot oder als präventive Maßnahme, z. B. im betrieblichen Gesundheitsmanagement.

Das Programm besteht aus sechs Modulen von 90–120 Minuten Dauer, in denen verschiedene Themenschwerpunkte behandelt werden (s. Tabelle 1-1). Die Inhalte werden sowohl edukativ als auch erfahrungsorientiert vermittelt. Demnach besteht jedes Modul aus einem Theorie- und einem Arbeits- oder Selbsterfahrungsteil. Die darin vorgestellten Methoden und Übungen dienen als Take-Home-Intervention, aus denen die Kursteilnehmer am Ende einen Methodenkoffer bilden können.

Die einzelnen Module sind inhaltlich in sich abgeschlossen, es wird jedoch wiederholt auf die Grundlagen, die im ersten Modul erarbeitet werden, zurückgegriffen und auf diese aufgebaut. Deshalb ist zu empfehlen, die Module in der vorgeschlagenen Reihenfolge und mit einer geschlossenen Gruppe durchzuführen. Eine fortlaufende Durchführung mit wechselnder Gruppenzusammensetzung – wie z. B. in einem stationären Setting – ist jedoch ebenfalls möglich. Empfohlen wird eine Gruppengröße von maximal 14 Teilnehmern.

Jedem Modul ist ein Kapitel gewidmet, in dem für die Durchführung relevantes Hintergrundwissen beschrieben und anschließend ein konkreter Vorschlag zum Modulaufbau mit passenden Übungen dargestellt wird. Die Zusammenstellung der Übungen ist nicht abschließend und kann vom Kursleiter beliebig ergänzt und personalisiert werden. Am Ende jedes Kapitels wird die mögliche Anwendung von Modulinhalten in Einzelsitzungen aufgezeigt.

---

* Aus Gründen der besseren Lesbarkeit werden hier und in den einzelnen Beiträgen nicht durchgehend weibliche und männliche Formen parallel, sondern oftmals neutrale Formen oder – den Regeln der deutschen Sprache folgend – das generische Maskulinum verwendet. Dennoch schließen alle enthaltenen Personenbezeichnungen das jeweils andere Geschlecht mit ein.

Tabelle 1-1: Überblick über die Inhalte, Übungen und benötigte Materialien in den einzelnen Modulen.

Modul	Material	Take-Home-Intervention
Von Reizen und Stressoren Anhand eines Stressmodells (Aktivierungs-/Deaktivierungsmodell) wird aufgezeigt, dass die Stressreaktion eine Anpassungsreaktion ist und der Mobilisierung von Energie zur Stressbewältigung dient. Das Aktivierungsmodell wird auf die Funktionen des autonomen Nervensystems (ANS) angewendet und anhand der Herzratenvariabilität veranschaulicht und selbsterfahren.	• Flipchart • Farbige Stifte • Biofeedback-System (falls vorhanden)	• Übung zu Selbst- und Körperwahrnehmung • Atemmuster zur Selbstberuhigung
Ein ganzheitliches Phänomen – die Erlebensdimensionen der Stressreaktion Die individuellen Stresssymptome innerhalb der kognitiven, emotionalen und körperlichen Erlebensdimension sowie im Verhalten werden identifiziert. Zudem wird aufgezeigt, dass sich die unterschiedlichen Dimensionen gegenseitig beeinflussen und der „Stresskreislauf" über jede Dimension beeinflussbar ist.	• Flipchart • Farbige Stifte • Gummibälle	• Symptomcheckliste • Selbstentspannungstechniken („Self-Release-Techniken")
Stressverstärkende Glaubenssätze Das Bewusstsein für eigene stressverstärkende Glaubenssätze wird geschärft. Es wird aufgezeigt, dass diese Glaubenssätze ursprünglich eine Schutz- bzw. Kompensationsfunktion innehatten. Durch Identifikation, Anerkennung und Aktualisierung können die Glaubenssätze abgeschwächt und stressvermindernde „Gegen-Sätze" formuliert werden.	• Flipchart • Farbige Stifte	• Fragebogen zur Identifikation von stressverstärkenden Glaubenssätzen • Ansatz für Umgang mit den Glaubenssätzen
Neurobiologie des Stresses Die biologische Stressverarbeitung und die Stressantwortsysteme (ANS und hormonelle Stressachse) werden vorgestellt. Anhand von lebensnahen Beispielen wird veranschaulicht, welche Hirnregionen, Körperfunktionen und Hormone involviert sind und wie die Stressantwortsysteme aus dem Gleichgewicht geraten und zu Stressfolgeerkrankungen führen können.	• PowerPoint-Präsentation	• Verständnis über die Funktionsweise und die Beeinflussung der Stressantwortsysteme • Anwendung des Wissens auf eigene Symptome

Modul	Material	Take-Home-Intervention
Resilienz und Ressourcen Die Bedeutung von Resilienz wird erklärt und anhand des Aktivierungs-/Deaktivierungsmodells veranschaulicht. Wichtige Resilienzfaktoren und Möglichkeiten zur Resilienzentwicklung werden aufgezeigt. Ressourcen als Bausteine der Resilienz werden auf verschiedene Arten behandelt.	• Flipchart • Farbige Stifte • Zettel/Post-it-Haftnotizen	• Liste persönlicher Ressourcen • Fragebogen zum persönlichen Ressourcen-Pool • Imaginationsübung mit Ressourcenort, -situation
Erholung ist alltäglich Die Notwendigkeit von regelmäßiger und präsenter Erholung für eine nachhaltige Stressbewältigung wird erläutert und die „Anti-Stress-Systeme" Parasympathikus und Oxytozin vorgestellt. Ausgehend vom Wissen über diese Systeme werden Übungen für Erholungspausen abgeleitet und Strategien zu deren Integration in den Alltag erarbeitet.	• Flipchart • Farbige Stifte • Duftender Gegenstand (Orange, Zitrone, Lavendel, Zimt, Glühweinmischung etc.)	• Übungen zur Aktivierung der „Anti-Stress-Systeme" • Präsenz-Übung • Sensorische Imaginationsreise (Duft-Reise)

1.1.1 Standortbestimmung

Stress und Resilienz sind hochaktuelle Themen unserer Gesellschaft. Stress, dessen Prävention und Behandlung finden große Beachtung in den Medien, sind oft Indikation für psychologische Beratungen und dienen als Forschungsschwerpunkt in den unterschiedlichsten Disziplinen von der (Epi-)Genetik bis zur Arbeits- und Organisationpsychologie. Chronischer Stress kann verschiedene Lebensbereiche betreffen, von mehreren Faktoren – z.B. sozialen, physikalischen, emotionalen oder arbeitsbezogenen – beeinflusst sein und wird als Ursache von verschiedenen Erkrankungen angesehen. Stressbedingte psychische Erkrankungen gehören zu den Hauptursachen für Arbeitsunfähigkeit und tragen signifikant zur globalen Gesundheitsbelastung bei ([2], [3]). Dazu passend gibt es eine große Vielzahl und Vielfalt an Ratgebern zur Prävention und zum Umgang mit Stress, zu Zeit-, Prioritäten- oder Selbstmanagement etc. Die Anzahl an Manualen für Fachleute zur Anleitung von Gruppen zu Stressmanagement ist überschaubarer. Im deutschsprachigen Raum sind die Bücher und die dazugehörigen Schulungen von Gert Kaluza „Stressbewältigung, Trainingsmanual zur psychologischen Gesundheitsförderung" [4] bekannt. Aktuell ist außerdem das auf stationäre Patienten mit psychosomatischen Beschwerden und beruflichen Belastungen ausgerichtete Manual „Stressbewältigung am Arbeitsplatz" von Andreas Hillert [5]. Das Besondere an diesem Programm ist, dass dessen Wirksamkeit in einer wissenschaftlichen Evaluationsstudie nachgewiesen wurde [6].

Eine Übersicht über aktuelle Kurs-oder Seminarleitfäden – ohne Anspruch auf Vollständigkeit – ist in Tabelle 1-2 zusammengestellt.

Es gibt außerdem Programme, die sich an spezifische Berufsgruppen, u.a. Lehrer oder Gesundheitsberufe, Eltern oder Paare richten oder auf einer bestimmten Methode (z.B. Achtsam-

Tabelle 1-2: Übersicht über Trainingsmanuale

Buch	Inhalte (Auswahl)
Hillert, Koch, Hedlund, 2012 [5] „Stressbewältigung am Arbeitsplatz. Ein stationäres berufsbezogenes Gruppenprogramm“	• Hintergründe und Grundlagen, z. B. zu Arbeitsbelastungen und psychosomatischer Gesundheit und berufsbezogenen Behandlungsverfahren • Berufliches Wohlbefinden und Motivation: Auslöser beruflicher Schwierigkeiten und deren Beeinflussbarkeit, Bedeutung der Arbeit; persönlicher Belastungskreislauf • Soziale Kompetenz am Arbeitsplatz: Umgang mit Kollegen und Vorgesetzten, Konfliktklärung, Problemlösestrategien • Phänomen Stress und Grundlagen der Stressbewältigung: Stressoren, Stressreaktionen und Strategien der Stressbewältigung am Arbeitsplatz • Stressbewältigungsstrategien: Identifikation stressfördernder Einstellungen; Pausengestaltung • Individuelle Ressourcen und berufliche Neuorientierung
Kaluza, 2018 [4] „Stressbewältigung. Trainingsmanual zur psychologischen Gesundheitsförderung“	• Hintergrundwissen aus der Stressforschung • Entspannungstraining • Mentaltraining: förderliche Denkweisen und Einstellungen entwickeln • Problemlösetraining: Stresssituationen wahrnehmen, annehmen und verändern • Genusstraining: erholen und genießen • Ergänzungsmodule zur Stressbewältigung durch Sport und Bewegung, Pflege des sozialen Netzes, Zielklärung und einen gesunden Umgang mit der Zeit
Strobel, 2018 [7] „Stressbewältigung und Burnoutprävention: Einzelberatung und Leitfaden für Seminare“	• Grundlagen und Theorien • Fünf-Ebenen-Gesamtkonzept „PakEs“: (P: Persönlichkeit, A: Arbeit und Alltag, K: Kognition, E: Entspannung, S: Soziales) • Praxis der Stressbewältigung: Stressoren und Ressourcen ermitteln, irrationale Gedanken identifizieren, Ziele definieren • Antistress-Helfer für den Alltag • Erstellung eines Notfallplans

keit) aufbauen. Der Großteil der Konzepte zu Stressbewältigung behandelt ähnliche Themenschwerpunkte und vergleichbare Bewältigungsstrategien. Das ist nicht verwunderlich, da Stress gut erforscht ist und ein Konsens über die Auslöser und Reaktionsmechanismen besteht. Zur Stressbewältigung werden meist Interventionen auf kognitiver Ebene und körperliche Entspannungsverfahren angewendet und kombiniert. Zu ersteren gehören die Identifikation der persönlichen Stressoren, die Hinterfragung des eigenen Bewertungssystems und die Erkundung der Ressourcen. Im vorliegenden Manual werden diese essenziellen Themenschwerpunkte mit einem ganzheitlichen, integrativen Ansatz behandelt. Die Wirkungsweise der zur Anwendung kommenden Methoden aus dem körperorientierten Coaching wird neurowissenschaftlich beleuchtet.

Die Effektivität von Körperpsychotherapien bzw. des Einbezugs des Körpers in psychologische Behandlungen wurde in einer groß angelegten Multicenterstudie in Deutschland und in der Schweiz empirisch untersucht [8]. Die Ergebnisse zeigten klar, dass Körperpsychotherapien zu einer signifikanten Symptomreduktion in psychischen, körperlichen und interpersonellen Dimensionen führen. Zudem bewirkten sie eine deutliche Steigerung der Selbstwirksamkeitserwartung, was als wichtige Ressource im Zusammenhang mit der Bewältigung von Stress und emotionalen Problemen angesehen wird [9]. Durch Körperpsychotherapie werden demnach nicht nur Symptome reduziert, sondern auch eine tiefergreifende positive Persönlichkeitsentwicklung angestoßen. Wie die Autoren darauf hinweisen, war es in den Anfängen der Heilkunst denn auch selbstverständlich, dass Krankheiten körperliche und seelische Aspekte haben und dass der Mensch als psychosomatische Einheit zu betrachten ist. Erst in der Neuzeit haben sich Seelenheilkunde und Körpermedizin zu separaten Fachgebieten entwickelt.

1.2 Das IBP Persönlichkeitsmodell

Das Gruppenprogramm basiert auf dem Persönlichkeitsmodell der *Integrative Body Psychotherapy* (IBP) nach Jack Lee Rosenberg [10]. Persönlichkeitsmodelle dienen dazu, individuelle Verhaltens-, Fühl-, Denk-, und im Falle von IBP, Körperempfindungsmuster zu beschreiben und zu erklären. Sie ermöglichen Orientierung und fördern das Verständnis für das innere Erleben sowie die Interaktion mit anderen und sind somit für Therapeuten und Klienten gleichsam hilfreich. Rosenberg hat aus verschiedenen therapeutischen Grundlagen ein vierschichtiges Persönlichkeitsmodell, das so genannte Schalenmodell konzipiert (Abbildung 1-1). Die Persönlichkeit wird als ein Kern mit drei übereinanderliegenden Schalen dargestellt. Der Kern repräsentiert das Kernselbst, die erste Schale steht für das Herkunftsszenario, die zweite für den Schutz- bzw. Charakterstil und die äußerste für das Agency. Rosenberg soll die Funktionen dieser Subsysteme folgendermaßen formuliert haben: „Das Selbst ist wer du wirklich bist. Das Herkunftsszenario ist was dir als Kind passiert ist. Der Charakterstil ist wie du versuchtest mit dem umzugehen, was dir als Kind passiert ist. Agency ist wie du als Kind versuchtest zu dem zu kommen, was du brauchtest“. Das vorliegende Manual greift bei der Klärung von stressbedingten Mechanismen und deren Interventionen auf das IBP Persönlichkeitsmodell zurück und stellt es neurobiologischen Erkenntnissen gegenüber. Im Folgenden werden die Grundzüge der einzelnen Persönlichkeitsschichten erklärt. Für eine tiefergehende Auseinandersetzung sei auf die Publikationen von IBP hingewiesen ([1], [10], [11]).

Es ist dem Kursleiter überlassen, ob er das IBP Persönlichkeitsmodell und dessen Terminologien den Teilnehmenden näherbringen und in der Gruppe benutzen möchte. Die Vorstellung des Persönlichkeitsmodells kann auch im Rahmen eines Vorgesprächs oder einer Vorbereitungsveranstaltung geschehen.

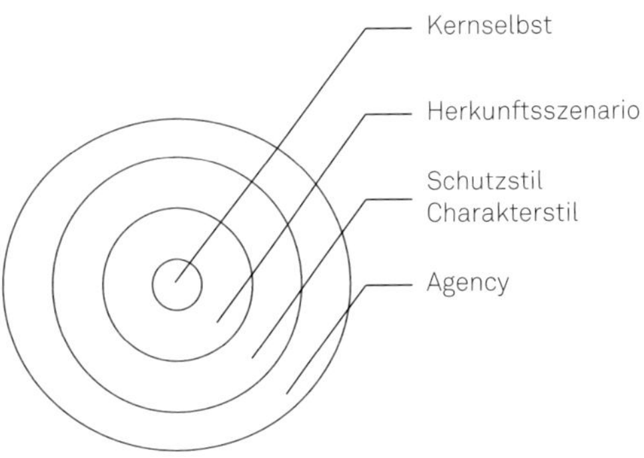

Abbildung 1-1: Das IBP Persönlichkeitsmodell, auch Schalenmodell genannt.

1.2.1 Kernselbst

Bei IBP wird davon ausgegangen, dass das Kernselbst bei der Geburt eines Menschen bereits als Anlage in Form eines zentralen organisierenden Prinzips der Entwicklung gegeben ist [12]. Die Ausbildung und Reifung des Kernselbst geschieht in Wechselwirkung mit der Umwelt in den Kindheitsjahren. Das Kernselbst entspricht dem Wesenskern eines Menschen und ist im Körper erfahrbar. Der Bezug, bzw. der Kontakt zum eigenen Kernselbst wird als Selbstkontakt, Selbstgefühl oder als „Ich bin"-Erleben bezeichnet. Es kann als körperliche, emotionale und kognitive Erfahrung von Geborgenheit, Lebendigkeit, Identität („ich weiß, wer ich bin"), Kontinuität („ich weiß, dass ich trotz meiner sich verändernden Identität über die Lebensspanne ein und derselbe Mensch bin") und Kohärenz („meine Körperempfindungen, Emotionen und Gedanken bilden eine Ganzheit") beschrieben werden [13]. Das Kernselbst wird von den Schalen Herkunftsszenario, Charakterstil und Agency in unterschiedlichen Ausprägungen überdeckt. Je nach entwicklungsbedingter „Dicke" der einzelnen Schalen ist das Kernselbst für die Person in unterschiedlichen Situationen mal besser, mal schwieriger kontaktierbar. Je stärker die Verbindung zum Kernselbst ist, desto adäquater ist die Reaktion in der jeweiligen Situation und ist weniger gehemmt oder übertrieben durch die Schutz- und Abwehrmechanismen der anderen Schalen. Ein erstrangiges Ziel im IBP ist deshalb die (Wieder-) Herstellung des Kontaktes zum Kernselbst und die Stärkung des Selbstgefühls.

1.2.2 Herkunftsszenario

Die erste Schale rund um das Kernselbst bildet das Herkunftsszenario, auch Ursprungsszenario oder grundlegendes Szenario genannt. Es bezeichnet die Gesamtheit der äußeren Begebenheiten, in die ein Kind hineingeboren wird. Dazu gehören die primären Bezugspersonen, das familiäre Umfeld, der Lebensort, der Zeitgeist bzw. der kulturelle, politische, wirtschaftliche und gesellschaftliche Hintergrund. Das Herkunftsszenario ist einerseits Entstehungsraum für Ressourcen, andererseits geschehen hier die Verletzungen, die die Entwicklung prägen. Das sind Verletzungen unserer Grundbedürfnisse nach Bindung und Autonomie aufgrund von Diskrepanzen zwischen kindlichen Bedürfnissen und den Bedürfnissen der primären Bezugsperson, meist der Mutter. Die Nicht-Befriedigung des Urbedürfnisses nach Bindung, nach beständiger körperlicher und emotionaler Zuwendung resultiert in Verlassenheitsverletzungen. Die Missachtung des Autonomiebedürfnisses nach eigenem Raum und stimmiger Distanz verursacht Überflutungsverletzungen. Oft weisen Verletzungen aus dem Herkunftsszenario sowohl eine Überflutungs- als auch eine Verlassenheitskomponente auf. Denn Überflutung durch „Zu viel des Falschen" bedeutet gleichzeitig auch „zu wenig des Richtigen", d.h. Verlassenheit. Es liegt am Wesen des Kindes, welche Komponente der Verletzung als schwerwiegender empfunden wird. Auch spielen genetische bzw. epigenetische Grundvoraussetzungen der Stressvulnerabilitäten eine Rolle, wie gravierend die Verletzungen wirken [14].

1.2.3 Schutzstil/Charakterstil

Um sich gegen die Verletzungen durch Überflutung und Verlassenheit zu schützen, entwickelt das Kind aus seinen bestehenden Möglichkeiten Abwehr- und Bewältigungsstrategien. Diese werden als Schutzstil zusammengefasst und bilden die zweite Schale im Persönlichkeitsmodell. Der Schutzstil gewährleistet einerseits die defensive Abwehr gegen die Verletzungen von außen. Andererseits schützt er nach innen gegen das Spüren der Verletzungen und beinhaltet Verhaltensweisen, um mit überwältigenden emotionalen Reaktionen umzugehen. Diese kindlichen Schutz-, Abwehr- und Bewältigungsstrategien verfestigen sich im Erwachsenenalter zum so genannten Charakterstil. Dieser zeigt sich als ein Komplex an eingespielten Fühl-Denk-Verhaltensmustern mit körperlichen Manifestationen und ist in erster Linie funktional, denn er ermöglicht eine automatisierte Schutzreaktion und wirkt wie ein Panzer bei bekannten Verletzungskategorien. Die Kehrseite ist, dass die Charakterstil-Reaktionen nicht aus dem wirklichen Bedürfnis in der Situation entspringen, sondern stereotyp und unreflektiert ablaufen. Es sind in der Vergangenheit erlernte Reaktionsweisen auf Verletzungen in der Gegenwart, d.h. erwachsene Personen reagieren in gegenwärtigen Verlassenheits- oder Überflutungssituationen „kindlich“ aus der alten Verletzung heraus. Je stärker die Verletzungen in der Kindheit waren, desto ausgeprägter der Charakterstil und desto rigider die Strukturen und stereotyp eingesetzten Bewältigungsmechanismen. Aufgrund seiner langen Entwicklungsgeschichte und der Verankerung durch mehrere Schichten wird der Charakterstil als sehr identitätsnah erlebt, was ihn unflexibel und schwer veränderbar macht. Ausgehend von der Verletzungsart, kann der Charakterstil drei Typen zugeordnet werden. Beim „Super Trouper“ überwiegen Überflutungsverletzungen. Seine größte Grundangst ist, vereinnahmt zu werden. Um dies zu verhindern, baut der „Super Trouper“ feste Mauern auf, mit denen er sich vor dem Einfluss von anderen schützt und sich effektiv von den eigenen Gefühlen und Körperempfindungen abschneidet. Da er sich von niemandem reinreden oder von Gefühlen leiten lässt, funktioniert er in der kognitiven Dimension außerordentlich gut, ist geradlinig mit einem starren Bewertungssystem, unabhängig und hat alles alleine im Griff.

Der „Never-Enougher“ im Gegensatz fürchtet sich von Grund auf, verlassen zu werden. Die aus den Verlassenheitsverletzungen resultierenden automatisierten Schutzstrategien stehen unter dem Motto „ich tue alles, nur verlass mich nicht“. Deshalb nimmt er Abhängigkeiten in Kauf, wenn es der Absicherung zuträglich ist. Der „Never-Enougher“ ist sehr emotional und sensibel für seine Körperempfindungen.

Die Charakterstil-Typen sind selten so eindeutig ausgeprägt. Die häufigste Form, bei ungefähr 80 % der Menschen, ist der Mischtyp, der so genannte „As-if“-Charakterstil. Bei diesem spielen beide Verletzungsarten und beide Grundängste eine Rolle. Zwar wiegt das eine oftmals schwerer als das andere, aber die Balancierung der entgegengesetzten Impulse (Bindung vs. Autonomie) ist schwierig zu bewerkstelligen, was den Mischtyp zum kompliziertesten Charakterstil macht. Der „As-if“ schützt sich vor seinen widersprüchlichen Bedürfnissen häufig durch Abspalten der eigenen Gefühle und Körperempfindungen und ersetzt diese durch gedankliche Konzepte, die sich in Form von fixen Ideen zeigen können. Die größte Angst ist, manipuliert zu werden, weshalb der „As-if“ ein starkes Kontrollbedürfnis hat und sich gerne anders zeigt, als er wirklich ist (daher auch der Name: „As-if“ [als-ob]).

Einige Charakterstilmerkmale erhöhen die Stressvulnerabilität. Zum einen sind Schutzstrategien, um Verlassenheit zu vermeiden, mit Bedürftigkeit und Verlustängsten verbunden. Andererseits führen das Festhalten an kognitiven Konzepten und das Abspalten des Selbstempfindens dazu, dass man die eigenen Bedürfnisse stetig übergeht bzw. gar nicht wahrnimmt, was schädliche Auswirkungen auf das körperliche und seelische Wohlbefinden hat. Im Kapitel „Stressverstärkende Glaubenssätze“ (Kap. 4) wird näher auf dieses Thema eingegangen.

1.2.4 Agency

Die dritte Schale bildet das so genannte Agency, sozusagen die sympathische Hülle um den defensiven Charakterstil. Denn Agency zeigt sich als zuvorkommendes, hilfsbereites und freundliches Verhalten, mit dem versucht wird, es dem Gegenüber Recht zu machen. Dahinter steckt ein in der Kindheit entwickeltes Verhaltensmuster, mit dem die nicht als bedingungslos erfahrene Anerkennung, Zuwendung, Akzeptanz und Liebe im Herkunftsszenario kompensiert wurde. Agency ist die offensive Abwehr, die Tadel, Strafe oder Liebesentzug verhinderte und dem Kind ermöglichte, indirekt an das zu kommen, was es brauchte. Der Preis dafür war und ist hoch. Denn der „Agent", stellt die Bedürfnisse der anderen vor die eigenen unter dem Leitsatz „ich muss für die Liebe arbeiten, Opfer bringen und etwas tun, damit ich sie verdiene". Diese Strategien verfestigen sich zu körperlich-emotionalen Erlebens- und Verhaltensmuster, z. B. vorwärtslehnen. Die reflexartige Orientierung am außen führt zur Aufgabe des Selbstbezugs, zur Selbstveräußerung, bis man gar keinen Zugang mehr zu den eigenen Bedürfnissen hat. Das Helferverhalten, Überverantwortlichkeit usw. geschehen aber mit dem Hintergedanken, dafür Liebe und Anerkennung zu bekommen, was beim Gegenüber als berechnend und manipulativ erlebt wird. Ein Hauptmerkmal von Agency ist denn auch der so genannte „einseitige Vertrag". Der Agent schließt für sich einen Vertrag ab im Sinne von „ich übernehme Zusatzaufgaben, dafür bekomme ich Anerkennung vom Chef" oder „ich backe einen aufwändigen Kuchen für die nächste Teamsitzung und werde dafür durch Zuneigung durch meine Arbeitskollegen belohnt". Da das Gegenüber von diesem Vertrag nichts weiß und schon gar nicht einwilligte, ist ein vermeintlicher Vertragsbruch wahrscheinlich. Der Agent ist dann unverhältnismäßig frustriert, da es sich nicht lediglich um einen Misserfolg in einer bestimmten Situation, sondern um das Scheitern einer in der Persönlichkeit verankerten Schutzstrategie handelt.

Es ist naheliegend, dass Agency-Verhalten zu Verausgabung und Raubbau an den eigenen Ressourcen führt. Von Agency kann denn auch das so genannte „Helfersyndrom" abgeleitet werden, das mit chronischem Stress und Burnout in Verbindung gebracht wird. Im Kapitel „Stressverstärkende Glaubenssätze" (Kap. 4) wird auch das Thema Agency näher behandelt und praktische Bezüge hergestellt.

1.3 Wissenschaftliche Grundlagen

Ein wissenschaftliches Konzept für Beobachtungen zu haben, hat einen therapeutischen Nutzen, insbesondere im Zusammenhang mit Stressbewältigung. Wissen und Erklärungen können Emotionen beeinflussen. Richard Lazarus konnte zeigen, dass stresserzeugende Filme eine schwächere Stressreaktion (gemessen am Hautleitwert) auslösen, wenn sie von intellektualisierenden Kommentaren begleitet wurden. Diesen beruhigenden Effekt der Kognition auf die Intensität der Emotionen nannte Lazarus „Kurzschließen der Bedrohung durch kognitive Bewertung" [15]. Mit entsprechendem Hintergrundwissen über die biologischen Mechanismen können die bei sich selbst beobachteten (Stress-)Symptome identifiziert und erklärt werden. Dadurch fühlt man sich den Symptomen nicht ausgeliefert, erlebt sie als weniger bedrohlich und findet neue Möglichkeiten, damit umzugehen. Außerdem ist es für „kopflastige" Personen hilfreich, wenn zur Vorbereitung auf körperorientiertes Arbeiten und Körperübungen ein intellektueller Zugang geschaffen wird [16].

1.3.1 Was ist Stress?

Was Stress genau ist, wird seit dessen Konzeptualisierung im Jahr 1936 durch Hans Selye, dem Vater der Stressforschung, fortwährend diskutiert [17]. Seine Beobachtung war, dass eine schädigende Einwirkung jeweils ein typisches, unspezifisches körperliches Syndrom hervorruft. Da die Reaktion unabhängig von der Art des Schadens stereotyp ablief, schlussfolgerte er, dass es sich um eine Antwort auf Schaden per se handelt und verglich es mit anderen allgemeinen Abwehrreaktionen des Körpers wie z. B. Entzündung oder die Bildung von Antikörpern.

Eine wichtige Basis für das Verständnis von Stress bildet das von Walter Cannon beschriebene Prinzip der Homöostase [18]. Unter Homöostase versteht man ein dynamisches Fließgleichgewicht eines biologischen Systems, das sich durch interne Prozesse selbst reguliert. Wird die Homöostase destabilisiert, werden Anpassungsprozesse in Gang gesetzt, um das Gleichgewicht wiederherzustellen. Dieser adaptive Prozess wird Allostase genannt. Im „State of the art"-Stresskonzept von Bruce McEwen ([19], [20]) ist die Stressreaktion ein allostatischer Prozess, der dazu dient, die Homöostase nach der Einwirkung eines Stressors wiederzuerlangen bzw. diese um einen neuen Sollwert zu arrangieren. Es kommt zu einer „Stabilisierung durch Änderung" („achieving stability through change"). Stressrelevante allostatische Prozesse werden vor allem durch das autonome Nervensystem, Stresshormone, Stoffwechsel, durch kardiovaskuläre Regulationsmechanismen und das Immunsystem gewährleistet. Die Anpassung des Organismus an neue Bedingungen und die Verarbeitung von Reizen sind (über-)lebenswichtige Funktionen. Der Urvater der Biologie, Charles Darwin, hat in seinem Hauptwerk „Origin of Species" bereits beschrieben, dass nicht Stärke oder Intelligenz das Überleben einer Spezies sichern, sondern deren Anpassungsfähigkeit an die wechselnde Umgebung, in der sie sich befindet [21].

Die Stressreaktion ist somit überlebenswichtig und hat uns durch die Evolution gebracht. Stress ist aber auch von einer Doppelnatur, denn wenn die allostatischen Mechanismen zu lange in Anspruch genommen werden, führen dieselben Prozesse, die Anpassung ermöglichen, zu einer Schädigung des Organismus. Diese längerfristige körperliche Fehlanpassung nannte Selye „Allgemeines Anpassungssyndrom" („General Adaptation Syndrom") und unterteilte dessen Entwicklung in drei Stadien: Alarmreaktion, Widerstandsstadium und Erschöpfung. Die Alarmreaktion beschreibt die akute körperliche Anpassungs- bzw. Stressreaktion auf einen Stressor. In der Widerstandsphase wird der Körper umfunktioniert, um das Anpassungsniveau halten zu können, z. B. durch Veränderungen in der Hormonproduktion. Schließlich folgt die Erschöpfung aufgrund der Chronifizierung der Anpassungssymptome ([17], [22]). Im Stresskonzept von McEwen wird die Konsequenz von Langzeitstress entsprechend als „allostatische Last" bezeichnet, im Sinne eines körperlichen Verschleisses aufgrund der Dysregulation anhaltender allostatischen Prozesse [23]. Das heißt, dass wir Menschen zwar optimal auf akuten Stress, aber (noch) nicht auf langanhaltenden, chronischen Stress eingestellt sind.

Neben der beschriebenen Doppelnatur der Stressreaktion bei akuter und chronischer Stresseinwirkung, gibt es eine weitere Beobachtung, die die gängigen Stressmodelle herausfordert: Es können nicht nur bedrohliche, sondern auch starke positive Reize (z. B. gewinnen oder verliebt sein) zu einer Stressreaktion führen. Selye führte deshalb die Begriffe „Dysstress" und „Eustress" (die griechische Vorsilben dys- und eu- bedeuten schlecht bzw. gut) ein, um zu unterscheiden, ob die Stressreaktion durch negative und unangenehme Stressoren oder durch positive Gefühle ausgelöst wurde [24]. Mit Dys- und Eustress unterschied er aber auch, ob die Stressreaktion eine

Anpassung oder einer Fehlanpassung zur Konsequenz hat, d.h., ob die allostatischen Prozesse den Stressor bewältigen oder ob sie zu körperlicher Überlastung führen [25].

Die Trennung der Stressreaktion in Dys- und Eustress gestaltet sich bis heute schwierig. Deshalb „reduzieren“ neuere Theorien die Stressreaktion auf einen Ausdruck von physikalischer Aktivität mit den entsprechenden körperlichen und metabolischen Anpassungen [26]. Ob und in welcher Art es zu einer Stressreaktion kommt, entscheiden der Reiz und dessen Verarbeitung. Dabei sind die Eigenschaften bzw. die individuelle Wahrnehmung des Reizes von großer Bedeutung. Eine besonders entscheidende Rolle spielen Kontrollierbarkeit und Vorhersehbarkeit. Demnach wird ein Reiz zum Stressor, wenn er als unkontrollierbar und unvorhersehbar wahrgenommen wird [26]. Im Stressmodell von McEwen (Abbildung 1-2) bestimmen hauptsächlich zwei Faktoren die Antwort auf potenzielle Stressoren: die Art und Weise, wie der Reiz wahrgenommen wird und der momentane Allgemeinzustand des Organismus. Die Wahrnehmung und die Verarbeitung der Reize geschehen vor dem Hintergrund der individuellen Lebensgeschichte, die sich u.a. aus Prägungen, Erinnerungen, (Lern-)Erfahrungen etc. zusammensetzt. Der Allgemeinzustand spiegelt unter anderem die physische Gesundheit, genetischen Faktoren, Lebensstil und Verhaltensmöglichkeiten wider [19].

1.3.2 Grundlagen von Reaktionsweisen und Verhalten

Das vorliegende Gruppenprogramm hat zum Ziel, längerfristige Veränderungen des Verhaltens, der Gedankenmuster und der Gefühlsreaktionen einzuleiten. Darum ist es hilfreich, über die neurobiologischen Korrelate von Verhaltens- und Veränderungsprozessen eine Vorstellung zu haben.

Menschen kommen mit einer großen Vielzahl an unwillkürlichen neuronalen Verbindungen, so genannten Synapsen, zur Welt. Das Gehirn eines Neugeborenen weist somit viel mehr

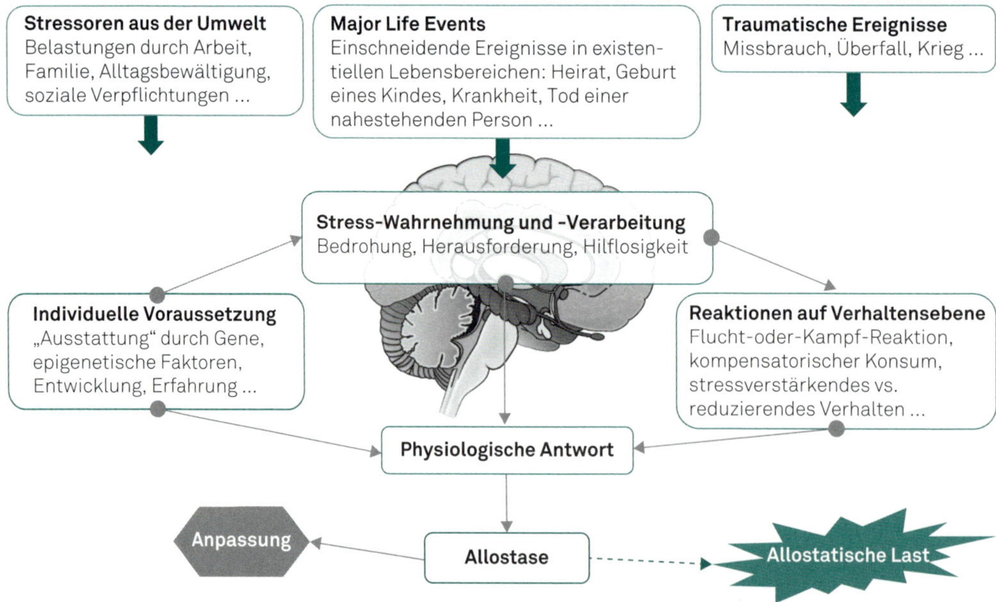

Abbildung 1-2: Stressmodell nach McEwen, 1998; [19].

Synapsen auf, als das eines Erwachsenen [27]. Im Lauf der Entwicklung kann sich die Anzahl der Synapsen in gewissen Hirnregionen um bis zu 50–60 % reduzieren [28]. Bei dieser synaptischen Elimination bleiben diejenigen Verbindungen erhalten, die wiederholt gebraucht wurden und sich dadurch bewährt haben („Use it or lose it"). Dieser Reifungsprozess dauert ungefähr bis zum 16. Lebensjahr. Danach sind die Knüpfung und der Ausbau von neuen synaptischen Verbindungen mit einem größeren Aufwand an Energie verbunden. Diese wird entweder als Antwort auf intensive Reize oder durch wiederholte Konfrontation mit einem Reiz mobilisiert. Synaptische Verbindungen sind das neuronale Korrelat von Lernprozessen. Viel unserer täglichen Lernleistung basiert auf dem Mechanismus des so genannten assoziativen Lernens, bei dem Reiz-Reiz-, Reiz-Reaktions- oder Reiz-Emotions-Beziehungen erlernt werden. Das Lernen solcher Beziehungen kommt zustande, wenn die Neurone, die an der Verarbeitung der gemeinsam auftretenden Reize, Emotionen oder Reaktionen beteiligt sind, gleichzeitig aktiv sind. Wenn die Aktivierung eines Neurons regelmäßig mit der Aktivierung eines anderen Neurons zusammenfällt, werden Wachstumsprozesse in Gang gesetzt, die zur Bildung und dauerhaften Stärkung einer synaptischen Verknüpfung führen („cells that fire together, wire together" [29]).

Das historische und berühmteste Beispiel für assoziatives Lernen ist die von Ivan Pavlov beschriebene klassische oder Pavlovsche Konditionierung [30]. In seiner Versuchsanordnung hörten Hunde einen Glockenton kurz bevor sie Futter bekamen. Nach mehreren Wiederholungen dieser Glockenton-Futter-Beziehung reagierten die Hunde bereits auf den Ton mit erhöhtem Speichelfluss. Das heisst, die Hunde lernten, dass der Glockenton – ein ansonsten neutraler Reiz – Futter „einläutet".

Eine spezielle Konditionierungsform ist die emotionale Konditionierung, ein Lernprozess, bei dem sensorische Informationen aus unserem Körper und aus der Umwelt mit emotionalen Reaktionen assoziiert werden [31]. Die Verknüpfungen zwischen Reizen und Emotionen werden in der Amygdala abgespeichert. Die Amygdala ist eine Hirnstruktur im mittleren Teil des Schläfenlappens und gehört zum limbischen System, das gerne als emotionales Zentrum bezeichnet wird. Emotionale Konditionierung findet entweder durch einmalige starke, meist negative emotionale Ereignisse oder durch langsame, aber stetige Einwirkungen statt. Sie beginnt bereits vorgeburtlich und hat eine große Bedeutung in den frühen Lebensjahren, weshalb viele emotionale Erlebnisse unbewusst, d. h. ohne bewusste Erinnerungsanteile abgespeichert sind. Mit zunehmendem Alter nimmt die Konditionierbarkeit schnell ab. Aufgrund der großen Menge an Erfahrungen sind auch später erworbene Erinnerungen aus dem emotionalen Gedächtnis dem Bewusstsein oft nicht zugänglich. Aber emotionale Konditionierung findet integrativ statt, d. h. emotionale Reaktionen gehen mit somatosensorischen Erfahrungen einher, die nachhaltig Spuren, so genannte somatische Marker hinterlassen ([32], [33]). Das bedeutet, dass Erlebnisse und Reaktionen mit Emotionen und dazugehörigen Körperempfindungen „markiert" werden. Diese Markierungen machen sich in Situationen, die an die ursprüngliche Lernsituation auch nur ansatzweise erinnern, als Körperreaktion, Bauchgefühl, als instinktives Empfinden oder gar mittels Signalen unterhalb der Bewusstseinsschwelle bemerkbar.

Die durch emotionale Konditionierung erworbenen Reiz-Emotions-Muster bilden einen Teil der Persönlichkeit und sind weder auslöschbar („Die Amygdala vergisst nie"), noch durch kognitive Einsichten maßgeblich veränderbar [14]. Sie können jedoch an Bedeutung verlieren, wenn dem Gehirn Alternativen in Form von vielfach wiederholten neuen Reiz-Emotions-Erfahrungen geboten werden. Dies kann am Modell der Furchtkonditionierung gezeigt werden. Dazu wird in Verhaltensexperimenten mit Versuchstieren zunächst ein neutraler Reiz, z. B. ein Ton oder Lichtblitz mit einem aversiven, furchtauslösenden Erlebnis, meist einem elektrischen Schlag über den Käfigboden, verknüpft. Die Tiere zeigen nach wenigen Wiederholungen eine Angstreaktion auf den Ton bzw. den Lichtblitz. Wenn danach jedoch der neutrale Reiz wiederholt ohne einen darauffolgenden Stromstoß präsentiert wird, kommt es allmählich zu einer Abnahme der Furchtreaktion. Dieser Vorgang wird als (Furcht-) Extinktion bezeichnet. Obwohl es die Bezeichnung impliziert, handelt es sich bei der Extinktion um keine Auslöschung, sondern um einen zusätzlichen Lernvorgang, bei dem es zur Bildung einer neuen Assoziation kommt. Es wird neu gelernt, dass der neutrale Reiz zu einem neutralen Ereignis führt, und die vorausgehende Furchtkonditionierung verliert an Bedeutung [34].

Veränderungen sind somit mit neuem Lernen verbunden. Da jedoch die Benutzung von eingespielten und „hardwired" Verknüpfungen einfacher und ressourcensparend ist, braucht es für die Bildung und Etablierung von neuen Verknüpfungen Energie und auch einen speziellen Anreiz. Energie für Verhaltensänderungen wird bevorzugt dann bereitgestellt, wenn der Organismus daraus einen Vorteil zieht. Dieser kann die Befriedigung eines Bedürfnisses oder die Vermeidung eines Nachteils sein. Bei den komplexen menschlichen Reiz-Emotions-Verknüpfungen führen neu zu lernende Verknüpfungen selten zur direkten und unmittelbaren Bedürfnisbefriedigung, weshalb neue Muster stetig und kurzfristig ohne Belohnung geübt werden müssen.

1.3.3 Hypothese zum Körpergedächtnis

Es ist ein umstrittenes Thema, ob außer dem Gehirn auch andere Strukturen des Körpers lernen können und zur Speicherung von Gedächtnisinhalten fähig sind [35]. Ein mögliches Speichermedium für das Körpergedächtnis sind tiefe Faszien [36]. Das sind dichte, faserreiche Bindegewebsschichten und -stränge, welche die Muskeln, Knochen, Nervenbahnen und Blutgefäße des Körpers durchdringen und umhüllen. Die Faszien weisen eine große Dichte an Nervenenden auf, vor allem Schmerzrezeptoren. Irritationen dieser Nervenenden lösen die Ausschüttung von Botenstoffen (Neuropeptiden) aus, die die Beschaffenheit vom lokal umgebenden sowie auch von entferntem Gewebe verändern können. Diese Veränderungen können weiter zu Umformungen des Bindegewebes, Entzündungen, Sensibilisierung des Nervensystems oder zu chronischen Schmerzen führen ([36], [37]). An der Entstehung dieser Veränderung sind höhere Zentren sowie autonome und endokrine Systeme involviert, was auf eine Faszien-Gehirn-Interaktion schließen lässt. Das würde bedeuten, dass Gewebe konditionierbar ist bzw. Veränderungen im Gewebe mit Ereignissen, Emotionen und Reaktionsweisen verknüpft werden können.

Dieser Mechanismus der Konditionierung von Reiz-Gewebsveränderung-Beziehungen könnte eine Erklärungsgrundlage sein, warum die Abwehrstrategien Charakterstil und Agency mit bestimmten körperlichen Haltemustern einhergehen und auch warum diese über den Körper behandelt werden können. Der Entwicklung von Charakterstil und Agency liegen komplexe konditionierte Reiz-Emotion-Reaktion-Verknüpfungen zugrunde. Zum Beispiel wurde zur Abwehr von wiederholter Überflutung die Verknüpfung vom Gefühl der inneren Anspannung mit dem Verhalten von innerem und äußerem Rückzug etabliert und mit einem körperlichen Muster von Anspannung im Brust- und Nackenbereich verknüpft. Nach oben beschriebener Hypothese könnte diese Körperreaktion in den Faszien gespeichert sein. Bei Überflutung wird demnach das konditionierte Körpermuster aus dem Körpergedächtnis abgerufen. Durch Körperarbeit könnten über die Faszien-Gehirn-Interaktion neue Körper-Fühl-Denkmuster konditioniert werden.

2 Von Reizen und Stressoren

2.1 Modulziele

- Den Unterschied zwischen Reizverarbeitung und Stressreaktion kennen
- Die Stressreaktion als Anpassungsprozess und Bewältigungsstrategie anerkennen
- Kennenlernen des Aktivierungs- und Deaktivierungsmodells
- Einführung und Selbsterfahrung des autonomen Nervensystems

2.2 Hintergrund

2.2.1 Der Organismus als dynamisches Reizverarbeitungssystem: die Homöostase

Unser Gehirn verarbeitet in jedem Augenblick eine Fülle an unterschiedlichsten Informationen, allem voran Sinneswahrnehmungen, d. h. visuelle, auditorische, olfaktorische und somatosensorische Reize aus der Umwelt sowie Signale vom eigenen Körper, die alle einem Bewertungsprozess unterzogen werden ([14], [38]). Bei „positiv" bewerteten Reizen wird Energie aufgewendet, um mehr davon zu bekommen und bei „negativen" Reizen wird Energie zu deren Vermeidung investiert [39]. Einerseits wird angenommen, dass diese Evaluation von Reizen nicht auf bewusster Wahrnehmung beruht, sondern ausschließlich von evolutiv alten Gehirnstrukturen, d. h. durch das limbische System gewährleistet wird [40]. Andererseits steht dieser Annahme das transaktionale Stressmodell von Lazarus entgegen, gemäß dem eine Situation kognitiv als positiv, neutral oder potenziell gefährlich bewertet wird [41].

Bei neutralen und positiven Reizen bleibt der Organismus in einem physiologischen Fließgleichgewicht, in dem Energiegewinn und Energieaufwand sich die Waage halten. Dieser Zustand wurde von Walter Cannon Homöostase benannt [18]. Ursprünglich beschreibt Homöostase ein dynamisches, durch interne regelnde Prozesse sich selbst regulierendes Gleichgewicht. Homöostatische Systeme sind in der Biologie überall zu finden, Beispiele dafür sind der Säure-Base-Haushalt (PH-Wert) oder der Zuckergehalt des Blutes, der Salzhaushalt, das Immunsystem, hormonelle Regelkreise oder die Stressantwortsysteme, d. h. das autonome Nervensystem und die hormonelle Stressachse (Hypothalamus-Hypophysen-Nebennieren-Achse) sowie auch unser Organismus als Ganzes. In der Homöostase ist ein System optimal anpassungsfähig und kann Störungen regulieren. Das bedeutet, dass, falls externe oder interne Reize die Homöostase vorübergehend destabilisieren, diese sich über Anpassungsvorgänge selbst wiederherstellen kann. Diese „organismische Selbstregulation" ist ein grundlegender biologischer Mechanismus und wurde durch Kurt Goldstein beschrieben [42]. Goldstein hielt auch fest, dass der Endpunkt der Selbstregulation ein mittlerer Erregungszustand des Organismus ist und somit die Homöostase nicht mit Entspannung gleichzusetzen ist. Obwohl die Homöostase ursprünglich als ein physiologisches Prinzip beschrieben wurde, findet es ganzheitlich Anwendung. Gemäß dem Integrationsmodell nach IBP (s. Kap. 3 „Ein ganzheitliches Phänomen – die Erlebensdimensionen der Stressreaktion“; [1]) sind körperliche, emotionale und kognitive Prozesse miteinander vernetzt. Das impliziert, dass die Homöostase auch Repräsentationen in der emotionalen und kognitiven Erlebensdimensionen hat. Emotionale Homöostase ist beispielsweise durch Gelassenheit gekennzeichnet, während kognitive Homöostase als geistige Präsenz, Offenheit und Klarheit im Denken erlebt werden kann.

2.2.2 Das Erleben der Homöostase: das autonome Nervensystem und die Herzratenvariabilität

Das Prinzip der Homöostase ist keineswegs ein abstraktes, theoretisches Konstrukt, sondern lässt sich gut an den Strukturen und Funktionen des autonomen Nervensystems (ANS) veranschaulichen und am eigenen Leib erfahren. Das ANS, auch vegetatives Nervensystem genannt, reguliert autonom ablaufende, lebenswichtige Körperfunktionen, wie z. B. die Herzrate, den Blutdruck oder die Verdauung, die nicht durch unser Bewusstsein kontrolliert werden können – und müssen. Das ANS besteht aus zwei antagonistisch wirkenden Anteilen, dem Sympathikus und dem Parasympathikus, die gemeinsam die Organfunktionen an die aktuellen Bedingungen anpassen. Der Sympathikus bewirkt, dass Energie im Körper mobilisiert wird und die Organtätigkeiten auf Aktivität eingestellt werden: In der Leber wird Glykogen abgebaut und Glukose ins Blut freigesetzt, die Herzrate und der Blutdruck werden erhöht, die Bronchien zwecks gesteigerter Sauerstoffaufnahme erweitert usw. Im Gegensatz dazu steuert der Parasympathikus regenerierende und aufbauende Vorgänge, wie die Speicherung von Glukose in Form von Glykogen in der Leber, Verlangsamung der Herzrate, Aktivierung der Verdauungsprozesse usw. Sympathikus und Parasympathikus sind stets und gleichzeitig aktiv und haben auf einander eine hemmende Wirkung. Bei Entspannung dominiert der Parasympathikus und bei Aktivierung und, wie später gezeigt, bei Stress der Sympathikus. Eine gängige Metapher vergleicht den Sympathikus mit dem Gaspedal und den Parasympathikus mit der Bremse eines Autos. Bezogen auf das ANS bedeutet Homöostase, dass der Organismus durch Sympathikus und Parasympathikus optimal an die jeweilige Situation angepasst werden kann. Es wird grundsätzlich gerade die Menge an Energie durch den Sympathikus mobilisiert, die zur kognitiven, emotionalen und physiologischen Verarbeitung und Adaptation eines Reizes benötigt wird. Nach erfolgreicher Anpassung führt eine erhöhte Parasympathikusaktivität zur Regeneration der Reserven.

Die Regulationstätigkeit von Sympathikus und Parasympathikus lässt sich einfach und elegant anhand der Herzratenvariabilität (HRV) beobachten und veranschaulichen. Die Herzrate wird von Herzschlag zu Herzschlag durch das ANS an die momentanen Erfordernisse angepasst. Das heißt, dass die Intervalle zwischen den Herzschlägen (im Millisekundenbereich) jeweils unterschiedlich lang sind. Je variabler die Intervallunterschiede sind, desto größer ist die HRV und desto effektiver ist die Anpassungsfähigkeit durch das ANS. Die Regulation der Herzrate durch das ANS kann man erleben, indem man den eigenen Puls in Abhängigkeit des Atems beobachtet. Einatmen ist mit Aktivierung verbunden, Ausatmen mit Entspannung. Dementsprechend ist beim Einatmen der Sympathikus im Vordergrund, der eine Erhöhung der Herzrate bewirkt. Beim Ausatmen bremst der Parasympathikus den Sympathikus und führt zur Verlangsamung der Herzrate. Das Erleben dieser so genannten respiratorischen Sinusarrhythmie, d. h. der an die Atmung gekoppelten Schwankung der Herzrate, ist für viele Personen sehr überraschend, da oft davon ausgegangen wird, dass der gesunde Herzschlag regelmäßig ist.

Nach neueren Erkenntnissen, wird die HRV vornehmlich durch den Parasympathikus gesteuert [43]. Beim Einatmen zieht sich der Parasympathikus zurück und es kommt zur Enthemmung des Sympathikus, wohingegen beim Ausatmen der Parasympathikus aktiviert ist und die Sympathikusaktivität am Herzen hemmt. Für eine vorwiegend durch den Parasympathikus kontrollierte HRV spricht auch die Tatsache, dass die Reizleitungsgeschwindigkeit des Vagus, dem Hauptnerv des Parasympathikus, schneller ist als die des Sympathikus und somit die Herzrate über Bremse und „Entbremsung" gesteuert wird (Tabelle 2-1).

2.2.3 Das Verlassen der Homöostase – die Stressantwort

Während viele, vor allem neutrale und positive Reize innerhalb der Homöostase verarbeitet werden können, erfordert die Bewältigung und Adaptation von negativen oder potenziell bedrohlichen Reizen mehr Energie, welche durch erhöhte Sympathikusaktivierung bereitgestellt wird. Das Ausmaß der Aktivierung ist abhängig von der (wahrgenommenen und subjektiv bewerteten) Wirkungsintensität des Reizes bzw. des Stressors, welche sich auf einem Kontinuum von Reiz – Stressor – Trauma erstreckt. Analog dazu lassen sich die für die Bewältigung beanspruchten Strategien in Homöostase – Stressreaktion/Mobilisation – Immobilisation einstufen. Die Übergänge sind fließend. Die Stärke der Aktivierung und die entsprechende Adaptationsstrategie sind im Aktivierungs-/Deaktivierungsmodell dargestellt (Abbildung 2-1).

In der Polyvagal-Theorie von Stephen Porges ([44], [45]) werden den Adaptationstrategien spezifische Subsysteme des ANS zugeordnet (Tabelle 2-1). Die Polyvagal-Theorie erweitert die Zweiteilung des ANS in Sympathikus und Parasympathikus, indem er den Parasympathikus in zwei Untereinheiten – den dorsalen und ventralen Vaguskomplex – aufteilt. Diese Aufteilung basiert darauf, dass der Vagus, der Hauptnerv des Parasympathikus, aus zwei unterschiedlichen Kernen im Hirnstamm entspringt und verschiedene Entwicklungsstufen in der Phylogenese repräsentiert. Der dorsale Vaguskomplex, bestehend aus langsam leitenden Nervenbahnen, ist die urtümlichste Struktur des ANS und gewährleistet auch die älteste und primitivste Adaptationsstrategie: die Immobilisationsreaktion, auch „Freeze" oder Totstellreflex genannt. Die Immobilisationsreaktion entspricht einem „shutdown", der bei physiologischer und/oder emotionaler Überforderung den Organismus erstarren lässt und lediglich die wichtigsten Funktionen wie die des Herz-Kreislauf-Systems oder der Atmung aufrechterhält.

Im Verlauf der Evolution entwickelte sich zum dorsalen Vaguskomplex mit seiner passiven Adaptationsstrategie der Immobilisation eine Struktur hinzu, die einen aktiven Umgang mit Bedrohung möglich machte: das sympathische Nervensystem. Der Sympathikus mobilisiert Energie und passt die Körperfunktionen so an, dass durch körperliche Aktivität eine Bedrohung durch Flucht oder Kampf bewältigt bzw. der Organismus daran angepasst werden kann. Der Sympathikus ist somit zuständig für die Flucht-oder-Kampf-Reaktion, eine andere Bezeichnung für die Stressreaktion.

Die jüngst entwickelte ANS-Struktur ist der ventrale Vaguskomplex, der mit dem so genannten Social Engagement System, dem sozialen Kommunikationssystem, die neuste Adaptationsstrategie im Umgang mit Herausforderungen bietet. Der ventrale Vagus ermöglicht, Reize mittels Kommunikation und Beziehung innerhalb der Homöostase unter minimalem Energieaufwand zu adaptieren.

Menschen bzw. Säugetiere, haben alle drei Adaptationsstrategien des ANS zur Verfügung.

Tabelle 2-1: Die Subsysteme des ANS und die zugeordneten Adaptationsstrategien gemäß der Polyvagal-Theorie.

ANS-Subsystem	Dorsaler Vagus	Sympathikus	Ventraler Vagus
Phylogenese	Ab Kieferlose	Ab Knochenfische	Säugetiere
Nervenleit-geschwindigkeit	0.5–2 m/s	1–15 m/s	5–20 m/s
Kerngebiet	N. dorsalis nervi vagi	N. intermedio-medialis N. inter-mediolateralis	N. ambiguus
Aktivierungsbereich	Immobilisation	Mobilisation	Homöostase
Verhalten	„Freeze"	Flucht oder Kampf	Kommunikation
Strategie bei	Lebensbedrohung	Gefahr	Sicherheit
HRV	Nicht direkt beteiligt (hemmender Einfluss; fördert Bradykardie)	HRV ↓ Herzschlag getaktet, Leistungserhöhung	HRV ↑ Herzrate schwankt in Resonanz mit Atmung
Emotionen	Gefühllosigkeit, Ohnmacht, Lähmung, Resignation	Unruhe, Nervosität, Furcht, Ärger, Enttäu-schung, Angst, Panik, Hass, Verzweiflung	Gelassenheit, Sicherheit
Verfügbare Funktionen	Vitalfunktionen, automatisierte Verhaltensmuster, Abspalten von Erleben und Emotionen	Gesteigerte Wach-samkeit und Auf-merksamkeit, schnelle Reaktions-fähigkeit, hohes Funktionsniveau	Kommunikation, soziales Verhalten, Kreativität

HRV = Herzratenvariabilität, N. = Nucleus

Vorzugsmäßig wird die neuste Strategie, das Social Engagement System, zur Reizverarbeitung in Anspruch genommen, da es auf dem Aktivierungsniveau der Homöostase anwendbar und mit wenig Energieaufwand verbunden ist. Wie weiter oben beschrieben ist im Aktivierungsbereich der Homöostase der Organismus optimal anpassungsfähig, weshalb dieser Bereich auch „Window of Tolerance" [46] oder „Optimal Arousal Zone" genannt wird. Falls für die Bewältigung die Energie des Homöostaseniveaus nicht ausreicht, wird durch den Übergang in die Mobilisationsstufe mehr Energie freigesetzt und versucht, den Stressor durch Flucht oder Kampf zu bewältigen. Das bedeutet, dass der Organismus mit steigender Aktivierung auf die ältere Adaptationsstrategie zurückgreift (Abbildung 2-1) und die Funktionen der neueren Entwicklungsstufe nicht mehr vollumfänglich zur Verfügung stehen. Wird beispielsweise die Flucht-oder-Kampf-Reaktion ausgelöst, fokussiert man sich voll und ganz auf den Stressor (Tunnelblick) und der Zugang zu den sozialen und kommunikativen Fähigkeiten geht verloren bis der Stressor bewältigt ist und die Ak-

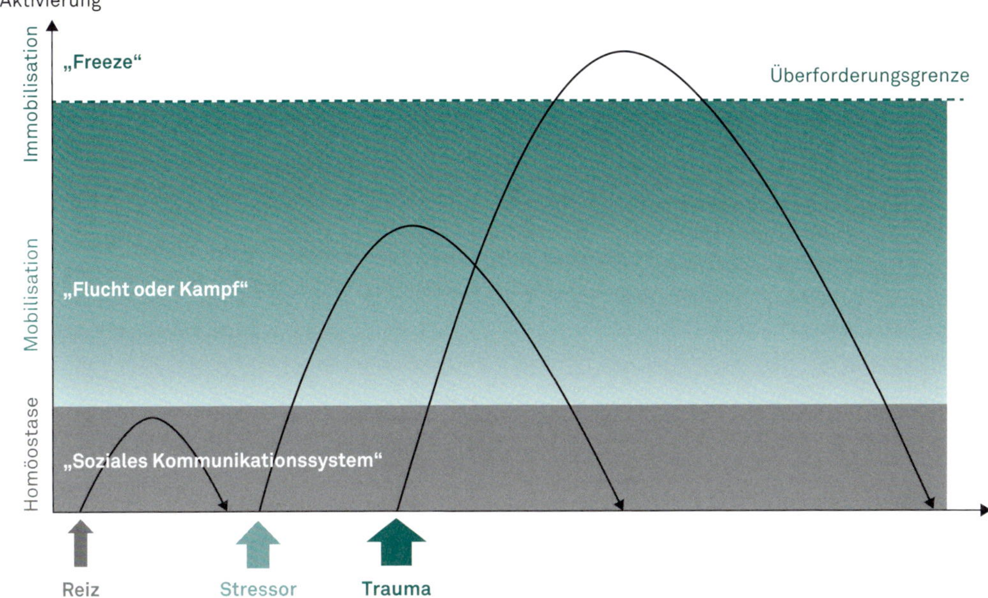

Abbildung 2-1: Aktivierungs-/Deaktivierungsmodell und die Stufen der autonomen Stressregulation.

tivierung auf Homöostaseniveau zurückgekehrt ist. Bei besonders intensiven Stressoren, wie z.B. traumatischen Erlebnissen, wird immer weiter Energie zur Bewältigung mobilisiert, was dazu führen kann, dass der Organismus diese irgendwann nicht mehr verkraftet. In diesem Fall ist die Überforderungsgrenze erreicht und der Organismus schaltet um auf die primitivste Antwortstrategie, der Immobilisation, um die verbleibenden Ressourcen vor dem überwältigenden Energieanspruch zu schützen. Auf der Immobilisationsstufe stehen weder die Flucht-oder-Kampf-Strategie noch das Social Engagement System zur Verfügung.

2.2.4 Deaktivierung gehört zu einer vollständigen Stressreaktion

Die durch den Sympathikus bereitgestellte Energie braucht es vor allem für die Flucht-oder-Kampf-Reaktion, d.h. für intensivere körperliche Aktivität zur Bewältigung eines Stressors. Während unsere Vorfahren tatsächlich körperlich vor einer Bedrohung geflüchtet oder mit ihr gekämpft haben, beziehen unsere heutigen Bewältigungsstrategien den Körper weniger mit ein. Wenn man im Arbeitsalltag in eine Stresssituation kommt, z.B. bei einem Konflikt mit einem Arbeitskollegen, steigt die Aktivierung zwar auf die Mobilisierungsstufe, die bereitgestellte Energie wird jedoch selten in Form von körperlicher Flucht oder Kampf ausagiert. Das bedeutet, dass die mobilisierte Energie nicht gebraucht wird. Bei einer vollständigen Stressreaktion wird die bereitgestellte Energie während der Stressorbewältigung aufgebraucht, wodurch sich der Organismus deaktivieren und auf Homöostaseniveau zurückregulieren kann. Bei einer unvollständigen Stressantwort, d.h. wenn die zusätzliche Energie nicht zur aktiven, körperlichen Bewältigung des Stressors genutzt wird, bleiben „Restenergien" im Körper (Abbildung 2-2) und richten längerfristig Schaden an ([47], [48], [49]). Bei diesen Restenergien handelt es sich um durch Stresshor-

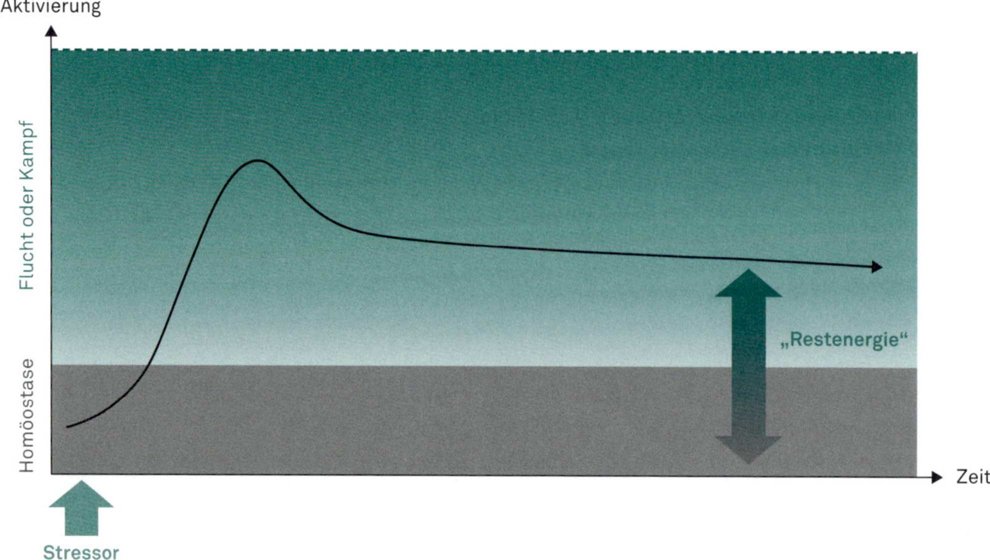

Abbildung 2-2: Nicht ausagierte Energie verbleibt als „Restenergie“ im Körper.

mone mobilisierte Energiereserven (Zucker, Fette) und die anhaltende Aktivierung des Sympathikus mit entsprechendem Einfluss auf die Organe. Hier nehmen die stressbedingten Erkrankungen wie Burnout ihren Ursprung.

Die Restenergien bestimmen auch die Empfindlichkeit bzw. die Vulnerabilität für die Stressbelastung durch weitere Stressoren (s. Kap. 6 „Resilienz und Ressourcen“). Ein Ansatz für eine erfolgreiche Stressbewältigung ist somit, die Stressantwort durch Verbrauchen der zusätzlich bereitgestellten Energie zu vervollständigen und somit den Organismus wieder zu deaktivieren und in die Homöostase zurückkehren lassen.

2.2.5 Reiz oder Stressor

Als Stressor wird ein Reiz bezeichnet, der eine Stressreaktion auslöst. Ob ein Reiz als Stressor verarbeitet und eine Stressreaktion ausgelöst wird, hängt, wie im Stressmodell nach McEwen dargestellt (Abbildung 1-2), von einer Vielzahl von Faktoren ab [19]. Dazu gehören die Intensität und die Häufigkeit, in welcher ein Reiz auftritt. Jeder Reiz trifft auf individuelle physiologische und psychologische Voraussetzungen, die u.a. bestimmt werden durch genetische und epigenetische Faktoren [14], dem persönlichen Werte- und Bewertungssystem sowie den bisherigen Erfahrungen. Ebenfalls eine große Rolle spielt die Voraktivierung bzw. das aktuelle Aktivierungsniveau durch andere Reize und Restenergien. Wenn vorangehende Reize nicht vollständig adaptiert wurden und das System nicht zur Homöostase zurückgekehrt ist, addiert sich der neue Reiz zu den nicht ausagierten Restenergien (Abbildung 2-3).

Das bedeutet, dass eigentlich alle Reize als Stressoren infrage kommen und unbedeutende Ereignisse in Situationen mit bestehender Voraktivierung eine Stressantwort auslösen können. Aktivierung ist somit kumulativ.

Neben den individuellen und situationsabhängigen Stressoren, gibt es Geschehnisse, so genannte „kritische Lebensereignisse“, die bei der Mehrheit der Menschen Stress auslösen. Es

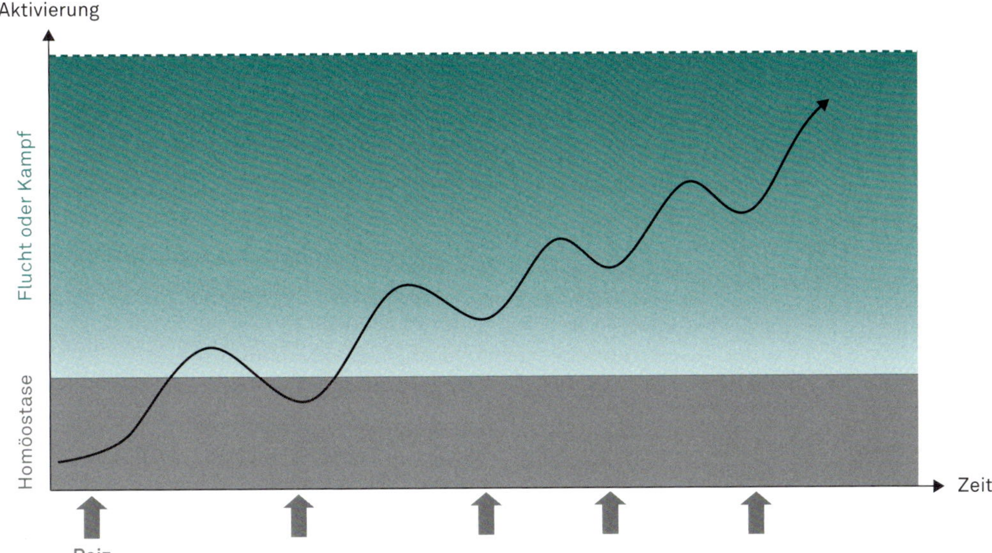

Abbildung 2-3: Stress ist kumulativ.

sind hauptsächlich Veränderungen in bedeutenden Lebensbereichen, die eine Anpassungsleistung erfordern, unabhängig davon, ob sie als negativ oder positiv bewertet werden. Der „Social Readjustment Rating Scale" (SRRS; Tabelle 2-2; [50]) fasst solche Ereignisse in einer Rangliste zusammen. Die Liste basiert auf der Auswertung von über 5000 Krankengeschichten von Patienten mit unterschiedlichen somatischen Erkrankungen, z.B. Herz- und Hautkrankheiten, die systematisch nach Ereignissen im persönlichen Umfeld zum Zeitpunkt des Krankheitsbeginns untersucht wurden. Es wurden 43 Lebensereignisse identifiziert, die Stress auslösen und körperliche Erkrankungen begünstigen können. Jedes Ereignis wurde entsprechend seines Einflusses mit einem Stresswert von maximal 100 versehen. Beim Zutreffen mehrerer Ereignisse werden die entsprechenden Stresswerte zusammengezählt. Ein totaler Stresswert von weniger als 150 bedeutet, dass man mit einer Wahrscheinlichkeit von 30% eine Erkrankung entwickelt, bei einem Wert von 150–299 beträgt die Wahrscheinlichkeit zu erkranken 50% und bei einem Wert von 300 oder mehr bis zu 80%. Eine Re-Evaluation des SRRS drei Jahrzehnte später zeigte, dass die Auswahl der Ereignisse sowie deren Wirkung als potenzielle Krankmacher nach wie vor aktuell ist [51]. Da die SRRS auch positive Veränderungen wie die Geburt eines Kindes aufführt, scheint die Bewertung des Ereignisses keinen Einfluss auf dessen Stresswirkung zu haben. Das mag für die körperliche Anpassungsreaktion stimmen, es wurde jedoch gezeigt, dass bei negativen Ereignissen psychische Abwehr- und Bewältigungsmechanismen die Entstehung einer somatischen Erkrankung zusätzlich fördern können [52].

2.2.6 Kognitive Modulation der Reiz-/Stressverarbeitung

„Nicht die Dinge selbst beunruhigen die Menschen, sondern ihre Meinungen und Urteile über die Dinge." (Epiktet, griechischer Philosoph der Antike)

Alle über die Sinnesorgane wahrgenommenen Reize werden einem Bewertungsprozess unterzogen. LeDoux [53] beschreibt betreffend der Reizbewertung zwei parallele Verarbeitungswege, die sich vom sensorischen Thalamus, der „Triagestelle" für sensorische Informationen, aus verzweigen. Der eine Weg sendet grobe, archetypische Informationen direkt an die Amygdala, wo durch emotionale Konditionierung entstandene Reizmuster gespeichert sind. Dort werden die Informationen mit den gespeicherten Reizmustern abgeglichen und aufgrund diesen in gefährlich oder ungefährlich kategorisiert. Diese direkte Abkürzung über die Amygdala ermöglicht eine schnelle Mobilisierungsreaktion, die im Falle einer Bedrohung über Leben und Tod entscheiden kann. Wenn eine Situation nur ansatzweise an ein bereits erlebtes Ereignis erinnert, werden die entsprechenden konditionierten Emotionen und die dazugehörigen Körperempfindungen (somatische Marker [33]) aus dem emotionalen Gedächtnis abgerufen und konditionierte Reaktionen eingeleitet. Dies führt dazu, dass auf „bekannte" Ereignisse mit unbewussten Mustern und zunächst unkontrolliert reagiert wird.

Die Reizinformationen werden vom Thalamus gleichzeitig an die zuständigen Informationsverarbeitungszentren in der Hirnrinde (z.B. visuelle Stimuli an den visuellen Kortex [Sehrinde]) geschickt, wo eine detailliertere Analyse stattfindet. Falls der Reiz als gefährlich analysiert wird, wird auch von der Hirnrinde aus ein Mobilisierungssignal an die Amygdala übermittelt. Bei einem als ungefährlich bewerteten Reiz wird das Signal zur weiteren Mobilisierung unterdrückt.

Menschen haben die besondere Fähigkeit, mittels Kognition die Wahrnehmung und Bewältigung einer Situation beeinflussen zu können. Obwohl die Bewertung eines Reizes in erster Linie emotional stattfindet, kann sie durchaus kognitiv moduliert werden. Kognitive Prozesse stehen sozusagen zwischen dem Austausch mit der Umwelt und der emotionalen und physiologischen Reaktion [52]. Gemäß Lazarus [41] wird jede aktuelle und auch antizipierte Situation kognitiv bewertet, ob sie bedrohlich, neutral oder angenehm-positiv ist (Primärbewertung). Diese Primärbewertung erfolgt vor dem Hintergrund persönlicher Erfahrungen, Wertvorstellungen und Glaubenssysteme. Zur Stressreaktion kommt es, falls eine als bedrohlich bewertete Situation die vorhandenen Ressourcen schätzungsgemäß übersteigt (Sekundärbewertung).

Bei Menschen können Gedanken auch ohne unmittelbare Bedrohung eine Stressreaktion auslösen und die Mobilisierungsreaktion durch kognitive Prozesse aufrechterhalten werden.

Wenn man beispielweise während einer Wanderung durch den Urwald ein Rascheln im Gebüsch hört, ist das nüchtern betrachtet nur ein auditorischer Reiz. Anhand der groben Reizmuster in der Amygdala wird eine Bedrohung antizipiert und es wird Energie für Flucht oder Kampf mobilisiert. Falls aus dem Gebüsch schließlich nur ein Vogel herausfliegt, gibt die Hirnrinde zwar Entwarnung, es können jedoch Gedanken darum weiterkreisen, was alles hätte passieren können und was alles noch passieren könnte und die Aktivierung bleibt auf der Mobilisationsstufe. Eine vergleichbare Situation könnte beispielsweise bei einer Gazelle anders aussehen. Die Gazelle hört im Gebüsch neben sich ein Rascheln. Eine Bedrohung antizipierend, steigt ihre Aktivierung. Als aus dem Gebüsch nur ein Vogel herausfliegt, wendet sie sich wieder dem Grasen zu und reguliert sich zurück in die Homöostase. Wenn aber ein Gepard aus dem Gebüsch herausspringt, ergreift die Gazelle die Flucht und rennt um ihr Leben. Der Gepard lässt nicht locker und die Gazelle mobilisiert immer mehr Energie. An dem Punkt, wo mehr Energie nötig wäre, als ihr Körper es verkraften kann, erstarrt die Gazelle und fällt während der Flucht „tot" um (Immobilisation). Falls der Gepard das Interesse verliert und die Gazelle in Ruhe lässt, erwacht diese nach einiger Zeit aus dem Totstellreflex und kommt wieder in die Mobilisation. Sie atmet und zittert heftig, um die große Menge an mobilisierter Energie im Körper abzubauen. Danach zieht die Gazelle friedlich von dannen und widmet sich weiter dem Grasen (Rückkehr zur Homöostase). Im Gegensatz zum Menschen, macht sich die Gazelle keine Gedanken dazu, was alles hätte geschehen können.

Kognitive Modulation könnte auch eingesetzt werden, um positive Aspekte einer Situation hervorzuheben und so einer steigenden Aktivierung entgegenzuwirken oder die Rückkehr zum Homöostaseniveau zu beschleunigen. Das kann und muss trainiert werden, denn negative Färbungen wie das Antizipieren einer Bedrohung und Angst sind überlebenstechnisch die wichtigeren Funktionen als Selbstberuhigung.

2.2.7 Selbsterfahrung der Stressreaktion und der kognitiven Modulation durch Biofeedback

Biofeedback ist eine Methode, mit der unzugängliche Körpersignale abgeleitet und kontinuierlich zurückgemeldet werden. Über Sensoren werden Parameter wie Hautleitwert, Hauttemperatur, Herzratenvariabilität oder Muskelaktivität gemessen und auf einem Bildschirm angezeigt. Es kann die Erfahrung gemacht und gelernt werden, dass automatische und vermeintlich unkontrollierbare Körpervorgänge durch unterschiedliche Veränderungen im Verhalten und der Gefühlslage zu einem gewissen Grad willentlich beeinflusst werden können. Eine Möglichkeit, die Körpersignale zu modulieren, besteht darin, sich angesichts des Stressors zu regulieren, d.h. eine Verhaltensstrategie zu finden, um sich vom Stressor innerlich zu distanzieren bzw. sich von dessen Einfluss zu „befreien". Dieser aktive Umgang mit dem Stressor führt zu einem Gefühl von Beherrschung und Bewältigung.

Eine andere Strategie ist die emotionale Beruhigung und Linderung von körperlichen Symptomen im Zusammenhang mit der Stressreaktion, wie z.B. hohe Atemfrequenz, tiefe Hauttemperatur oder Muskelanspannung. Dies kann beispielsweise durch Achtsamkeits- und Imaginationsübungen oder körperliche Interventionen wie Atemtrainings erreicht werden [52].

Im Kontext dieses Stressmanagement-Programms eignen sich Ableitung und Biofeedback der HRV oder des Hautleitwerts gut, um den Transfer des Aktivierungs-/Deaktivierungsmodells in die Selbsterfahrung zu machen. Anhand dieser Parameter kann die Regulationsfähigkeit des autonomen Nervensystems bzw. Parasympathikus- und Sympathikusaktivität sowie das aktuelle Aktivierungsniveau abgebildet werden. Es kann demonstriert werden, dass die autonome, scheinbar unkontrollierbare Herzrate oder der Hautleitwert mittels Atmung, inneren Bildern, Gefühlen und Gedanken aktiv und unmittelbar beeinflusst werden kann. Diese Erfahrung kann ein Gefühl der Selbstwirksamkeit erzeugen und aufzeigen, dass man den unliebsamen Konsequenzen der Stressreaktion nicht hilflos ausgeliefert ist.

2.3 Praktische Durchführung

Die Inhalte dieses Moduls können in folgenden Schritten bzw. in folgender Reihenfolge vermittelt werden.

Viele der in diesem Gruppenprogramm vorgestellten Übungen beziehen die Körperwahrnehmung mit ein. Um diese zu schulen, wird zu Beginn jedes Moduls eine Selbst- und Körperwahrnehmungsübung von ungefähr fünf Minuten Dauer durchgeführt.

Die Teilnehmer werden aufgefordert, eine angenehme Körperhaltung zu finden und ihre Augen zu schließen. Danach werden sie durch die verschiedenen Erlebensdimensionen Körper, Emotionen und Gedanken geführt: „Was passiert im Moment in Ihrem Körper? Nehmen Sie wahr, ohne in gut oder schlecht zu bewerten. Wie sitzen Sie da? Wie ist Ihre Atmung in diesem Moment? Ist sie tief, ruhig und langsam oder schnell und flach? Atmen Sie in den Bauch oder mehr in den Brustbereich? Gehen Sie nun mit Ihrer Aufmerksam Schritt für Schritt durch Ihren Körper. Beginnen Sie bei Ihren Füßen, gehen Sie weiter entlang Ihrer Beine zum Becken, über den Bauch zu Ihrem Brustbereich. Nehmen Sie Ihre Schultern, Ihren Nacken, Ihre Arme und Ihre Hände wahr und schließlich Ihren Kopf und Ihr Gesicht. Welche Empfindungen fallen Ihnen auf? Spüren Sie in Ihrem Körper Verspannungen, Schmerzen, Wärme, Kälte, Schwere, Weite oder Enge? Gibt es Körperregionen, wo Sie keine Empfindungen wahrnehmen? Spüren Sie in Ihrem Körper Impulse für eine Handlung? Spüren Sie beispielsweise den Impuls, Ihre Sitzposition zu ändern oder eine andere Bewegung durchzuführen? Spüren Sie nun Ihren Gefühlen nach. Welche Gefühle sind im Moment vorhanden? Wie ist Ihre Stimmung gerade jetzt? Beobachten Sie nun Ihre Gedanken. Was geht Ihnen im Moment durch den Kopf? Welche Gedanken, Bilder, Erinnerungen und Pläne können Sie bei sich gerade beobachten?"

Anschließend haben die Teilnehmer einige Minuten Zeit, ihre Wahrnehmungen in Stichworten zu notieren.

Ereignis/Reiz/Stressor
(aus Umwelt, vom Körper)

Individuelle Geschichte, Allgemeinzustand
(Gene, Umfeld, Entwicklung, Erziehung, Erfahrungen, Werte und Glaubenssätze, Bewertung)

(Stress-)Reaktion
(physiologisch, emotional, kognitiv, behavioral: Individuell)

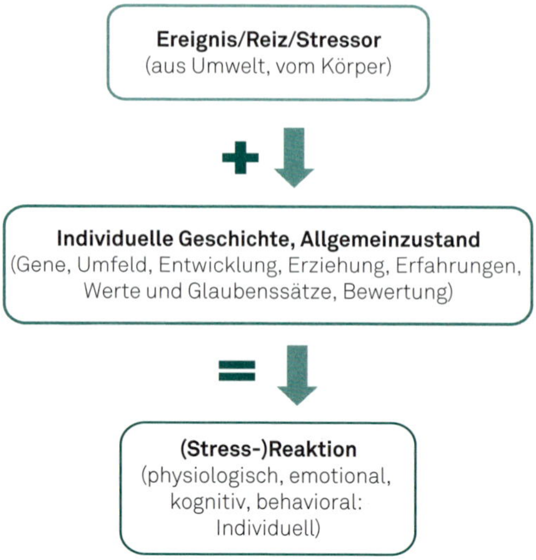

Abbildung 2-4: Vereinfachte Darstellung des Stressmodells nach McEwen, 1998, [19].

2.3.1
Stressmodell

Eine vereinfachte Version des Stressmodells nach McEwen (1998; [19]) eignet sich gut als Einstieg und zur Darstellung, was alles hinter dem Begriff „Stress" steht. Es kann zu Orientierungszwecken auf dem Flipchart aufgezeichnet werden (Abbildung 2-4):

Zuoberst steht der Reiz, der aus der Umwelt und vom eigenen Körper kommt und abhängig von seiner Intensität (Qualität) und Häufigkeit (Quantität) einen Stressor darstellen kann.

Jeder Reiz trifft auf individuelle physiologische und psychologische Voraussetzungen, die u.a. bestimmt werden durch genetische und epigenetische Faktoren, den bisherigen Erfahrungen sowie dem persönlichen Werte- und Bewertungssystem. Gemäß McEwen bestimmen zwei Faktorkomplexe die Stressreaktion: der aktuelle Allgemeinzustand und die Art, wie ein Reiz vor dem Hintergrund der eigenen Geschichte verarbeitet wird.

Die Kombination von Reiz und individueller Voraussetzung führt zu einem spezifischen, ebenfalls individuellen Antwortmuster, das aus einer Zusammensetzung von verschiedenen physiologischen, emotionalen, kognitiven und behavioralen Reaktionen besteht.

Durch dieses Modell wird ein Bewusstsein geschaffen, dass Stress nicht nur von äußeren Ereignissen abhängt oder nur im Kopf stattfindet, sondern eine ganzheitliche Reaktion ist und dass ein komplexes Zusammenspiel von unterschiedlichen Faktoren dahintersteht.

2.3.2 Aktivierungs-/Deaktivierungsmodell

Zur Veranschaulichung der Reiz- und Stressverarbeitung wird das Aktivierungs-/Deaktivierungsmodell eingeführt, das hinsichtlich der physiologischen Stressreaktion an das Modell von McEwen anknüpft. Stress wird fortan neutral als Aktivierung bzw. bereitgestellte Energie bezeichnet.

Zuerst wird ein Koordinatensystem auf dem Flipchart aufgezeichnet: Die x-Achse repräsentiert die Zeit (ohne Einheit), die y-Achse die Aktivierung (bereitgestellte Energie). Im unteren Bereich wird ein Streifen schraffiert. Dies ist eine schematische Darstellung der Homöostase, des „Window of Tolerance“ bzw. der„Optimal Arousal Zone“. Es wird erklärt, dass die Homöostase einem Aktivierungsbereich entspricht, in dem der Organismus optimal anpassungsfähig ist. Homöostase ist nicht mit Entspannung gleichzusetzen.

Ein einfacher Reiz (Beispiel: „Sie arbeiten und plötzlich klopft es an Ihrer Bürotür“) bewirkt eine Aktivierung und es wird gerade die Menge an Energie mobilisiert, die es zur Verarbeitung dieses Reizes braucht („Sie stehen auf und öffnen die Tür“). Dies kann bei niederschwelligen Reizen innerhalb der Homöostase stattfinden („Es ist ein Arbeitskollege, der nach einem Stift fragt“). Nach Verarbeitung des Reizes reguliert sich die Aktivierung zurück zum optimalen Aktivierungsniveau („zum Weiterarbeiten“; Abbildung 2-5).

Bei einem intensiveren Reiz bzw. Stressor („Sie arbeiten und es klopft heftig an Ihrer Bürotür. Ihr Chef stürmt herein und konfrontiert Sie mit einer unberechtigten Kritik“; Abbildung 2-6a) braucht es mehr Energie, d. h. eine höhere Aktivierung als auf Homöostaseniveau verfügbar ist, um den Stressor zu bewältigen. Man kommt in den Bereich der Mobilisation, der Flucht-oder-Kampf-Reaktion.

Das Gleiche gilt bei der Kumulation von mehreren Reizen („Es klopf an der Bürotür. Ein Arbeitskollege erinnert Sie an die anstehende Sitzung, die Sie völlig vergessen haben. Sie finden die nötigen Unterlagen nicht und werden immer hastiger. Kaum haben Sie die Unterlagen gefunden, schütten Sie den Kaffee darüber. Dann klingelt auch noch das Telefon in Ihrer Tasche. Wegen der zu-

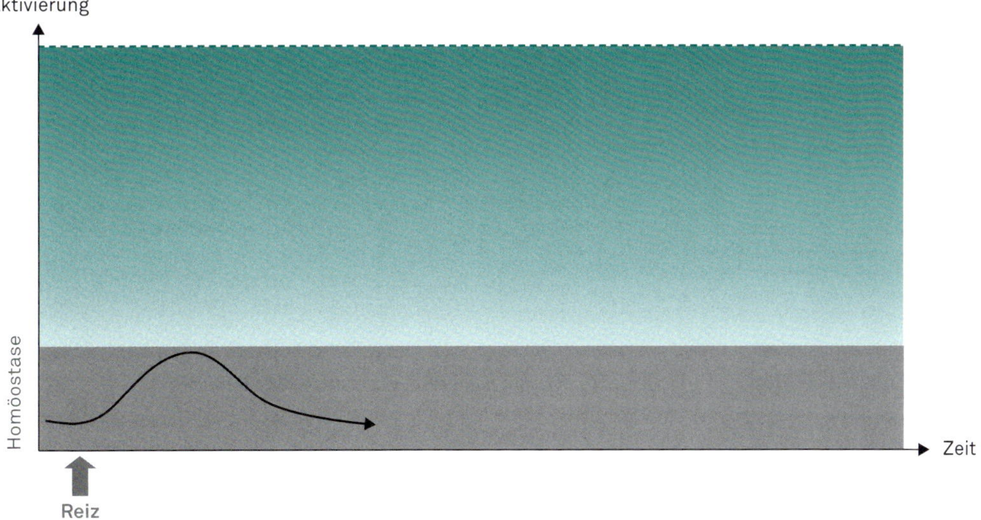

Abbildung 2-5: Reizverarbeitung innerhalb der Homöostase.

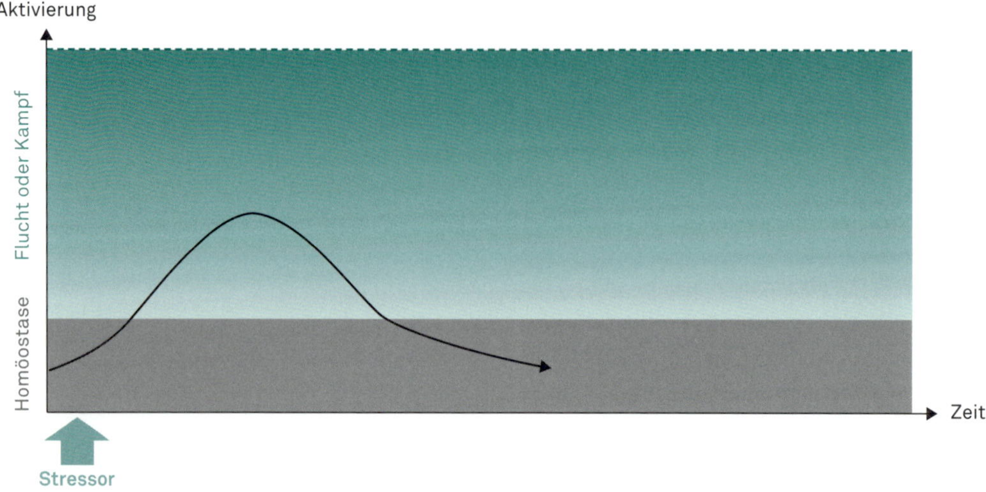

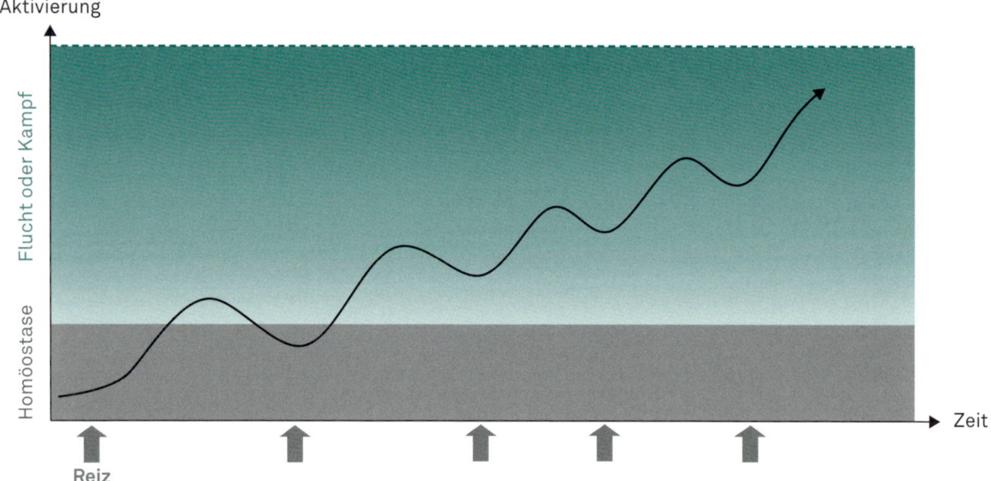

Abbildung 2-6: a Die Aktivierung als Antwort auf intensive Reize bzw. Stressoren erreicht die Mobilisationsstufe. **b** Die Kumulation von Reizen führt zu einer hohen Aktivierung und löst eine Stressreaktion aus.

nehmenden Hastigkeit fällt Ihnen die Tasche runter und der Inhalt verteilt sich auf dem Boden ... etc.“; Abbildung 2-6b).

[Die verschiedenen Reize bzw. Stressoren und die entsprechenden Aktivierungen können im gleichen Diagramm dargestellt werden.]

Falls durch die Flucht-oder-Kampf-Reaktion der Stressor nicht bewältigt werden kann, z.B. bei einem traumatischen Ereignis wie einem Unfall, steigt das Aktivierungsniveau weiter und es wird noch mehr Energie mobilisiert, bis schließlich die (individuelle) Überforderungsgrenze und die Immobilisationsstufe erreicht wird. Immobilisation-, auch „Freeze“ oder Totstellreflex genannt, ist eine Reaktion des Organismus, um sich vor zu großen Energiemengen zu schützen.

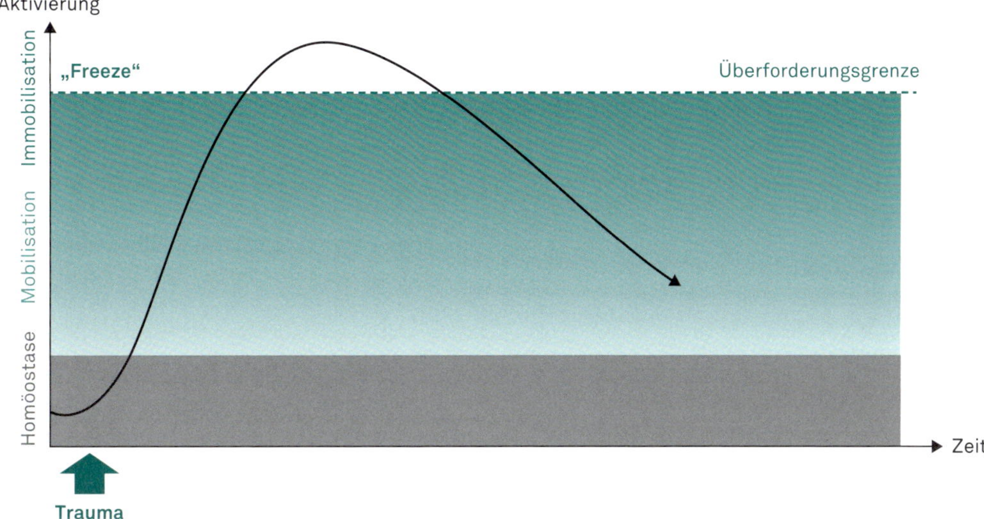

Abbildung 2-7: Traumatische Ereignisse können zur Immobilisation führen.

2.3.3 Social Readjustment Rating Scale

Bevor auf die individuelle Verarbeitung von Reizen eingegangen wird, kann die „Social Readjustment Rating Scale“ (SRRS; Tabelle 2-2) mit dem Hinweis abgegeben werden, dass es Geschehnisse gibt, so genannte kritische Lebensereignisse („major“ oder „critical life events“), die bei der Mehrheit der Menschen Stress auslösen. Die Teilnehmenden bekommen etwas Zeit, um die in der SRRS aufgeführten Ereignisse zu studieren. Danach kann die Gruppe gefragt werden, ob ihnen etwas auffällt oder ob Ereignisse aufgeführt sind, die sie überraschen. Schließlich wird erklärt, dass Veränderungen und unvorhergesehene Geschehnisse in bedeutenden Lebensbereichen Stressoren sind, weil diese Anpassungsleistungen erfordern, unabhängig davon, ob sie als negativ oder positiv bewertet werden.

Zur Auswertung der SRRS werden die Stresswerte der Ereignisse addiert (Stress ist kumulativ!). Bei einer Stresswertsumme von unter 150 beträgt die Wahrscheinlichkeit, eine körperliche Erkrankung zu entwickeln 30 %, bei einem Summenwert zwischen 150 und 299 50 % und bei einer Summe von 300 oder mehr 80 %. Bei Interesse kann erklärt werden, wie die Skala zustande kam und dass sie seit der Erhebung in den 1960er-Jahren immer noch Gültigkeit besitzt.

2.3.4 Kognitive Modulation

Bei den meisten Reizen spielen jedoch mehrere Faktoren eine Rolle, ob es zu einer Stressreaktion kommt oder nicht. Dazu gehören die aktuelle Aktivierung, sozusagen die Voraktivierung (Abbildung 2-8a), die emotionale Bewertung und die Modulation mittels Gedanken zum Reiz.

Um die kognitive Modulation zu veranschaulichen, können zwei fiktive Aktivierungskurven – die einer Gazelle und die eines Menschen – aufgezeichnet und einander gegenübergestellt werden. Bei der Kurve der Gazelle kann folgender Ablauf erzählt werden (Abbildung 2-8b).

Tabelle 2-2: The Social Readjustment Rating Scale (Holmes & Rahe, 1967; [50]).

Rang	Ereignis	Stresswert
1	Tod des Ehepartners	100
2	Scheidung	73
3	Trennung vom Ehepartner	65
4	Haftstrafe	63
5	Tod eines Familienangehörigen	63
6	Eigene Verletzung oder Krankheit	53
7	Heirat	50
8	Verlust des Arbeitsplatzes	47
9	Aussöhnung mit dem Ehepartner	45
10	Pensionierung	45
11	Änderung im Gesundheitszustand eines Familienangehörigen	44
12	Schwangerschaft	40
13	Sexuelle Schwierigkeiten	39
14	Familienzuwachs	39
15	Geschäftliche Veränderung	39
16	Erhebliche Einkommensveränderung	38
17	Tod eines nahen Freundes	37
18	Berufswechsel	36
19	Änderung in der Häufung der Auseinandersetzungen mit dem Ehepartner	35
20	Aufnahme eines Kredites über 10.000 CHF	31
21	Kündigung eines Darlehens	30
22	Veränderung im beruflichen Verantwortungsbereich	29
23	Kinder verlassen das Elternhaus	29
24	Ärger mit der angeheirateten Verwandtschaft	29
25	Großer persönlicher Erfolg	28
26	Anfang oder Ende der Berufstätigkeit der Ehefrau	26
27	Schulbeginn oder -abschluss	26
28	Änderung des Lebensstandards	25
29	Änderung persönlicher Gewohnheiten	24
30	Ärger mit dem Vorgesetzten	23
31	Änderung von Arbeitszeit und -bedingungen	20
32	Wohnungswechsel	20
33	Schulwechsel	20
34	Änderung der Freizeitgewohnheiten	19
35	Änderung der kirchlichen Gewohnheiten	19
36	Änderungen der gesellschaftlichen Gewohnheiten	18
37	Aufnahme eines Kredites unter 10.000 CHF	17
38	Änderung der Schlafgewohnheiten	16
39	Änderung der Häufigkeit familiärer Kontakte	15
40	Änderung der Essgewohnheiten	15
41	Urlaub	13
42	Weihnachten	13
43	Geringfügige Gesetzesübertretungen	11

Auswertung: Stresswerte der Ereignisse addieren. Die Wahrscheinlichkeit, eine stressbedingte Erkrankung zu entwickeln liegt bei einer Stresswertsumme von unter 150 bei 30 %, bei einem Summenwert zwischen 150 und 299 bei 50 % und bei einer Summe von 300 oder mehr bei 80 %.

„Eine Gazelle grast friedlich in der Savanne (Homöostase), als sie plötzlich ein Rascheln im Gebüsch hört. Sie schaut auf, spitzt die Ohren und spannt, eine Bedrohung antizipierend, ihre Muskeln an (Anstieg der Aktivierung). Als lediglich ein Vogel aus dem Gebüsch herausfliegt, wendet sich die Gazelle wieder dem Grasen zu (Rückregulation in die Homöostase). Es raschelt nun nochmals im Gebüsch. Wieder schaut die Gazelle auf und bereitet sich auf die Flucht vor. Es prescht ein Gepard hervor und die Gazelle rennt um ihr Leben (Mobilisierungsreaktion). Sie rennt und rennt, doch der Gepard holt auf. Die Gazelle kann nicht mehr Energie mobilisieren und sie fällt während der Flucht ‚tot' um (Immobilisation). Da der Gepard – in der Regel – nicht an einer toten Beute interessiert ist, lässt er von der sich tot stellenden Gazelle ab und zieht von dannen. Die Gazelle erwacht nach einiger Zeit aus dem Totstellreflex, atmet und zittert heftig, um die große Menge an Energie aus ihrem Körper zu entfernen (Deaktivierung). Danach widmet sie sich wieder dem Fressen (Rückkehr zur Homöostase)."

Beim Menschen kann ein analoges Beispiel kreiert werden, beispielweise von einer Wanderung im Urwald (Abbildung 2-8c).

„Stellen Sie sich vor, Sie machen eine Tour durch den Urwald. Sie genießen die vielen schönen Eindrücke (Homöostase), bis Sie im Gebüsch neben sich ein Rascheln hören. Sie bleiben stehen, hören genau hin und, eine Gefahr antizipierend, spannen Ihre Muskeln an, Ihre Herzrate steigt etc. (Anstieg der Aktivierung). Schließlich fliegt ein bunter Vogel aus dem Gebüsch. Sie lachen über sich selbst und gehen weiter. Es kommen nun aber Gedanken, dass es im Urwald doch einige Lebewesen gibt, mit denen Sie nicht zusammentreffen möchten (ein gewisses Aktivierungsniveau bleibt). Plötzlich hören Sie wieder ein Rascheln in der üppigen Vegetation. Sie bleiben stehen, starren auf das Gebüsch, Ihre Muskeln spannen sich an, Ihre Herzrate steigt, Ihr Atem stockt (Anstieg der Aktivierung). Dieses Mal springt ein kleines Nagetier heraus und rennt an Ihnen vorbei. Wieder müssen Sie schmunzeln, doch Sie werden sich bewusst, dass Sie im Urwald sind, weit weg von der Zivilisation und Hilfe. Sie haben Ihren Rucksack voll Proviant und keine Waffen, mit denen Sie sich gegen eine Bedrohung wehren könnten. Ihre Gedanken kreisen nun darum, welche Gefahren es im Urwald gibt und was alles passieren könnte. Dazu kommen Selbstvorwürfe, dass Sie so leichtsinnig sind, sich auf diese Wanderung zu begeben, ohne sich richtig vorbereitet zu haben und erst noch mit ganz viel Essen im Rucksack, das Tiere anlocken kann (Mobilisationsstufe). Sie können die Wanderung immer weniger genießen und brechen sie schließlich ab."

Fazit: Beim Menschen können auch Gedanken alleine (Antizipation von Gefahr, Selbstvorwürfe), d.h. ohne eine unmittelbare Bedrohung, eine Stressreaktion auslösen.

2.3.5 Überleitung in die Selbsterfahrung: das autonome Nervensystem und die HRV

Das Aktivierungs-/Deaktivierungsmodell ist kein rein theoretisches Konzept, sondern kann direkt auf Funktionen des autonomen Nervensystems (ANS) übertragen und auch gemessen werden.

Bezüglich Aufbau und Funktion des ANS ist für dieses Modul Folgendes wichtig zu vermitteln:

Das ANS, auch vegetatives Nervensystem genannt, reguliert Organtätigkeit und Körperfunktionen, die autonom ablaufen, wie z.B. die Herzrate, den Blutdruck, die Schweißbildung oder die Verdauung. Diese Funktionen können willentlich nicht direkt beeinflusst werden. Es kann (und muss) beispielsweise nicht entschieden werden, wann man verdaut und wann nicht.

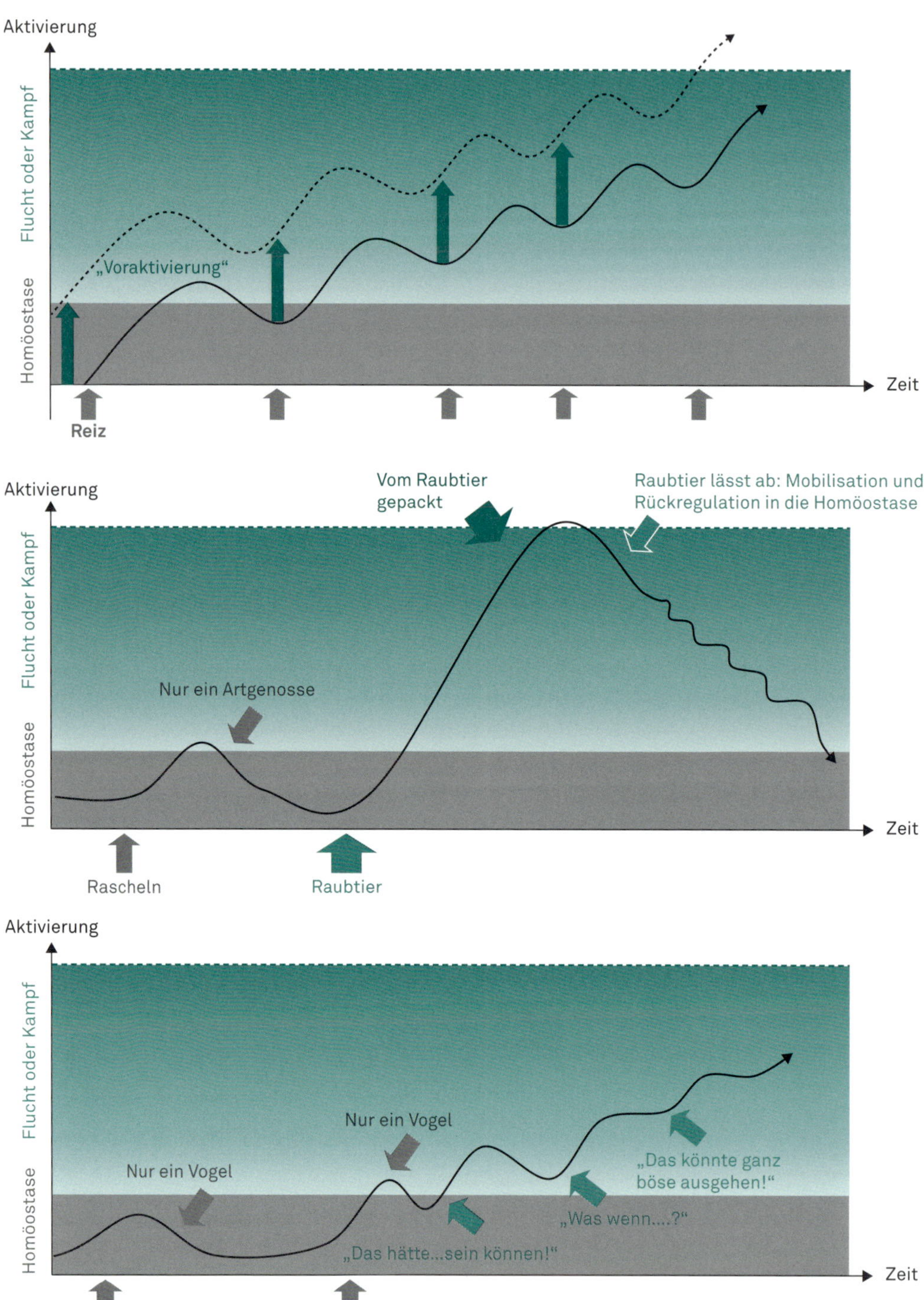

Abbildung 2-8: a Die Voraktivierung beeinflusst die Wirkung von Reizen. **b** Aktivierungs-/Deaktivierungskurve einer Gazelle. **c** Kognitive Modulation beim Menschen.

Das ANS besteht aus zwei Teilen, die gegensätzliche Wirkungen haben. Der eine ist der Sympathikus, der Energie im Körper mobilisiert und die Organtätigkeit auf Aktivität einstellt: Zucker wird aus der Leber ins Blut freigesetzt, die Herzrate und der Blutdruck werden erhöht etc. Der Sympathikus ist zuständig für die Flucht-oder-Kampf-Reaktion, d.h. die Stressreaktion.
Sein Gegenspieler ist der Parasympathikus, der für regenerierende und aufbauende Vorgänge zuständig ist, wie die Aktivierung der Verdauung, die Verlangsamung der Herzrate oder die Speicherung von Zucker in der Leber. Sympathikus und Parasympathikus steuern gemeinsam die Organfunktionen und passen diese an die aktuellen Bedingungen an. Bei Aktivierung dominiert der Sympathikus, bei Deaktivierung steht der Parasympathikus im Vordergrund. Oft werden der Sympathikus mit dem Gaspedal und der Parasympathikus mit der Bremse eines Autos verglichen.

Im Aktivierungs-/Deaktivierungsmodell repräsentiert die y-Achse das Verhältnis von Sympathikus zu Parasympathikus bzw. die Aktivierung des Sympathikus. In der Homöostase halten sich Sympathikus- und Parasympathikusaktivität die Waage und der Organismus kann optimal an die jeweilige Situation angepasst werden. Auf der Mobilisationsstufe ist der Sympathikus im Vordergrund, da dieser die Anpassungen für die Flucht-oder-Kampf-Reaktion gewährleistet.

Falls die Polyvagal-Theorie eingebracht werden soll, könnte am Modell weiter erklärt werden, dass bei einem Stressor, der die Aktivierung bis über die Überforderungsgrenze treibt, der evolutiv ältere Teil des Parasympathikus (dorsaler Vagus) zum Zug kommt, der in der Immobilisation die lebenswichtigen Funktionen aufrechterhält.

Die Aktivität des Sympathikus und Parasympathikus kann gut anhand der Herzratenvariabilität (HRV) beobachten und veranschaulicht werden.

Sympathikus und Parasympathikus passen die Herzrate von Herzschlag zu Herzschlag an die momentanen Erfordernisse an. Das heißt, dass der Zeitabstand zwischen zwei Herzschlägen jeweils unterschiedlich lang ist. Je variabler die Zeitabstände, desto größer die HRV, desto effektiver die Anpassungsfähigkeit durch das ANS. Die HRV ist somit ein Maß für die Regulationsfähigkeit des ANS am Herzen, was ihr die Bezeichnung „Fenster zum ANS" verliehen hat.

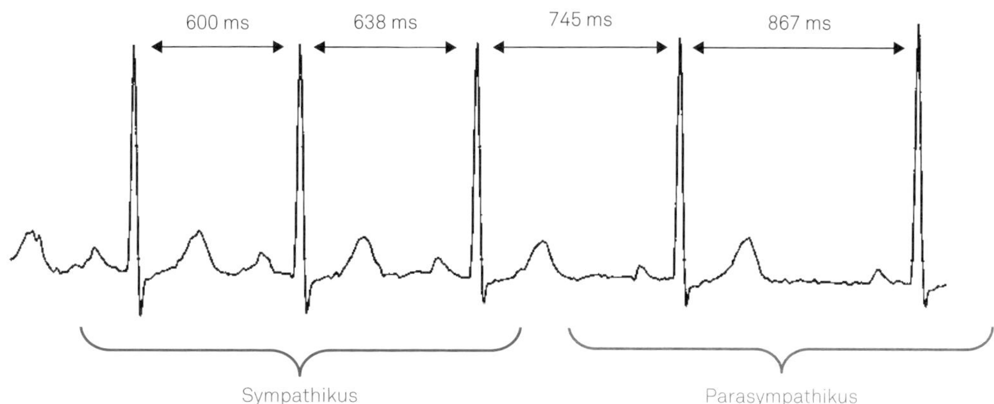

Abbildung 2-9: Anhand vom zeitlichen Abstand zwischen zwei aufeinanderfolgenden Herzschlägen im EKG wird die HRV bestimmt. *EKG* Elektrokardiogramm, *HRV* Herzratenvariabilität.

Zur Erklärung der HRV kann ein schematisches EKG mit kürzeren und längeren Abständen zwischen den Herzschlägen aufgezeichnet werden. Die Zeitabstände zwischen den Herzschlägen unterscheiden sich im Bereich von Millisekunden. Bei den kürzeren Abständen kann auf den Sympathikus verwiesen werden, der eine Erhöhung der Herzrate bewirkt. Der Herzschlag wird schneller und regelmäßiger („getaktet"), denn für Flucht oder Kampf ist Leistung und nicht Flexibilität im Vordergrund. Die HRV ist bei Sympathikus-Dominanz dementsprechend gering ausgeprägt.

Der Parasympathikus verlängert die Abstände zwischen den Herzschlägen. Er ist der eigentliche Regulator der HRV. Bei einem höheren Leistungsbedarf zieht sich der Parasympathikus zurück und lässt dem Sympathikus „freie Bahn". Bei Erholung bremst er den Sympathikus. Dadurch ist der Parasympathikus nicht nur für eine Verlangsamung der Herzrate verantwortlich, sondern auch für die Ausprägung deren Variabilität.

Da die Herzrate von Herzschlag zu Herzschlag an die Situation angepasst wird, kann die HRV jederzeit und überall gemessen werden. Im Sitzen und in Ruhe kann die Regulation der Herzrate durch Sympathikus und Parasympathikus in Abhängigkeit der Atmung beobachtet werden.

Die Teilnehmer werden aufgefordert, ihren Puls mit Zeig- und Mittelfinger am Handgelenk oder an der Halsschlagader zu fühlen (nicht zählen) und tief und ruhig ein- und auszuatmen. Danach wird gefragt, was beobachtet wurde.

Achtung: Diese Übung funktioniert nicht bei bestimmten Herzleiden, z. B. bei Personen mit Herzschrittmachern oder einer Behandlung mit Betablockern.

Viele stellen in dieser Übung überrascht fest, dass der Puls nicht regelmäßig ist. Es wird erklärt, dass beim Einatmen sich die Herzrate erhöht, da Einatmen mit Sympathikusaktivierung verbunden ist. Um diesen Zusammenhang in die Erfahrung zu bringen, können die Teilnehmer gefragt werden, wie ihre Atmung auf eine plötzliche Bedrohung reagiert. Erschrecken wird für gewöhnlich von einem plötzlichen, schnellen Einatmen begleitet.

Beim Ausatmen bremst der Parasympathikus den Sympathikus und führt zur Verlangsamung der Herzrate.

Diese Übung soll zeigen und die Erfahrung ermöglichen, dass die autonom gesteuerte Herzrate durch den Atem indirekt beeinflusst werden kann, d. h. dass mit ein-und ausatmen gezielt der Sympathikus oder der Parasympathikus aktiviert werden können.

2.3.6 HRV-Biofeedback

Mit Biofeedback-System

In Institutionen und Praxen, die auf die Prävention und die Behandlung der Folgen von chronischem Stress ausgerichtet sind, gehören Biofeedback-Systeme oft zur Standardausstattung. Im Gruppen-Setting können diese Systeme den Teilnehmern die Möglichkeit bieten, mit den eigenen autonomen Reaktionsweisen in Kontakt zu kommen und herauszufinden, wie diese beeinflusst werden können. Im Anschluss an die Erklärung der HRV kann diese mittels HRV-Biofeedback demonstriert und in die Selbsterfahrung gebracht werden. Als Erstes empfiehlt es sich, eine Person einfach an das Gerät anzuschließen und ohne Anweisungen das HRV-Signal beobachten zu lassen. Es kann auch gut mit Animationen gearbeitet werden. Danach können unterschiedliche Interventionen angeleitet werden, um die HRV zu vergrößern bzw. den Parasympathikus gezielt zu aktivieren:

- Das Ausatmen verlängern,
- Ausatmen gegen Widerstand, z. B. durch einen Strohhalm oder durch Anwendung der Lippenbremse,
- Konzentration auf die Zwerchfellatmung (Bauchatmung),

- Taktatmung im Rhythmus von 4 Sekunden einatmen, 6 Sekunden ausatmen. Dieses Atemmuster bzw. eine Atemfrequenz von 6 Atemzügen pro Minute ist besonders effektiv im HRV-Training. Es entspricht der natürlichen „Resonanzfrequenz“, bei der sich in der Entspannung die Atmung und die Herzrate maximal synchronisieren [54]. Durch die Induktion dieser Atemfrequenz wird der Parasympathikus aktiviert und die HRV vergrößert.

Weitere Möglichkeiten, die HRV zu beeinflussen und zu veranschaulichen, wie Gedanken an eine Stresssituation bereits eine Stressreaktion auslösen können bzw. wie kognitive Modulation auch zur Beruhigung genutzt werden kann, sind:

- an etwas Ärgerliches oder Belastendes denken bzw.
- an etwas Schönes denken oder eine Ressourcenort-Imagination.

Ohne Biofeedback-System

Falls kein Biofeedback-System zur Verfügung steht, kann mit dem Fühlen des eigenen Pulses weitergearbeitet werden. Es können die obengenannten Atemtechniken zur Vergrößerung der HRV geübt werden, d.h. verlängerte Ausatmung, Atmung durch einen Strohhalm, Bauchatmung und Taktatmung. Die Teilnehmer werden angeleitet, ihren Puls zu beobachten, während sie ihre Atmung verändern. Unter Umständen kann ein Atempacer („Atem-Schrittmacher“) hinzugezogen werden, um den 4:6-Takt anzugeben. Diese gibt es in den verschiedensten Variationen im Internet und als Anwendung für Smartphones und Computer.

2.4 Anwendungen im Einzelsetting

Dieses Modul enthält vor allem psychoedukative Elemente, die im Einzelsetting aufgegriffen werden können. Klienten würden auch von der Integration von Biofeedback im Einzelcoaching profitieren.

Psychoedukation

Klienten, die wegen einer erhöhten Stressbelastung in die Beratung kommen, können zum Einstieg über den Sinn und Zweck der Stressreaktion aufgeklärt werden. Nüchtern betrachtet handelt es sich bei Stress um die Bereitstellung von Energie, um anspruchsvollere Reize und Situationen bewältigen zu können. Dies ist beispielsweise bei der Kumulation von täglichen Belastungen durch Arbeit, Familie und Verpflichtungen oder auch bei größeren Veränderungen in existenziellen Lebensbereichen der Fall. Anhand des Aktivierungs-/Deaktivierungsmodells kann aufgezeigt werden, wie sich Stressoren kumulieren und dass es eine Überforderungsgrenze gibt. Die Aktivierung aus dem Modell kann direkt auf die Funktionen des ANS, v.a. auf den Sympathikus übertragen werden. Falls deutliche Stresssymptome vorhanden sind, können diese anhand der Wirkung des Sympathikus erklärt werden.

Biofeedback

Es ist sehr heilsam, wenn entdeckt wird, dass die Funktionen des ANS indirekt beeinflusst werden können. Dies lässt sich besonders gut über den Einsatz von Biofeedback erreichen. Mittlerweile gibt es gute und preiswerte Biofeedback-Systeme, deren Anschaffung sich für die Praxis lohnen kann. Besonders empfehlenswert sind Systeme, die die HRV oder den Hautleitwert als Feedback-Parameter benutzen. Anhand des Hautleitwerts wird erlebt, dass Gedanken an eine Stresssituation und durch Erinnerungen induzierte Gefühle den Körper beeinflussen und den Sympathikus aktivieren können. Dies kann als Ausgangpunkt zum Ausprobieren und Üben von Selbstregulationsstrategien dienen. Man kann beispielsweise durch Aktualisierung eines belastenden Ereignisses die Aktivierung erhöhen und anschließend den Klienten auffordern, sich selbst zu beruhigen.

Die HRV als Biofeedback-Parameter eignet sich besonders gut, um zu lernen, sich und die autonomen Funktionen mittels Atmung zu beruhigen. In einem ersten Schritt kann erfahren werden, dass die Herzrate durch Atmung beeinflusst werden kann, was das Gefühl der Selbstwirksamkeit fördert. Anschließend kann mittels Fokus auf die Ausatmung gelernt werden, gezielt den Parasympathikus zu aktivieren. Die Taktatmung mit 4 Sekunden einatmen und 6 Sekunden ausatmen kann geübt und mittels HRV-Biofeedback validiert werden. Falls die Taktatmung vom Klienten als entspannend empfunden wird und eine messbar günstige Auswirkung auf die HRV hat, kann diese dem Klienten als Methode zur Selbstberuhigung nahegelegt werden. Damit dieses Atemmuster jederzeit und überall (auch ohne Pacer) abrufbar wird, sozusagen ins Körpergedächtnis integriert wird, muss es über 6–8 Wochen regelmäßig trainiert werden. Es kann als Hausaufgabe aufgetragen werden, täglich mindestens 2×5 Minuten die Taktatmung zu üben. Als Hilfestellung kann dem Klienten eine App für das Smartphone oder Tablet empfohlen werden.

3 Ein ganzheitliches Phänomen – die Erlebensdimensionen der Stressreaktion

3.1 Modulziele

- Verstehen und erfahren, dass Stress ein ganzheitliches Phänomen ist, das körperlich, geistig sowie emotional erlebt wird und auf der Verhaltensebene stattfindet
- Die eigenen Stresssymptome innerhalb der verschiedenen Erlebensdimensionen explorieren
- Ein Gefühl dafür bekommen, dass und wie diese Erlebensdimensionen zusammenhängen und sich gegenseitig beeinflussen
- Interventionen kennenlernen, mit denen der Kreislauf der Stresssymptome unterbrochen werden kann

3.2 Hintergrund

3.2.1 Erlebnisdimensionen und Symptome der Stressreaktion

Körperliche Dimension

Wie im ersten Modul beschrieben, werden wahrgenommene Reize in der Amygdala mit den gespeicherten Reiz-Emotions-Mustern abgeglichen und bewertet. Wird eine Situation als bedrohlich eingeschätzt, wird über den Hypothalamus die Stressreaktion ausgelöst. Dies geschieht über zwei parallele Wege: über die Aktivierung des Sympathikus und über die so genannte Stressachse, einer Hormonkaskade mit den Instanzen Hypothalamus-Hypophyse-Nebennierenrinde und der Ausschüttung des Stresshormons Kortisol ins Blut. Es werden stets beide Wege angestoßen. Binnen Sekundenbruchteilen wird an den Nervenenden des Sympathikus Noradrenalin freigesetzt, das an entsprechenden Rezeptoren an den Zielorganen seine Wirkung entfaltet. Ebenso wird durch die Sympathikusaktivierung Adrenalin aus dem Nebennierenmark in die Blutbahn ausgeschüttet, welches nach wenigen Sekunden die Sympathikuswirkung verstärkt. Die biologische Wirkung von Adrenalin und besonders Noradrenalin ist sehr schnell, aber auch sehr kurz. Die Halbwertszeit von Adrenalin im Blutplasma liegt bei einer bis drei Minuten.

Die Ausschüttung von Kortisol ist gegenüber Adrenalin und Noradrenalin um ca. 30 Minuten verzögert, dessen Wirkung ist aber mit einer Halbwertszeit von ungefähr 90 Minuten deutlich länger anhaltend. Die Folgen der Sympathikusaktivierung und der Stresshormonausschüttung sind komplexe Körperreaktionen, die sich direkt aus dem biologischen Zweck, nämlich der Flucht-oder-Kampf-Reaktion, herleiten lassen: Mobilisierung von gespeicherter Energie (Zucker, Fettsäuren), Erhöhung der Herzrate und des Blutdrucks, Steigerung der Atemfrequenz und der Durchblutung der Skelettmuskulatur, Anspannung der Muskulatur, Unterdrückung des Immunsystems u.v.m. [55]. Im Kapitel 5 wird näher auf die neurobiologischen Grundlagen der Stressreaktion eingegangen.

Durch die akute Stressreaktion wird der Körper somit schnell und für eine gewisse Zeitspanne aufgerüstet, um mit unvorhergesehenen und bedrohlichen Situationen umgehen zu können. Die akute Stressreaktion ist somit etwas Gutes. Dies gilt nicht für chronischen Stress.

Bei anhaltenden und sich wiederholenden Stressoren ist der Sympathikus in Dauerbetrieb und der Kortisolspiegel bleibt über längere Zeit auf einem erhöhten Niveau, das unter Umständen ein Mehrfaches des individuellen Normwerts sein kann. Die andauernden vegetativen und hormonellen Veränderungen führen längerfristig zu Verschiebungen im Zucker- und Fettstoffwechsel, was sich u.a. an einem erhöhten Blutzuckerspiegel, an der Ansammlung von Fett im Bauchbereich oder an der Ablagerung von Blutfetten an den Arterienwänden zeigen kann. Dadurch erhöht sich das Risiko für Herz-Kreislauf-Erkrankungen und Diabetes. Da Kortisol als entzündungshemmender Faktor eine wichtige Rolle im Immunsystem spielt, zeigt sich eine chronische Stressbelastung auch an einer erhöhten Infektanfälligkeit und an Störungen in der Wundheilung. Die dauerhaft erhöhte Sympathikusaktivität äußert sich durch Herzbeschwerden wie Herzrasen, Herzrhythmusstörungen oder hohem Blutdruck sowie durch muskuläre Verspannungen. Die mit der Sympathikus-Dominanz einhergehende verminderte Parasympathkuswirkung zeigt sich unter anderem in Form von Verdauungsproblemen. Eine Auswahl an typischen körperlichen Stresssymptomen ist in Abbildung 3-1a zusammengestellt, wobei die Liste keineswegs abschließend ist und es abhängig von den persönlichen körperlichen „Schwachstellen“ große individuelle Unterschiede und Variationen gibt.

Emotionale Dimension

Angst, Nervosität und innere Unruhe sind typische Symptome bei Stress innerhalb der emotionalen Dimension (Abbildung 3-1b). Aus überlebenstechnischer Sicht ist Angst die wichtigste Emotion, denn sie ist ein Alarmsignal, auf welches hin die Flucht-oder-Kampf-Reaktion ausgelöst wird. In der Amygdala findet anhand von angeborenen und durch emotionale Konditionierung entstandene Reiz-Emotions-Muster die Grobeinschätzung der Situation in gefährlich oder ungefährlich statt [53]. Dabei ist es erwiesenermaßen so, dass die Schwelle, eine Situation als bedrohlich einzuschätzen oder zu antizipieren, eher niedrig ist und dass ganz nach dem Prinzip „better safe than sorry“ lieber einmal zu viel als zu wenig eine Stressreaktion ausgelöst wird [56]. Denn eine prophylaktische Stress- bzw. Abwehrreaktion bedeutet einen geringeren Energieaufwand, als ein tatsächlicher Überlebenskampf. Die Angst fungiert dabei als eine Art Rauchmelder, der schon bei Wasserdampf Alarm auslöst. Diese Fehlalarme, d.h. vorsorgliche Angst ist zwar subjektiv empfunden unangenehm, macht aus Sicht der Überlebenssicherung jedoch Sinn. Das Verständnis über die Funktion von Angst kann die Akzeptanz gegenüber diesem als negativ wahrgenommenes Gefühl fördern. Weitere Gefühle in Verbindung mit der Stressreaktion sind in Abbildung 3-1b aufgeführt.

Kognitive Dimension

Innerhalb der kognitiven Dimension ist bei Stress der so genannte Tunnelblick kennzeichnend, bei dem sich die Wahrnehmung und die Denkleistungen auf den Stressor fokussieren. Die als unangenehm und einschränkend erlebte Konsequenz davon ist, dass man anderen Dingen gegenüber weniger aufmerksam ist und sich kaum auf etwas anderes als den Stressor konzentrieren kann. Diese Ausrichtung der kognitiven Leistungen auf die Bewältigung der Bedrohung ist für das Überleben überaus sinnvoll. Bei chronischem Stress führt diese kognitive Einengung jedoch zu Gedächtnis- und Konzentrationsschwierigkeiten und schließlich zu reduzierter kognitiver Leistungsfähigkeit bis hin zu Denkblockaden (Abbildung 3-1c).

Mittels Verbindungen des limbischen Systems mit den Analysezentren der Hirnrinde können die in der Amygdala gespeicherten Reiz-

Emotions-Muster durch die Einbindung der Kognition, d. h. der aktuellen Wahrnehmung, der kognitiven Bewertungen und von Gedächtnisinhalten an die momentane Situation angepasst werden. Bei Stress wird jedoch aufgrund eingeschränkten kognitiven Ressourcen vermehrt auf ursprüngliche Erlebensmuster ohne Abgleich mit den aktuellen Sinneseindrücken zurückgegriffen [14].

Verhalten

Bezogen auf das Verhalten sind die Symptome mehrschichtig. Stressverhalten kann einerseits Ausdruck oder andererseits ein Versuch der Linderung von Stresssymptomen in den Erlebensdimensionen sein. Flucht- oder Kampfverhalten beispielsweise stellt den Ausdruck, sozusagen die motorische Komponente der körperlichen Stressreaktion dar. Hastigkeit (z. B. Essen herunterschlingen) oder unkoordiniertes (Arbeits-)Verhalten sind Auswirkungen des Tunnelblicks und der reduzierten Aufmerksamkeit auf nicht stressorbezogene Tätigkeiten.

Typisches Stressverhalten beim Versuch, Arbeitsstress zu lindern, ist, noch mehr Zeit in die Arbeit zu investiert, Pausen auszulassen, Sport und Hobbys sowie soziale Kontakte einzuschränken. Um die Konzeptlosigkeit zu reduzieren, wird versucht, äußere Ordnung durch zwanghafte Angewohnheiten und Pedanterie herzustellen. Konzentrationsschwierigkeiten werden mit Kaffee und Nikotin kompensiert, Sorgen und kreisende Gedanken am Abend mit Alkohol betäubt. Das genannte Kompensationsverhalten kann zwar kurzfristig erfolgreich sein, ist längerfristig jedoch kontraproduktiv und gesundheitsschädlich und setzt einen Teufelskreis in Gang. Der Mangel an Erholung senkt nämlich die persönliche Leistungsfähigkeit und die Genussmittel Koffein, Alkohol und Nikotin verstärken die körperliche Stressreaktion.

3.2.2 Stresssymptome im Aktivierungs-/Deaktivierungsmodell

Die Art und Ausprägung der Stresssymptomatik wird neben den individuellen Voraussetzungen durch die Intensität und die Dauer der Stressbelastung beeinflusst. In den Abbildungen 3-1a–d sind typische Stresssymptome in den verschiedenen Erlebensdimensionen und im Verhalten in das Aktivierungs-/Deaktivierungsmodell integriert und nach Stressniveau eingestuft. Je höher und langanhaltender die Aktivierung ist, desto ausgeprägter und chronifizierter wird die Stresssymptomatik.

Innerhalb der körperlichen Dimension gehören zu den Erstreaktionen eine erhöhte Herzfrequenz, Schweißbildung, schnelle und flache Atmung sowie muskuläre Anspannung. Als Antwort auf einen intensiveren Stressor können Appetitlosigkeit, Übelkeit oder Kopfschmerzen dazukommen. Intensiverer und anhaltender Stress kann sich durch vermeintlich unspezifische chronische Symptome wie Sehstörungen, Hautveränderungen oder Rückenschmerzen zeigen, die von den Betroffenen oft nicht in direkten Zusammenhang mit der Stressbelastung gebracht werden.

Die Intensität der emotionalen Stressreaktion kann als Steigerungsform der Grundemotionen Angst, Trauer und Wut beschrieben werden [57]. So fühlt man bei moderatem und akutem Stress zunächst Erschrecken, Enttäuschung oder Unzufriedenheit. Steigende Belastung löst Unruhe bis hin zu Todesangst aus, Frustration kann in Depressivität und Resignation münden, und Ärger steigert sich zur blinden Wut, bei der mit allen Mitteln, auch auf eigene Kosten, die Beseitigung des Stressors im Fokus steht. Sehr intensive Stressoren, wie zum Beispiel traumatische Ereignisse, können zur Überforderung und unabhängig von der vorherrschenden Grundemotion zu Gefühlslähmung oder Dissoziation führen.

Innerhalb der gedanklichen Dimension intensiviert sich mit zunehmendem Stress der

Stress-Körpersignale

- ☐ Herz-Kreislauf-Erkrankungen
- ☐ Anfälligkeit für infektiöse Erkrankungen
- ☐ Reizdarm-Syndrom
- ☐ Tinnitus
- ☐ Migräne
- ☐ Unbeabsichtigter Gewichtsverlust
- ☐ Chronische Verspannungen
- ☐ Fieberblasen
- ☐ Augenzucken
- ☐ Müdigkeit, Erschöpfung
- ☐ Schwächegefühl
- ☐ Magen-Darm-Beschwerden
- ☐ Hitzewallungen/ Kälteschauer
- ☐ Flacher Atem, Kurzatmigkeit, Atemnot,
- ☐ Mundtrockenheit
- ☐ Innere Unruhe
- ☐ Neuauftretende Allergien, Allergieanfälle, Nesselsucht
- ☐ Hautveränderungen, Ausschläge, Juckreiz, Ekzeme
- ☐ Schwindel
- ☐ Einlagerung von Bauchfett
- ☐ Rückenschmerzen
- ☐ Ohrensausen
- ☐ Appetitlosigkeit, Übelkeit
- ☐ Kopfschmerzen
- ☐ Sehstörungen
- ☐ Schlafstörungen, Alpträume
- ☐ Zittern
- ☐ Verstärkter Harndrang
- ☐ Übermäßiges Schwitzen
- ☐ Häufiges Seufzen
- ☐ Hoher Puls, starkes Herzklopfen
- ☐ Muskuläre Anspannung

Abbildung 3-1: Stresssymptome nach Erlebensdimensionen und Intensität. **a** Stress-Körpersignale.

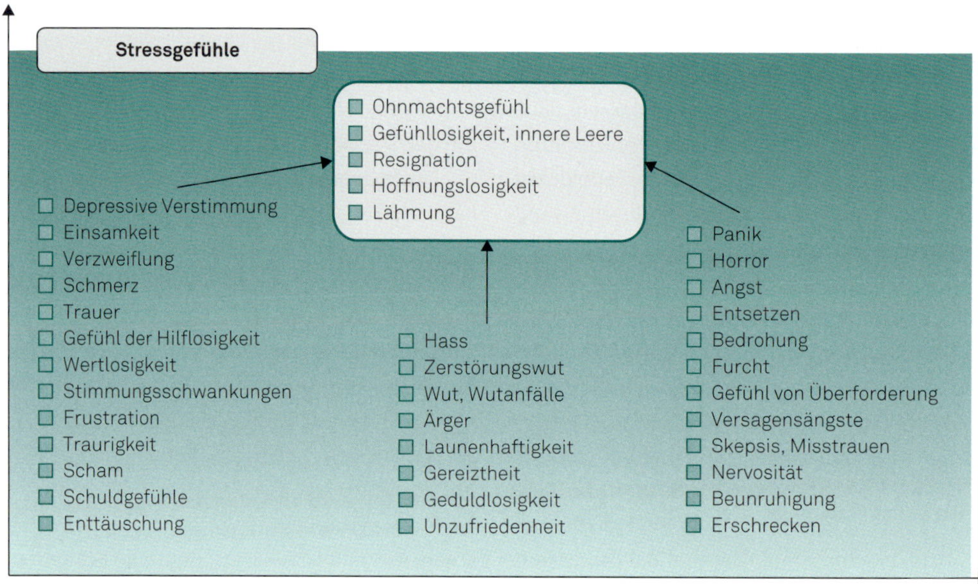

Abbildung 3-1: b Stressgefühle.

Stressgedanken

- Suizidgedanken
- Katastrophisieren
- Denkblockaden
- Fixe Ideen
- Schwarz-Weiß-Denken
- Pedanterie, übermäßiger Ordnungsanspruch
- Perfektionismus
- Selbstabwertung „das schaffst du doch nie"
- Selbstvorwürfe
- Abwertung von anderen
- Zynismus
- Entscheidungsschwierigkeiten
- Vergesslichkeit
- Konzeptlosigkeit, keine Übersicht haben
- Unstrukturierte Gedanken
- Konzentrationsschwierigkeiten
- Tunnelblick, Fokus der Gedanken auf den Stressor

Abbildung 3-1: c Stressgedanken.

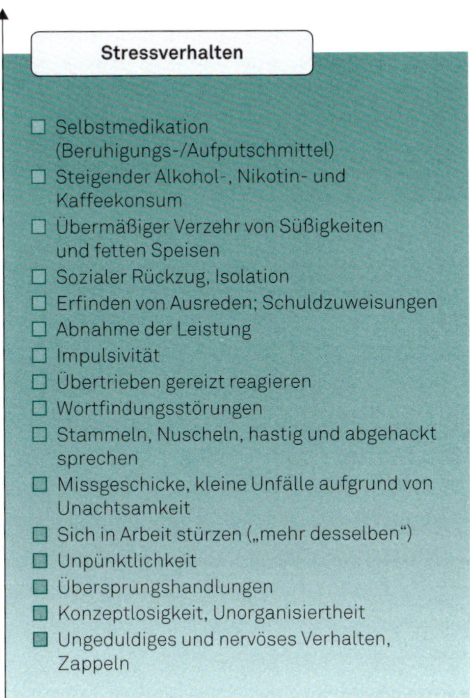

Abbildung 3-1: d Stressverhalten.

Tunnelblick und lässt immer weniger nichtstressorbezogene Gedanken zu. Je größer die Stressbelastung, desto stärker wird auch auf automatisierte Fühl-Denk-Muster zurückgegriffen, da diese Strukturen vermeintlichen Halt bieten. Diese Schutz- und Abwehrstrategien können die Belastung zusätzlich verstärken, da sie die gedankliche Flexibilität und den Handlungsspielraum einschränken. Vermehrt werden die eigenen Fähigkeiten und Kompetenzen oder auch die eigene Person hinterfragt und abgewertet. Es kommt zur Katastrophisierung der Konsequenzen des Stressors und der fehlenden Bewältigungsfähigkeiten, wobei beide immer weniger einer Realitätsprüfung unterzogen werden. Schließlich sieht man nur noch „das Brett vor dem Kopf" oder es entsteht ein passiver Todeswunsch bis hin zu Suizidgedanken, da der Tod als letzter Ausweg gesehen wird.

Stressverhalten ist die von außen sichtbare Komponente der Stressreaktion. Bei geringerer Stressintensität kann ein Ausdruck des Flucht- oder Kampfimpulses ein Wippen mit den Füßen oder das Zusammenbeissen der Zähne sein. Das nervöse Spielen mit Gegenständen ist eine Strategie, um die zusätzlich mobilisierte Energie für körperliche Aktivität zu nutzen und abzubauen. Bei zunehmender Stressintensität ist eine Häufung von Missgeschicken und kleinen Unfällen als Folge von Hastigkeit und Unachtsamkeit beobachtbar. Größere Stressbelastung wird häufig durch sozialen Rückzug begleitet, einerseits, um mehr Zeit für den Stressor zu haben und andererseits, weil die sozialen Fähigkeiten eingeschränkt sind und die eigene Gereiztheit Konflikte begünstigt, was wiederum zusätzlichen Stress bedeutet. Bei einem sehr hohen Stressniveau ist oft selbstschädigendes Verhalten beobachtbar, z.B. schädlicher Gebrauch von Beruhigungs- und Aufputschmitteln oder generell maßloses und kompensatorisches Konsumverhalten.

Zusammenfassend gesagt, bewegt man sich mit steigender Aktivierung bzw. Stress in allen Dimensionen immer weiter weg von der Homöostase und dem Social Engagement System. Akut sind die Stresssymptome äußerst zweckdienlich, denn es sind potente Bewältigungsfertigkeiten und -strategien. Beispielsweise in der Prüfungsvorbereitungszeit kann mittels kognitiver Fokussierung auf den Stressor, einer guten Portion Nervosität und einem unterdrückten Immunsystem die Leistungsfähigkeit vorübergehend wesentlich erhöht werden. Belastend werden diese Stresssymptome, wenn die Aktivierung über einen längeren Zeitraum im Mobilisierungsbereich verbleibt und sich keine Erholungsmöglichkeiten ergeben. Dann kann der Tunnelblick zu Denkblockaden und Konzentrationsschwierigkeiten führen, die Nervosität zu Angst oder Depressionen und das Ungleichgewicht im Immunsystem zu einer erhöhten Infektanfälligkeit.

3.2.3 Das Integrationsmodell KEK

Unterschiedliche Stressoren führen zu unterschiedlichen Stressantwortmustern, d.h. verschiedenen Zusammensetzungen aus Symptomen in den einzelnen Erlebensdimensionen. Auf kognitiven Stress, wie z.B. eine Mathematikprüfung, kann eine Person mit erhöhter Anspannung in der Schultermuskulatur reagieren, Angst empfinden und schnell die Übersicht verlieren, während sie auf emotionalen Stress, wie z.B. auf einen interpersonalen Konflikt vor allem mit erhöhtem Puls, Wut und Abwertungen antwortet.

Die Manifestationsdimensionen der Stressreaktion sind untrennbar und spezifisch miteinander vernetzt; das bedeutet, dass eine bestimmte Emotion jeweils mit derselben Körperreaktion und ähnlichen Gedankeninhalten verbunden ist und umgekehrt. Zum Beispiel ist ein Gefühl der Nervosität stets mit körperlicher Unruhe und mit raschen unvollendeten Gedanken und beunruhigenden inneren Bildern sowie Hastigkeit assoziiert. Die Vernetzung der Dimensionen wird im Integrationsmodell von IBP veranschaulicht, welches die Erfahrungs- und Erlebenswelt der Menschen in die Dimensionen Körpererleben, Emotionen und Kognition gliedert (KEK-Modell, Abbildung 3-2; [1]). Die Körperdimension umfasst Körperempfindungen sowie Verhaltensimpulse. Körperempfindungen entstehen durch die Beteiligung des Körpers bei der Informationsverarbeitung und werden als *Embodiment* bezeichnet [16]. Embodiment ist sozusagen die Verkörperlichung von Kognitionen und Emotionen. Verhaltensimpulse sind im Körper gespürte Vorbereitungen auf eine Handlung. Verhaltensimpulse gehen nicht zwingend in sichtbares Verhalten über, da sie erst einer kognitiven und sozialen Konformitätskontrolle unterzogen werden.

Die Vernetzung der KEK-Dimensionen bedeutet auch, dass sie sich gegenseitig beeinflussen. Eine Veränderung innerhalb einer Dimension führt zu einer Veränderung in den anderen. Es gibt zahlreiche Studien, die Evidenz für diese Wechselwirkung liefern. Charles Darwin untersuchte, wie Gesichtsmuskelbewegungen, d.h. die Mimik, die Emotionen eines Menschen sichtbar machen [58]. Abgeleitet von dieser Entdeckung entstand die „Facial Feedback"-Hypothese, die besagt, dass ebenso die Mimik Einfluss auf das emotionale Erleben nehmen kann. Dies konnte im berühmten Experiment von Fritz Strack gezeigt werden, bei dem Versuchspersonen angewiesen wurden, einen Stift mit dem

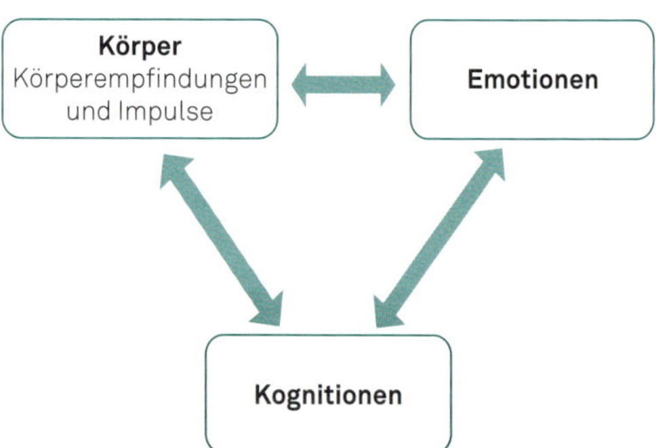

Abbildung 3-2: Die Vernetzung und Wechselwirkung der körperlichen, emotionalen und kognitiven Erlebensdimension: das Integrationsmodell KEK.

Mund zu halten, während ihnen Comics präsentiert wurden. Die eine Hälfte der Personen hielt den Stift zwischen den Zähnen, was diejenigen Muskeln beanspruchte, welche typischerweise beim Lächeln involviert sind. Die anderen Versuchspersonen hielten den Stift zwischen den Lippen, was die Aktivierung dieser „Lächel-Muskeln" inhibierte. Die anschließende Bewertung der Comics zeigte ein klares Bild: Die Personen mit dem simulierten Lächeln empfanden die Comics als deutlich lustiger als die andere Gruppe [59]. Der berühmte amerikanische Psychologe William James [60] beschrieb, dass eine Emotion ausgelöst wird, wenn die Wahrnehmung einer anregenden Sache eine Reihe von körperlichen Veränderungen verursacht. Das heißt, er setzte körperliche Veränderungen mit Emotionen gleich. Für den Zusammenhang zwischen Emotionen und Körperreaktionen spricht auch die Gegebenheit, dass die für emotionale Zustände zuständigen Hirnareale, wie z. B. das limbisches System oder die Insula, auch bei körperlichen Reaktionen involviert sind [61].

Wie in Kap. 2 beschrieben, werden Reize zunächst in der Amygdala emotional bewertet, damit im Falle einer Bedrohung unmittelbar eine körperliche Flucht-oder-Kampf-Reaktion ausgelöst werden kann. Etwas verzögert zur emotionalen Reaktion werden die Reize der kognitiven Analyse in der Hirnrinde unterzogen, woraufhin die emotionale und die körperliche Reaktion gegebenenfalls angepasst werden. Diese Interaktion zwischen der Hirnrinde und dem limbischen System bildet die neuronale Grundlage für die Wechselwirkung zwischen der kognitiven und der emotionalen Dimension. Diese Wechselwirkung ist unter anderem dann erfahrbar, wenn durch Vorstellungskraft und Gedanken an zukünftige oder auch vergangene Ereignisse entsprechende Gefühle und Körperreaktionen aktiviert werden. Durch die Antizipation und die Vorstellung von bedrohlichen oder belastenden Situationen kann bekanntlich auch eine Stressreaktion ausgelöst werden. Die Interaktion zwischen Kognition und Emotion spielt auch bei der Gedächtnisbildung und Lernprozessen eine große Rolle. Emotional eingefärbte Ereignisse prägen sich viel schneller und robuster in unsere Erinnerung ein als neutrale. Diesem Mechanismus zugrunde liegend ist die Verbindung zwischen der Amygdala und anderen Hirnregionen, z. B. dem Hippokampus, die in Prozessen der Erinnerungsentstehung involviert sind ([62], [63]).

Durch die Vernetzung und die Wechselwirkung der Dimensionen entstehen sich selbst aufrechterhaltende und verstärkende Kreisläufe. Negative Gedanken resultieren in belastenden Gefühlen, welche die Körperhaltung beeinflussen und in ungünstigem Bewältigungsverhalten münden, das zu mehr negativen Gedanken und Gefühlen führt. Beispielsweise zieht der Gedanke „ich schaffe es nicht" Gefühle von Hilflosigkeit und Niedergeschlagenheit nach sich. Letztere sind mit einem Verlust an Körperspannung und hängenden Schultern verbunden. Diese Körperhaltung zieht Antriebslosigkeit nach sich. Man zieht sich zurück und kommt nicht in die Aktivität, um an der Situation etwas zu verändern, was wiederum die Niedergeschlagenheit und die selbstabwertenden Gedanken verstärkt usw.

Eine Unterbrechung des Kreislaufs ist über jede Dimension möglich, da sich eine Veränderung innerhalb einer Dimension auch auf die anderen auswirkt. Dies kann therapeutisch genutzt werden, indem über eine oder mehrere Dimensionen interveniert und ressourciert wird. Über die Körperdimension können gezielte Veränderungen in der Körperhaltung, der Muskelspannung oder der Atmung die kognitive und emotionale Dimension bzw. die allgemeine Befindlichkeit positiv beeinflussen. Ein gutes Beispiel ist Lach-Yoga, bei dem durch forciertes und übertriebenes Lachen zusammen mit Atem- und Dehnübungen, Klatschen und Meditation die Stimmungslage deutlich verbessert wird. Nach dem Prinzip „Fake it, until you make it" soll das anfangs künstliche Lachen in echtes Lachen übergehen. Dass Lach-Yoga zu emotionaler und körperlicher Entspannung führt, konnte mittels einer Erhöhung der HRV nachgewiesen werden [64].

Ein weiteres Beispiel für die therapeutische Nutzung der gegenseitigen Beeinflussung der Erlebensdimensionen ist die Wirksamkeit der Botox-Behandlung bei Depressionen [65]. Nach dem Konzept, dass die Gesichtsmuskulatur Emotionen nicht nur ausdrückt, sondern über die Mimik auch die Stimmungslage beeinflusst werden kann, wird bei depressiven Patienten das Nervengift Botulinumtoxin in die Zornesfalte injiziert. Dadurch wird die Muskeltätigkeit im Bereich der Augenbrauen, welcher beim Ausdruck negativer Gefühle wie Ärger, Angst oder Traurigkeit eine entscheidende Rolle spielt, inhibiert. Somit wird ein sorgenvoller Gesichtsausdruck verhindert, was über das Facial Feedback wiederum einen aufhellenden Effekt auf die Stimmung hat.

Über die kognitive Dimension können mit inneren Bilder, Imaginationsübungen oder die Visualisierung von Ressourcenorten Gefühle induziert, messbare körperliche Beruhigung erzielt und somit in den Kreislauf interveniert werden. Eine besonders hohe Wirksamkeit wurde bei achtsamkeitsbasierten Verfahren nachgewiesen [66].

3.2.4 Ein Schritt aus dem Stresskreislauf: der KEK-Symptomcheck

Stress besteht aus einem Kreislauf aus auf Flucht-oder-Kampf ausgerichteten Körperreaktionen, verstärkenden Gefühlen wie Ärger oder Angst, stressfördernden Gedanken und kompensatorischem Verhalten. Die Symptome in den verschiedenen Erlebensdimensionen erscheinen dem Gestressten jedoch oft ohne Bezug zueinander und außerhalb der eigenen Kontrolle zu liegen.

Die Zusammensetzung der Körpersymptome, Emotionen, Gedanken und des Verhaltens ist sehr individuell. Die Muster entstehen während der persönlichen Entwicklung durch emotionale Konditionierung von körperlichen, emotionalen und gedanklichen Reaktionen auf bedrohliche Erfahrungen. Die KEK-Muster, die sich aus den Reaktionen auf Verletzungen durch Überflutung und Verlassenheit im Herkunftsszenario entwickeln, verfestigen sich als Schutz- und Abwehrstrategien des Charakterstils und des Agencys. Wenn nun Situationen und Verletzungen in der Gegenwart an frühe Überflutungs- oder Verlassenheitsszenarien erinnern (meist unbewusst!) oder wenn die Charakterstil- oder Agencystrategien, auf die im Stress gerne zurückgegriffen wird, nicht erfolgreich sind, kann es zu einem Phänomen kommen, das bei IBP „Fragmentierung" genannt wird. Es handelt sich dabei um den temporären Verlust des Selbstkontaktes und der Selbstregulationsfähigkeit, was dazu führt, dass man nur „Fragmente" von sich wahrnimmt. Die Wahrnehmung der KEK-Dimensionen ist nicht kohärent und die Reaktionen sind stereotyp und aus einer einzelnen Schale (meist Herkunftsszenario) der Persönlichkeit gesteuert [1]. Es werden ähnliche Emotionen, Körpersymptome und Verhaltensweisen in der Gegenwart ausgelöst, wie sie sich damals im Zusammenhang mit der ursprünglichen Verletzung entwickelt haben. Man reagiert mit kindlichen Strategien und hat keinen Zugang zu den erwachsenen Ressourcen. Die betroffene Person ist sich im fragmentierten Zustand meist nicht bewusst, dass sie fragmentiert ist. Es gibt jedoch individuell typische Anzeichen, die auf eine Fragmentierung hindeuten. Es lohnt sich, die persönlichen Fragmentierungssymptome zu kennen, da so die Fragmentierung schneller erkannt und aufgelöst werden kann. Mögliche Fragmentierungssymptome innerhalb der Körperdimension sind beispielsweise Verspannungen, Sehstörungen oder der Verlust der Körperwahrnehmung. In der emotionalen Dimension zeigen sich häufig Hoffnungslosigkeit, diffuse Ängste und Nervosität begleitet von destruktiven Gedanken und negativen Glaubenssätzen in der kognitiven Dimension. Das sind Symptome, die auch bei der Stressreaktion vorkommen. Obwohl bei Stress nicht zwingend auch eine Fragmentierung vorliegt, können die „Schritte aus der Fragmentierung“ hilfreich sein, um den Stresskreislauf zu unterbrechen (die „Schritte aus der Fragmentierung“ sind auf der Website des IBP Instituts zugänglich [67]). Im Rahmen des Gruppenprogramms zur Stressbewältigung sind die Erklärung des Fragmentierungskonzeptes und die Anleitung der „Schritte aus der Fragmentierung“ zu große Themen. Zudem ist die Analyse der Fragmentierungsauslöser ein sehr individuelles Thema, das im Gruppensetting nicht abgedeckt werden kann und in manchen Fällen eine professionelle Unterstützung notwendig macht. Deshalb wird in diesem Modul nur der erste Schritt aus der Fragmentierung, die Identifikation der Fragmentierungs- bzw. hier der Stresssymptome innerhalb der einzelnen KEK-Dimensionen, behandelt. Die Exploration der eigenen Stresssymptome in den verschiedenen Erlebensdimensionen schult die Selbstwahrnehmung und ermöglicht, eine Beobachterposition einzunehmen und sich den Symptomen nicht mehr unkontrollierbar und schutzlos ausgesetzt zu fühlen.

Durch die Erkenntnis, dass die verschiedenen KEK-Dimensionen miteinander verbunden sind, können zudem individuelle Stressreaktionsmuster aufgespürt und nach Intensität und Herkunft bzw. Auslöser differenziert werden. Man kann zum Beispiel spezifizieren, dass schweißige Hände, Zappeln, Nervosität und der Gedanke „oh je, das schaffe ich nie“ eine akute Stressreaktion auf Situationen vor einem Publikum ist. Wohingegen Kopfeinziehen gefolgt von Verspannungen im Nacken, Stottern, Minderwertigkeitsgefühle und der Gedanke „du machst das falsch“ mit einem spezifischen Problem mit Autoritäten in Verbindung gebracht werden kann, welches mit der persönlichen Entwicklungsgeschichte zu tun hat. Und häufiges Augenlidzucken, sozialer Rückzug, Hoffnungslosigkeit und Gedanken wie „das hat alles keinen Sinn“ könnten Zeichen für eine andauernde Stressbelastung und Erschöpfung sein.

3.2.5 Self-Release-Techniken (SRT)

IBP bietet eine große Palette an Interventionen, die helfen können, den Stresskreislauf zu unterbrechen. Die so genannten „Self-Release-Techniken“ (SRT) [10] beinhalten verschiedene Übungen, mit denen über die Körperdimension in den Stresskreislauf interveniert werden kann. Die SRT basieren auf der Theorie des Psychoanalytikers Wilhelm Reich [68], nach der die Entwicklungsgeschichte eines Menschen in muskulären Spannungsmustern gespeichert ist. Demnach weisen die Abwehrsysteme Charakterstil und Agency entsprechende körperliche Haltemuster auf, die sich in spezifischen Muskelverspannungsmustern und (Energie-)Blockaden äußern [1]. Zur Lokalisation dieser Blockaden hat Reich den Körper in sieben Segmente unterteilt (Augen, Mund, Hals, Brust (Thorax), Zwerchfell, Bauch und Becken). Durch SRT können in den entsprechenden Körpersegmenten die Blockaden gelöst werden. Mit „Release“ ist somit das Lösen von Blockaden und nicht zwingend Entspannung gemeint. Tatsächlich gehen einige SRT mit der Aktivierung des Sympathikus einher, z. B. über betontes Einatmen oder Brustatmung, und bewirken dadurch Energiefreisetzung im Körper. Im Zusammenhang mit der Stressbewältigung sind vor allem beruhigende, Parasympathikus-aktivierende SRT indiziert.

3.3 Praktische Durchführung

Das Ziel dieses Moduls ist die Identifikation der eigenen Stresssymptome in der körperlichen, emotionalen sowie der kognitiven Dimension und auf der Verhaltensebene (KEK-Symptomcheck) und die Erfahrung, dass die Erlebensdimensionen miteinander wechselwirken und die Symptome sich in einem Stresskreislauf gegenseitig verstärken können. Als Intervention werden SRT vorgestellt, um diesen Kreislauf zu unterbrechen.

Es wird mit der Aufwärmübung zur Förderung der Selbst- und Körperwahrnehmung begonnen. Die Teilnehmer werden aufgefordert, eine angenehme Körperhaltung einzunehmen und ihre Augen zu schließen. Da es in diesem Modul um die Vernetzung der Erlebensdimensionen und die Verkörperlichung von Emotionen und Kognition geht, werden erst diese Dimensionen kontaktiert und danach deren Embodiment abgefragt: „Nehmen Sie wahr, was im Moment in Ihnen passiert. Wie ist Ihre Stimmung in diesem Moment, wie ist Ihre emotionale Wetterlage? Welche Gefühle nehmen Sie wahr? Induzieren diese Gefühle bestimmte Körperreaktionen? Beobachten Sie nun, was in Ihrem Kopf vorgeht. Welche Gedanken, Sätze, Bilder und Erinnerungen sind gerade da? Sind diese Gedanken mit Körperempfindungen verbunden? Was nehmen Sie in diesem Moment in Ihrem Körper wahr? Welche Verhaltens- und Bewegungsimpulse spüren Sie?“ Danach haben die Teilnehmer einige Minuten Zeit, ihre Wahrnehmungen zu notieren.

3.3.1 Identifikation der eigenen Stresssymptome innerhalb der KEK-Dimensionen

Zur Einleitung ins Thema werden die Teilnehmer aufgefordert, sich in eine belastende und stressige Situation hineinzuversetzen und diese innerlich lebendig werden zu lassen. Danach sollen sie ein Stichwort zur Situation aufschreiben und wie in der Aufwärmübung ihre Körperempfindungen, Gedanken und Gefühle notieren.
Anschließend wird in die Runde gefragt: „Woran merken Sie, dass Sie gestresst sind?“. Durch diese Frage werden die Gruppenteilnehmer zur Selbstbeobachtung aufgefordert und Stresssymptome im Plenum gesammelt. Die Antworten werden in vier Teilfeldern Körperempfindungen, Emotionen, Gedanken, Verhalten auf dem Flipchart aufgeschrieben. Während Körperempfindungen und Gefühle gut benannt werden können, braucht es bei kognitiven bzw. gedanklichen und verhaltensbezogenen Stresssymptomen allenfalls Hilfestellung, um diese zu identifizierten. Bei Unklarheiten zu Stressgedanken kann beispielsweise zusätzlich die Frage gestellt werden „Was sind Ihre Gedanken, wenn Sie mit einer schwierigen Aufgabe oder zu viel Arbeit konfrontiert sind?“ oder „Was sagen Sie zu sich, wenn Ihnen eine Aufgabe nicht gelingt?“. Bei der Identifikation von Stressverhalten kann die Zusatzinformation helfen, dass das Verhalten von außen sichtbar bzw. von anderen beobachtbar ist. Falls ein Symptom nicht eindeutig einer Dimension zugeordnet werden kann, wie z. B. Orientierungslosigkeit oder Unruhe, kann es mehrmals aufgeführt werden.
Anschließend wird den Gruppenteilnehmern die Abbildung 3-5 (Seite 59), „Meine persönlichen Stresssymptome und Bewältigungsstrategien“, übergeben mit der Aufforderung, die vier Felder zu personalisieren, d. h. Symptome zu notieren, die sie von sich kennen. Es können auch die Symptome von der einleitenden Stressimagination hinzugezogen werden. Es ist wichtig zu betonen, dass je nach Situation und Stressintensität die Symptome verschieden sein können. Als Hilfestellung dient Abbildung 3-1 „Stresssymptome nach Erlebensdimensionen und Intensität“, da im Moment wahrscheinlich nicht alle Stresserfahrungen präsent und abrufbar sind.

Die Gruppenteilnehmer werden dazu motiviert, sich zukünftig in Stresssituationen zu beobachten und einen KEK-Symptomcheck durchzuführen. Außerdem soll den Teilnehmern nahegelegt werden, das Arbeitsblatt als persönliche „Symptomcheckliste“ zu verwenden. Bei Stress ist der Selbstkontakt vermindert oder gar unterbrochen und man sieht und spürt sich nicht so gut. Die Selbstbeobachtung und -Wahrnehmung durch den KEK-Symptomcheck und ein Symptomabgleich mithilfe einer bestehenden Checkliste kann helfen, die Beobachterposition einzunehmen und etwas Distanz zu schaffen.

3.3.2

Wechselwirkung zwischen den KEK-Dimensionen: Stresskreislauf

Nachdem die Erlebensdimensionen einzeln angeschaut wurden, wird nun deren Wechselwirkung aufgezeigt.

Die Wechselwirkung kann an folgendem oder einem ähnlichen Beispiel veranschaulicht werden: „Sie werden von Ihrem Vorgesetzten forsch zurechtgewiesen." Der Anstieg der Aktivierung auf die Mobilisationsstufe führt zu Reaktionen und Symptomen in den verschiedenen KEK-Dimensionen, die sich gegenseitig verstärken. Der Stresskreislauf kann je nach Flucht- (a) oder Kampfreaktion (b) folgendermaßen aussehen (Abbildung 3-3):

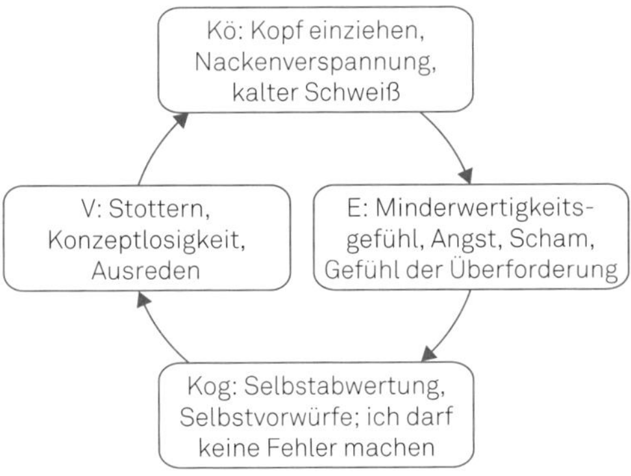

Abbildung 3-3: Stresskreislauf bei **a** Flucht- oder **b** Kampfreaktion. *Kö* Körperreaktion, *V* Verhalten, *E* Emotionen, *Kog* Kognition.

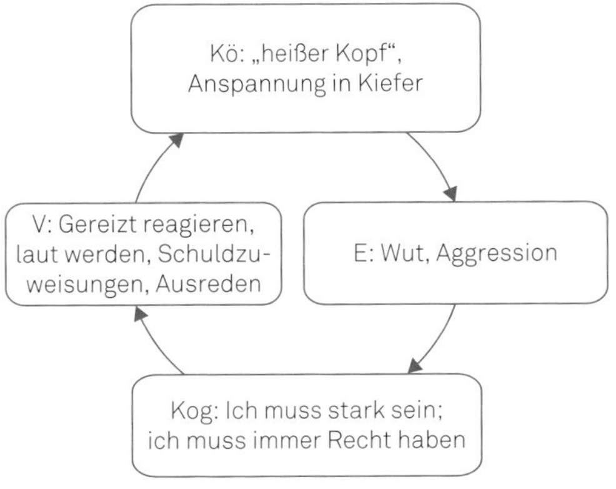

Abbildung 3-3b

a) Fluchtreaktion

Es wird eine körperliche Schutzhaltung aktiviert, der Nacken verspannt sich und es wird wortwörtlich der Kopf eingezogen. Die entsprechenden Emotionen dazu sind „sich klein fühlen", Angst, Scham oder ein Gefühl der Überforderung. In der kognitiven Dimension wird das Minderwertigkeitsgefühl zusätzlich durch selbstabwertende Gedanken („du hast wieder etwas falsch gemacht") oder Vorwürfen verstärkt. Auf das Verhalten kann sich dieses Fühl-Denk-Muster in Stottern oder konzeptlosem Reden und Handeln äußern. Oder man versucht, den Vorgesetzten mittels Ausreden von sich abzulenken – und auch sich selbst, denn man „darf keine Fehler machen". Dieses Stressverhalten wirkt sich wiederum verstärkend auf die anderen Erlebensdimensionen aus. Stottern verstärkt die muskulären Verspannungen und erhöht das Minderwertigkeitsgefühl. Man schämt sich für die Ausreden und macht sich deswegen Vorwürfe etc.

b) Kampfreaktion

Alternativ kann bei der Kampfvariante die Körperreaktion ein „heißer Kopf" und eine Anspannung in der Kiefermuskulatur sein. Dazugehörige, aktivierende Emotionen sind Wut und Aggression. Gedankliche Antreiber wie „ich muss stark sein", „ich muss immer Recht haben" verstärken die Emotionen und die Körperreaktion, was sich in einem gereizten und aggressiven Kommunikationsstil zeigt. Dieses Verhalten schaukelt die Aktivierung und die Kampfreaktion in den anderen Erlebensdimensionen weiter hoch.

Diese soeben beschriebene Wechselwirkung besteht nicht nur bei Stresssymptomen bzw. dem Stresskreislauf. Jede beliebige körperliche oder emotionale Empfindung und jeder Gedanke ist in den jeweils anderen Dimensionen repräsentiert. Um dies bei den Teilnehmern in die Selbsterfahrung zu bringen, können folgende Übungen mit der Gruppe durchgeführt werden:

„Power- und Depro-Posing"
Die Teilnehmer werden aufgefordert, ihren Kopf und ihre Schultern hängen zu lassen und wie ein Häufchen Elend auf ihrem Stuhl zu sitzen. Anschließend sollen sie laut zu sich sagen: „Ich bin so glücklich!" Danach sollen sie eine aufrechte Pose einnehmen, bei festem Stand die Brust rausstrecken, die Arme und Hände in die Luft strecken und laut sagen: „Ich bin so traurig!" Dies ist eine sehr eindringliche und verspielte Art, die Wechselwirkung zwischen den KEK-Dimensionen zu erfahren.

Facial-Feedback-Experiment
Als weitere Veranschaulichung kann das Facial-Feedback-Experiment [59] mit den Teilnehmern durchgespielt werden. Zunächst kann der Versuchsaufbau erklärt werden: Für das Experiment haben zwei Gruppen von Probanden den gleichen Comic-Film angeschaut. Die eine Gruppe hielt während dem Schauen einen Stift zwischen den Zähnen, während die Probanden der anderen Gruppe einen Stift zwischen den Lippen gehalten haben. Die Gruppenteilnehmer werden aufgefordert, ihren Stift erst mit den Zähnen und dann mit den Lippen zu halten. Danach werden sie gefragt, was sie bei sich beobachten und ob sie Hypothesen zum Studienresultat hätten.

3.3.3 Kreislaufunterbruch: Einstieg über die verschiedenen Erlebensdimensionen

Aufgrund der Wechselwirkung und der gegenseitigen Beeinflussung der KEK-Dimensionen kann der Stresskreislauf über jede Dimension unterbrochen und ressourciert werden. Zur Verdeutlichung können folgende Beispiele vorgestellt werden:

Bezug auf Biofeedback-Sitzung
Falls im vorherigen Modul die Gruppenteilnehmer ein Biofeedback-System ausprobieren konnten, kann daran erinnert werden, wie spezifische Atemtechniken (Intervention über Körper), Erinnerungen an etwas Schönes oder Imaginationen (Intervention über kognitive und emotionale Dimension) die HRV (oder einen anderen Biofeedback-Parameter) beeinflusst haben.

Lach-Yoga
Die Simulation von Lachen mit Mimik, Gesten und Zwerchfellbewegungen (Intervention über Körper) führt zu körperlicher Entspannung und Stimmungsaufhellung.

Botox gegen Depressionen
Die Injektion von Botulinumtoxin in die Zornesfalte (Intervention über Körper) zwischen den Augenbrauen hemmt einen sorgenvollen und traurigen Gesichtsausdruck, was nachweislich einen stimmungsaufhellenden Effekt bei depressiven Patienten hat.

Als Nächstes sollen Interventionen für die verschiedenen KEK-Dimensionen zusammengetragen werden, mittels denen der Stresskreislauf unterbrochen werden kann. Um das „Feld" für diese Übung zu öffnen, können zur Vorbereitung die Teilnehmer aufgefordert werden, sich eine Wohlfühlsituation in Erinnerung zu rufen und innerlich lebendig werden zu lassen. Anschließend sollen sie einen KEK-Check machen und ihre Beobachtungen aufschreiben.
Nun werden die Teilnehmer gefragt, welche Möglichkeiten sie kennen und welche Ideen sie haben, über die verschiedenen Dimensionen ihre Stressreaktion zu lindern. Es ist sehr fruchtbar, die Ressource der Gruppe zu nutzen, um möglichst viele verschiedene Interventionen zusammenzutragen.
Die Ideen werden gesammelt und auf dem Flipchart notiert. Zur Strukturierung können die Interventionen in die KEK-Dimensionen unterteilt werden, wobei die Zuordnung oft nicht eindeutig ist, da es einen Unterschied macht, ob etwas über oder *auf* eine Dimension wirkt. Die zweite Variante ist zielführender und es gibt ein lebendige-

res Brainstorming, wenn sich die Teilnehmer überlegen können, wie sie ihre Gefühle, Gedanken und ihren Körper ressourcieren können, als wenn sie darüber nachdenken, über welche Dimension eine Intervention wirkt.

Das Brainstorming kann entsprechend mit Fragen angestoßen werden wie: „Mit welchen Strategien oder Interventionen haben Sie Ihr Stressempfinden erfolgreich positiv beeinflussen können? Was können Sie in einer Stresssituation für Ihren Körper tun? Was tun Sie, um Ihre Stressgedanken zu beeinflussen? Wie können Sie Ihre Stressgefühle verändern?“

Einige konkrete Beispiele für Interventionen, die in verschiedenen Gruppen zusammengetragen wurden und bei einem zähflüssigen Brainstorming hinzugezogen werden können:

Beispiel 1

Bei Stress-Körperempfindungen

- 4:6-Atmung, welche im letzten Modul vorgestellt wurde
- Spazieren gehen; wandern; mit dem Hund rausgehen; in die Natur rausgehen
- Körperpflege; duschen (und singen)
- Sport; Bewegung; tanzen; boxen
- Sexualität
- Genug schlafen
- Gut, gesund und achtsam essen
- Ruhepausen machen; sich hinlegen
- Körperwahrnehmungsübungen machen; Körperempfindungen aufschreiben (KEK-Check)
- Atemübungen machen; bei offenem Fenster tief atmen
- Kaugummi kauen
- Progressive Muskelrelaxation nach Jacobson
- ...

Beispiel 2

Bei Stressgefühlen

- Imagination von schönen Situationen und Ressourcen (vgl. Übung vor Brainstorming)
- Gefühle aufschreiben (KEK-Check), Tagebuch schreiben
- Gefühle ausdrücken; weinen, Wut herausschreien
- Gefühle wahrnehmen und zulassen, ihnen Raum geben (statt ablenken), akzeptieren, aushalten
- Übungen aus der Praxis des achtsamen Selbstmitgefühls
- Singen; Musik hören und machen
- Gefühle mitteilen; mit Freunden reden
- Lachen
- Malen; Zeichnen
- Unterstützung anderen geben und von anderen annehmen
- ...

Beispiel 3

Bei Stressgedanken

- Achtsamkeitsübungen, z. B. Body Scan
- Tagträumen; Imaginationsübungen
- Lesen
- Filme, YouTube-Videos anschauen
- Spielen (Schach, Brettspiele, Puzzle)
- Theater, Oper, Kunstausstellung besuchen
- Etwas lernen, was Spaß macht, z. B. eine neue Sprache oder ein Musikinstrument
- Mantras aufsagen; positive Selbstinstruktionen; positive Leitsätze; Gedichte, Liedertexte rezitieren
- Reflektieren; sich mit anderen austauschen, reden
- die Situation grafisch darstellen, aufzeichnen
- Sich abgrenzen; Nein sagen
- Kochen
- ...

Die Gruppenteilnehmer sollen für sich diejenigen Interventionen, mit denen sie bereits positive Erfahrungen gemacht haben und die sie sich hilfreich vorstellen und ausprobieren möchten in den grauen Kasten der Abbildung 3-5, „Meine persönlichen Stresssymptome und Bewältigungsstrategien", notieren. Das Ziel ist, sich ein breites Repertoire an zeitnah durchführbaren Interventionen anzulegen. Es ist wichtig, „mehrspurig" zu fahren und verschiedenartige Strategien verfügbar zu haben. Denn je nach Situation und vorherrschender Stresssymptomatik ist man über eine bestimmte Dimension mehr oder weniger zugänglich. Beispielsweise hilft bei Gedankenkreisen wahrscheinlich eher eine Körperintervention wie Sport als eine Achtsamkeitsübung, während bei körperlichen Symptomen wie Herzstolpern eine Ressourcenort-Imagination eher indiziert ist als eine Körperwahrnehmungsübung.

Um eine möglichst hilfreiche Liste an Interventionen zusammenzustellen, sollen Vorschläge bevorzugt werden, die unmittelbar und flexibel umsetzbar sind. Ferien, Reisen oder Wellness sind bestimmt gute Interventionen für alle KEK-Dimensionen, nur sind sie in einer Stresssituation oft nicht direkt verfügbar. Ebenso sind Interventionen mit Pseudoressourcen (kurzfristig befriedigende, kompensatorisch konsumierte Genussmittel und Tätigkeiten) mit Vorsicht zu genießen. Ein Drink nach einem stressvollen Tag kann eine gute Intervention sein. Wenn es sich jedoch um regelmäßigen Alkoholkonsum zwecks Betäubung handelt, ist die stressreduzierende Wirkung nicht gegeben.

3.3.4 „Self-Release-Techniken" (SRT)

Als konkrete Vorschläge für Interventionen für und über die Körperdimension kann die Tabelle mit einer Auswahl an „Self-Release-Techniken" (SRT) abgegeben und die Übungen gemeinsam in der Gruppe durchgeführt werden. Die Übungen wurden so ausgewählt, dass sie am Arbeitsplatz im Sitzen durchgeführt werden können. Die Liste kann beliebig mit Übungen aus der IBP Literatur ergänzt werden ([1], [10]). Bei der Durchführung der einzelnen SRT ist wiederholt zu betonen, dass diese mit dem Ausatmen gekoppelt werden sollen. Das heißt, die körperlichen Interventionen werden beim Ausatmen ausgeführt und beim Einatmen pausiert. Dies ist dadurch zu begründen, dass mit dem Ausatmen der Parasympathikus aktiviert ist und die lösenden SRT dabei ihre Wirkung besser entfalten können. Außerdem ist es wichtig zu erwähnen, dass es sich bei der vorliegenden Auswahl an SRT nicht um einen fixen Ablauf handelt, bei dem alle Übungen der Reihe nach durchgeführt werden müssen. Die Gruppenteilnehmer werden dazu ermutigt, jeweils dem eigenen Impuls zu folgen und diejenige(n) Übung(en) auszuwählen, die ihnen im Moment guttun (Tabelle 3-1).

Nach den SRT ist es empfehlenswert, einen kurzen KEK-Check ähnlich der Aufwärmübung durchzuführen: „Nehmen Sie wahr, was im Moment in Ihnen passiert. Was nehmen Sie in diesem Moment in Ihrem Körper wahr? Welche Gefühle nehmen Sie wahr? Welche Gedanken, Sätze, Bilder und Erinnerungen sind gerade da? Sind die Gefühle und die Gedanken mit Körperempfindungen verbunden? Welche Verhaltensimpulse haben Sie?" Danach haben die Teilnehmer einige Minuten Zeit, ihre Wahrnehmungen zu notieren.

Es kann interessant sein, den KEK-Check vom Beginn des Moduls mit diesem nach den SRT zu vergleichen. Die Erfahrung, dass sich im Vergleich zum Beginn etwas verändert hat, dass z. B. Anspannung abgebaut werden konnte, ist sehr motivierend und fördert die Anwendung und Integration dieser Übung bzw. der Körper- und Selbstwahrnehmung im Alltag.

Tabelle 3-1: Eine arbeitsplatzkonforme Auswahl an „Self-Release-Techniken“.

Kopf	Beim Ausatmen ... • mit den Fingerspitzen den Haarboden massieren • die Stirn bewegen, Augenbrauen auf und ab bewegen • mit flachen Fingern die Stirn bis über die Ohren hinaus ausstreichen • mit flacher Hand auf die Stirn drücken • mit den Handballen die Schläfen (M. Temporalis) massieren • mit den Fingern den Rand der Augenhöhlen massieren, abklopfen • den Mund bewegen, Grimassen machen • Gähnen, den Mund weit öffnen • mit den Fingern die Kiefermuskeln (M. Masseter) massieren • das Kinn sanft massieren, kneifen
Hals, Nacken, Schultern	Beim Ausatmen ... • Seufzen • mit einer Hand (Finger und Handballen) den Nacken massieren, nach oben ziehen • den Kopf seitwärts zur Schulter hin beugen (Ohr zur Schulter) und dehnen; bei Bedarf gleichzeitig die Trapezmuskeln (M. Trapezius) ausstreichen, massieren • Doppel-Stretch: den Kopf zur einen Seite beugen und dehnen, Arm der Gegenseite Richtung Boden strecken • den Kopf mit verschränkten Händen nach vorne gegen die Brust ziehen
Thorax, Zwerchfell	• Mit Armen und Händen nach vorne ausgreifen (einatmen), entspannen (ausatmen) • Beim Ausatmen den Thorax von beiden Seiten gleichzeitig mit den Händen zusammendrücken • Beim Ausatmen (mit Daumen) die Zwischenrippenmuskulatur massieren • Laute explosive Töne machen: Hah! Hah! Oh! Oh! etc.
Bauch	• Bauchatmung: Hände auf die Nabelgegend legen, langsam in den Bauch ein- und ausatmen, Ausatmung verlängern (4:6) • Bauchatmung mit Ton bei der Ausatmung, z. B. Summen, „Wuu“ oder „Om“ singen
Becken, Beine, Füße	• Imaginativ durch den Beckenboden (oder die Füße) ein- und ausatmen • Mit den Füßen auf den Boden stampfen • Mit dem Daumen Druckpunkte in der Mittellinie der Fußsohle drücken, massieren (Alternative zur Übung mit Gummiball)

Zu beachten:

- *Übungen jeweils nach dem aktuellen Bedürfnis aussuchen und kombinieren.*
- *Alle Übungen mit dem Ausatmen koppeln. Beim Einatmen die Körperintervention pausieren.*

3.3.5 Ergänzung oder Alternative zu den SRT: die „Bällchen-Übung"

Eine weitere Intervention über die Körperdimension ist diese „Bällchen-Übung". Bei hoher Aktivierung verliert man den Selbstkontakt, was sich unter anderem dadurch äußert, dass man „den Boden unter den Füßen verliert" und den „Körper abschneidet" bzw. sich die Energie in die oberen Körpersegmente verlagert. Um die Energie wieder in den ganzen Körper zu bringen und sich differenzierter spüren zu können, eignen sich so genannte Erdungsübungen sehr gut. Das sind Übungen, die sich dem Bauch, den Beinen und den Füßen widmen.

Zur Durchführung der „Bällchen-Übung" braucht es einen kleinen Gummiball („Flummi") von ca. 2,5–3 cm Durchmesser. Der Übungsablauf sieht folgendermaßen aus (Abbildung 3-4):

1. Sich in Socken oder barfuß hüftbreit hinstellen und die Knie leicht beugen. Wahrnehmen, welche Gedanken vorherrschend sind, welche Gefühle aktuell da sind und was im Körper gerade geschieht (KEK-Check). Besondere Aufmerksamkeit soll den Füßen geschenkt werden und den Wahrnehmungen im Kontakt zum Boden (Abbildung 3-4a).
2. Nun den Gummiball unter den rechten Fuß legen und das Fußgewölbe durch zügiges Vor- und Zurückbewegen des Fußes mit leichtem Druck auf den Ball massieren (Abbildung 3-4b).
3. Die Ferse abstützen und den Vorderfuß über dem Ball hin und her bewegen wie einen Scheibenwischer (Abbildung 3-4c).
4. Den Ball unter die Innenseite des Fußes nehmen und den Innenrist massieren, indem der Ball vor- und zurückbewegt wird (Abbildung 3-4d). Danach ebenso mit dem Außenrist verfahren.
5. Sich auf den Fußballen stellen, den Ball unter die Ferse nehmen und diese massieren (Abbildung 3-4e).
6. Zum Abschluss nochmals das Fußgewölbe massieren, wie im Schritt 1.
7. Den Fuß vom Ball entfernen, sich in der Grundposition hinstellen, eventuell die Augen schließen und nachspüren: Was wird jetzt im Körper wahrgenommen? Wie fühlt sich der Kontakt des rechten Fußes mit dem Boden an? Gibt es Unterschiede zwischen dem rechten und dem linken Fuß?

Den ganzen Übungsablauf mit dem linken Fuß wiederholen.

Zum Ende der Übung die Aufmerksamkeit auf den ganzen Körper ausweiten und wie zu Beginn einen KEK-Check durchführen: Welche Gedanken sind da? Welche Gefühle werden im Moment beobachtet? Welche Körperempfindungen werden wahrgenommen?

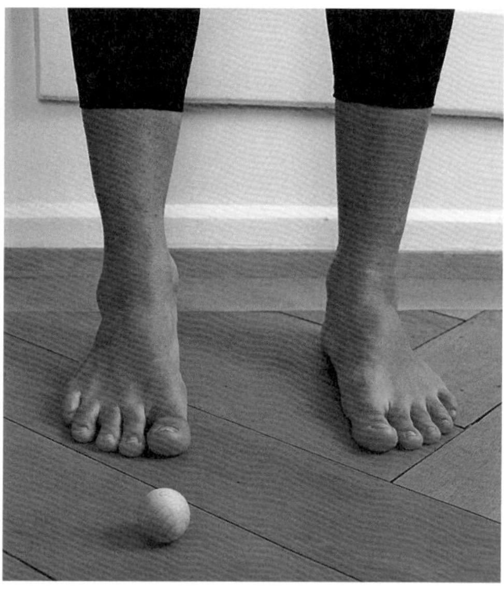

Abbildung 3-4: „Bällchen-Übung". **a** Wahrnehmungen im Kontakt der Füße zum Boden; **b** Fußgewölbe massieren; **c** Scheibenwischer Vorderfuß; **d** Innen- und Außenrist massieren; **e** Ferse massieren.

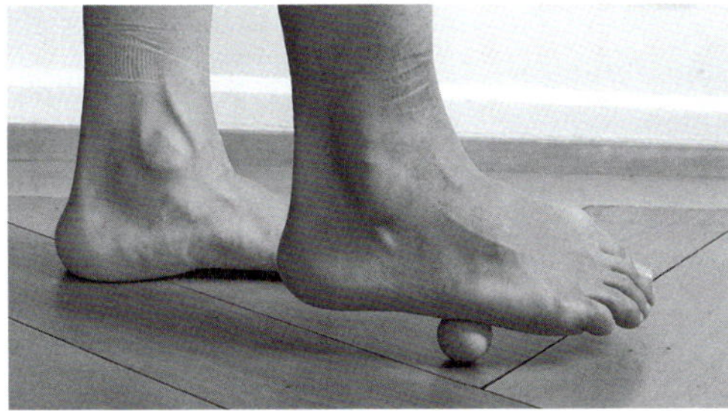

Abbildung 3-4b

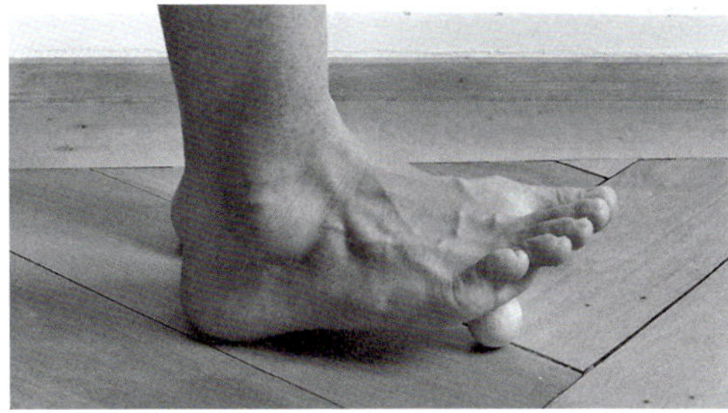

Abbildung 3-4c

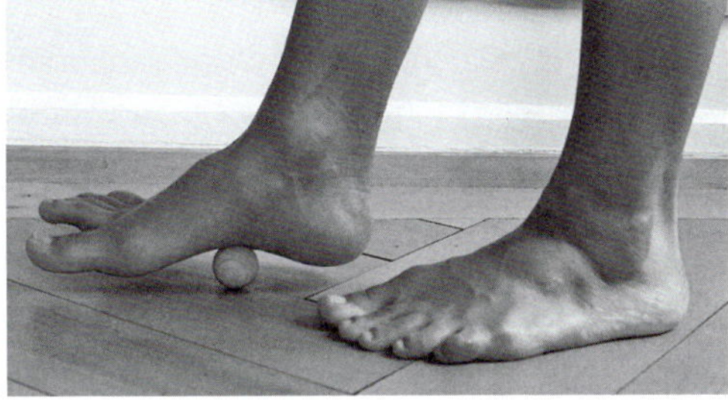

Abbildung 3-4d

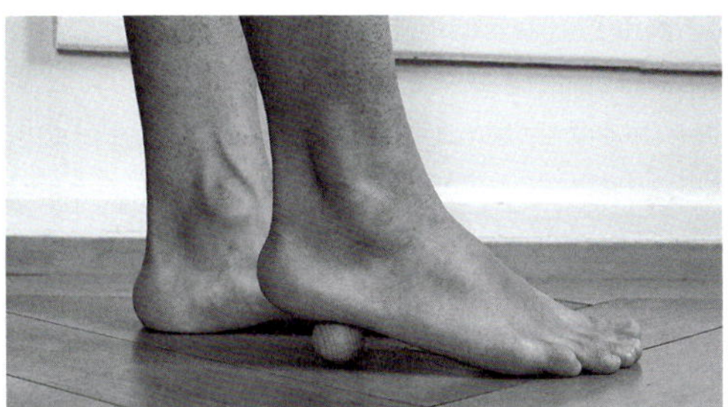

Abbildung 3-4e

Meine persönlichen Stresssymptome und Bewältigungsstrategien

Stress-Körperempfindungen	Stressgedanken	Interventionen für meinen Körper
		Interventionen für meine Gefühle
Stressgefühle	Stressverhalten	Interventionen für meine Gedanken

Abbildung 3-5: Meine persönlichen Stresssymptome und Bewältigungsstrategien

3.4

Anwendung im Einzelsetting

Es gibt mehrere Elemente in diesem Modul, die im Einzelcoaching Anwendung finden, z. B.:

Erstellen von KEK-Symptomchecklisten

Es können KEK-Symptomchecklisten für verschiedene Stresssituationen erstellt werden. Der Einstieg erfolgt über die Körperdimension, indem der Klient angeleitet wird, seine Körperempfindungen zu explorieren und zu beschreiben. Schließlich werden Emotionen, Gedanken, Verhaltensweisen und -impulse abgefragt. Es ist wertvoll, verschiedene Checklisten für spezifische Stressoren auszuarbeiten, denn die Symptomzusammensetzung kann unterschiedlich sein, je nachdem, ob Stress beispielsweise durch Autoritäten, interpersonale Belastungen, Konflikte, Fehler usw. ausgelöst wurde. Oft lösen Situationen, die subtil an früher erlernte Reiz-Emotions-Muster erinnern, diffuse und unangenehme Empfindungen aus, die nicht zugeordnet werden können. Man fühlt sich dann einfach unwohl und weiß nicht, warum. Durch das Explorieren der eigenen KEK-Symptome in verschiedenen Situationen bzw. als Reaktion auf verschiedenartige Stressoren können solche diffusen Zustände differenzierter und bewusster wahrgenommen sowie gezielt etwas dagegen unternommen werden.

Diese Übung eignet sich auch sehr gut als „Krisenintervention“, wenn ein Klient in einem hohen Aktivierungszustand bzw. Stresszustand in die Sitzung kommt. Durch die Selbstwahrnehmung und Erfassung der Symptome in den KEK-Dimensionen kann die Aktivierung reduziert und Selbstkontakt hergestellt werden. Anschließend kann exploriert werden, was die aktuelle Symptomatik ausgelöst hat.

„Self-Release-Techniken“ (SRT)

SRT (Tabelle 3-1) können mit dem Klienten geübt und als Intervention für „Stressblockaden“ mitgegeben werden. Bei Stress am Arbeitsplatz kommt es vor, dass man komplett blockiert ist und wortwörtlich das Brett vor dem Kopf hat. Dies ist ein Anzeichen dafür, dass der Kontakt zu sich selbst und den Körperempfindungen unterbrochen ist. SRT für den unteren Körperbereich sowie die Bällchen-Übung können helfen, das Selbstempfinden wiederherzustellen, Blockaden zu lösen und die Energie aus dem Kopf wieder im ganzen Körper zu verteilen und fließen zu lassen.

Empfehlenswert ist, vor und nach den SRT einen KEK-Check mit dem Klienten zu machen. Einerseits zur Schulung der Körperwahrnehmung, andererseits, damit der Klient die Wirkung der SRT erleben kann.

4 Stressverstärkende Glaubenssätze

4.1 Modulziele

- Eigene stressverstärkende Glaubenssätze identifizieren
- Bewusstsein und Anerkennung für die Schutzfunktion der Glaubenssätze entwickeln
- Hilfreiche Gegen-Sätze entwickeln und verankern

4.2 Hintergrund

Im ersten Modul wurde die „Social Readjustment Rating Scale" (SRRS, Tabelle 2-2) vorgestellt, eine Liste mit Ereignissen in wichtigen Lebensbereichen, die bei den meisten Menschen Anpassungsleistungen im großen Stil abverlangen und Stress auslösen. Neben diesen existenziellen Stressoren gibt es eine große Bandbreite an Reizen, die sehr individuell und situationsabhängig verarbeitet werden. Einerseits bestimmt die Voraktivierung (Abbildung 4-1), ob ein Reiz als Stressor verarbeitet wird oder innerhalb der Homöostase reguliert werden kann. Wenn man sich z. B. mit Kaffee bekleckert, während man zu Hause am Computer sitzt und Berichte schreibt, ist es zwar ärgerlich, es braucht aber keine starke Mobilisierung, um die Situation zu bewältigen. Der Fall sieht anders aus, wenn man sich kurz vor einem wichtigen Termin mit Kaffee bekleckert. Hier besteht bereits eine Voraktivierung aufgrund Nervosität und Leistungsdruck und ein relativ niederschwelliger Reiz wie ein Kaffeefleck wird zum Stressor und löst eine Stressreaktion aus.

Zusätzlich zur momentanen Voraktivierung spielt die Wahrnehmung und Bewertung der Reize sowie der eigenen Bewältigungsfähigkeiten eine entscheidende Rolle, ob es zu einer Stressreaktion kommt. Die Bewertungen geschehen vielschichtig anhand von Vorerfahrungen, individuellen Glaubenssätzen und persönlichen Sollwerten. Es werden mögliche Konsequenzen abgewogen und die eigenen Umgangs- und Bewältigungsmöglichkeiten eingeschätzt und der Reiz dadurch gedanklich entschärft oder verstärkt. Wie im letzten Kapitel beschrieben, wird die Kognition seltener dazu genutzt, einen Stressor abzuschwächen, z. B. durch positive, ermutigende oder beruhigende Gedankengänge. Oft wird der Stressor mittels Stressgedanken verstärkt. Wenn man beispielsweise Unterlagen für eine wichtige Sitzung noch nicht vollständig fertig hat, verschlimmern Gedanken wie „das ist nicht gut genug", „die Sitzung wird eine Katastrophe" oder „Was werden die anderen denken?" die Situation. Auch die Abwertungen der eigenen Bewältigungskompetenzen „ich schaffe das nicht", „Du hattest genug Zeit und hast es trotzdem nicht geschafft" oder „es ist immer dasselbe mit dir" verstärken den Stress (Abbildung 4-2). Aus der überlebenstechnischen Perspektive sind die Überbewertung des Stressors und die Unterbewertung der eigenen Bewältigungsfähigkeiten sinnvoll. Diese führen nämlich zu einer antizipatorischen Energiemobilisation

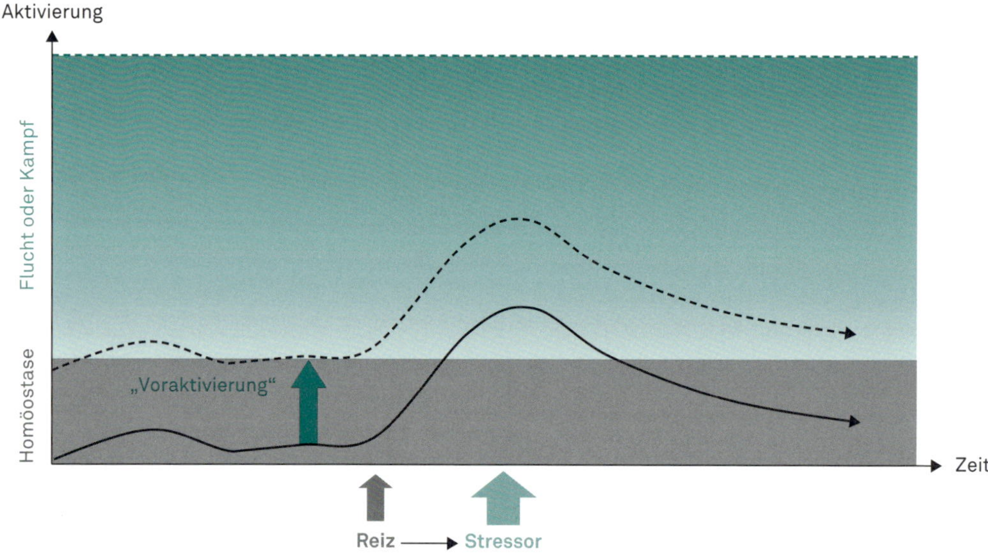

Abbildung 4-1: Voraktivierung lässt neutrale Reize zu Stressoren werden.

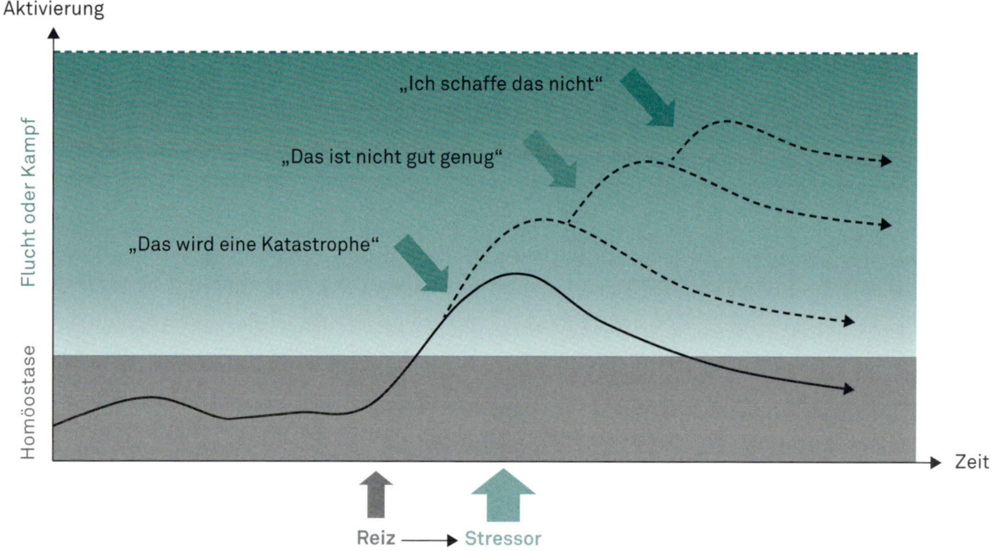

Abbildung 4-2: Gedanken zur Überbewertung des Stressors und Unterbewertung der eigenen Ressourcen erhöhen die Aktivierung.

und erhöhen dadurch die Überlebens- bzw. die Bewältigungswahrscheinlichkeit. Lieber vorsorglich zu viel Energie bereitstellen als zu spät zu merken, dass die Situation mehr gebraucht hätte. Für eine qualitativ gute Leistung ist dieser Mechanismus hingegen eher kontraproduktiv, denn mit steigender Aktivierung steigen auch Konzeptlosigkeit und Hastigkeit und damit die Wahrscheinlichkeit, Fehler zu machen. Außerdem sind die Fähigkeiten des Social Engagement

System wie kommunikative und interpersonelle Kompetenzen weniger zugänglich. Auf der Mobilisationsstufe geht es nämlich um Flucht oder Kampf, d.h. ums zielgerichtete Funktionieren und um quantitative Höchstleistung.

4.2.1 Typische Stressverstärker und deren Funktion

Neben Stressgedanken mit einer im übertragenen Sinne überlebenssichernden Funktion gibt es auch solche, die immer wieder und situationsübergreifend wirksam sind und mehr lähmen als mobilisieren. Diese Stressverstärker sind allgemeingültige und verfestigte Glaubenssätze, die ohne Realitätsprüfung und Hinterfragung ihre Gültigkeit beanspruchen. Häufig sind es perfektionistisch geprägte Überzeugungen, die die Erreichung eines fiktiven Ideals zum Ziel haben. Im vorherigen Beispiel mit den unvollständigen Sitzungsunterlagen könnte der Glaubenssatz „du musst immer perfekt vorbereitet sein" lauten. Ein mögliches Bedürfnis hinter diesem Perfektionismus ist einerseits die Stabilisierung des Selbstwertes sowie die Anerkennung und Wertschätzung durch andere aufgrund sichtbarer Leistung. Perfektionsstreben lässt keinen Lebensbereich aus und kann jede Situation mit Stress versehen [69]. Beispielsweise ist es (Mit-) Verursacher von Überstunden bei der Arbeit („Du musst immer alles perfekt und vollständig erledigen") oder verantwortlich sein für die ständige Unzufriedenheit mit den Ordnungs- oder Sauberkeitsverhältnissen zu Hause oder auf dem Schreibtisch („So ein Schweinestall! Das kannst Du nicht so lassen!"). Perfektionismus steht auch oft hinter der Bemängelung des eigenen Aussehens („Du bist zu dick", „Deine Frisur sieht schon wieder schrecklich aus", „Deine Nase ist zu groß" etc.). In der Freizeit zeigt sich der Perfektionismus im Drang, immer etwas Sinnvolles und Spezielles tun zu müssen („Du kannst jetzt nicht schon wieder TV schauen"). Als perfekter Gast muss man den besten Wein aus einer Weinhandlung – ja nicht aus dem Discounter – mitbringen und die Blumen müssen im schicken, teuren Blumenladen besorgt werden. Eine andere häufige Kategorie an stressverstärkenden Glaubenssätzen verbietet es, nein zu sagen bzw. etwas sozial Unerwünschtes zu tun. Man tut Dinge, die man eigentlich nicht tun möchte, um ja nicht egoistisch zu wirken. Dem zugrunde liegend ist das Bedürfnis, geliebt und gemocht zu werden. Durch Abgrenzung und dem Kundtun der eigenen Wünsche könnte man andere vor den Kopf stoßen und Ablehnung oder Liebesentzug erfahren.

Stressverstärkende Glaubenssätze haben in der Fachliteratur viele Namen. Gängig ist die Bezeichnung „Innerer Kritiker", es gibt aber auch den „Saboteur", den „Aufpasser", den „inneren Antreiber" oder den „Bodyguard" [70]. Letztere Bezeichnung drückt wohlwollend aus, wozu diese Glaubenssätze eigentlich gut sind: nämlich uns vor vermeintlichen Gefahren zu schützen und unseren Bedürfnissen nachzukommen. Zum Beispiel schützen sie uns vor Statusverlust („teurer Wein aus der Weinhandlung zeigt, dass Du Stil hast und es Dir leisten kannst"), vor Kritik und Rückschlägen („das musst Du besser machen", „kontrolliere es lieber nochmals", „sei Dir erst ganz sicher, bevor Du Dich entscheidest") oder wie oben erwähnt vor Liebesentzug („Du kannst jetzt nicht nein sagen, er/sie wird sonst enttäuscht sein"). Diese Glaubenssätze wollen im Grunde genommen unser Bestes und haben die Befriedigung von Grundbedürfnissen zum Ziel. Die „Schutzsätze" entspringen aus verschiedenen Quellen. Einerseits sind sie Reaktionen auf moralische Vorgaben und Normen, die von der Gesellschaft und Bezugspersonen vermittelt werden („nur wer leistet, bringt es zu etwas", „man muss sein Potenzial voll ausschöpfen"). Andererseits entstehen Glaubenssätze aus Schutz- und Bewältigungsstrategien in persönlichen Beziehungs- und Lernerfahrungen („wenn ich gehorsam bin, ist meine Mutter lieb zu mir", „wenn ich fleißig bin, lobt mich der Lehrer", „wenn ich Gefühle zeige, werden meine Eltern wütend"). Wenn diese Strategien wiederholt zum Einsatz kommen und zum Ziel führen, verfestigen sie sich zu absoluten Soll-Werten und werden als unumstößliche Normen internalisiert. Es sind selbstverständlich angenommene Bewertungen von Ereignissen und Personen (v. a. der eigenen), die als unantastbar und identitätsnah erlebt werden. Diese Stressverstärker sind tief in der Persönlichkeitsstruktur verwurzelt und können nicht gelöscht werden (vgl. emotionale Konditionierung; Kap. 2.2.6). Es kann aber eine gewisse Flexibilität im Umgang mit ihnen entwickelt werden. Zu diesem Zweck ist es wichtig zu erkunden und ein Gefühl dafür zu bekommen, woher die Glaubenssätze kommen und welche Funktion sie erfüllen bzw. erfüllen wollten. Außerdem ist es ein wichtiger Schritt für die Persönlichkeitsentwicklung, diese Glaubenssätze – ob von außen kommend oder selbsterlernt – als Teil von uns selbst anzuerkennen, mit ihnen in Kontakt zu kommen, wertzuschätzen und zu integrieren.

4.2.2 Herkunft der Stressverstärker nach IBP

Schutz- und Charakterstil

Die stressverstärkenden Glaubenssätze gründen auf Erfahrungen und Verletzungen im Herkunftsszenario. Genauer gesagt sind sie Ausdruck von Strategien, die zur Bewältigung oder Vermeidung von Verletzungen eingesetzt wurden. Der Schutzstil bildet im IBP Persönlichkeitsmodell die Schale um das Herkunftsszenario und dient dazu, uns vor Verletzungen durch Verlassenheit und Überflutung bzw. unsere Grundbedürfnisse der Autonomie und Bindung zu schützen. Es werden verschiedene Verhaltensweisen ausprobiert, um dies zu erreichen. Für diese Verhaltensweisen werden alle verfügbaren Ressourcen eingesetzt, d.h. das aktuell Bestmögliche geleistet. Das ist vom jeweiligen Alter und den Bedingungen im Herkunftsszenario abhängig. Durch assoziatives Lernen bzw. emotionale Konditionierung spielen sich bestimmte Verhaltensmuster ein, die im Moment des Lernens sinnvoll sind. Mit der Entwicklung und dem Übergang ins Erwachsenenalter werden einige dieser Muster beibehalten und verfestigen sich als Charakterstil. Bei diesem Prozess werden assoziative Lerninhalte zu imperativen Glaubenssätzen. Das Problem dabei ist, dass die Strategien und Glaubenssätze, die ursprünglich dem Schutz dienten, zu automatisierten und stereotypen Verhaltensstrukturen werden, die bei der „erwachsenen Anwendung" nicht an die aktuelle Situation angepasst oder hinterfragt werden. Beispielsweise kann sich aus der Erfahrung, dass man bei der Bitte um Hilfe von den Eltern oder Geschwistern ausgelacht oder bloßgestellt wurde, der Glaubenssatz „ich muss alles alleine können" entwickeln. Dies hat zur Folge, dass man Ratschläge und Hilfsangebote reflexartig ablehnt. Glaubenssätze sind somit Ausdrucksformen und Spezialitäten des Charakterstils. Die meisten Menschen haben Verletzungen sowohl durch Verlassenheit als auch durch Überflutung erfahren. Im Zusammenhang mit Stress bzw. im Leistungskontext kommen vor allem Strategien gegen die Überflutungsverletzungen zum Tragen, da es bei der Arbeit meist ein „zu viel" ist, das Stress verursacht. Ein konsequenter Schutz vor Überflutung ist eine rigide Grenze oder eine Mauer nach außen und das Abspalten der eigenen Gefühle und Körperempfindungen nach innen. Ersteres erreicht man durch das Charakterstil-Merkmal *automatisches Nein*, ein automatischer Widerstand und ein prinzipielles Abblocken von Einflüssen von außen. Dazu gehört, dass man sich systematisch Vorschriften oder Anordnungen widersetzt, keinen Rat oder Hilfe annehmen kann, sich nichts sagen lässt und alles selbst erreichen und herausfinden muss. Vor überflutenden Gefühlen kann man sich schützen, indem man sich innerlich zurückzieht und Gefühle sowie Körperempfindungen durch gedankliche Konzepte ersetzt. Aus diesem Mechanismus und aus Glaubenssätzen im Allgemeinen kann sich das Charakterstil-Merkmal der *fixen Ideen* entwickeln. Das sind verfestigte Meinungen darüber, wie Dinge sein sollten und es wird versucht, die Wirklichkeit diesen Ideen anzupassen. Fixe Ideen haben mit Kontrolle und Perfektionismus zu tun. Indem man strikte Regeln aufstellt („so ist es richtig, so ist es falsch"), kann man sich orientieren und hat dadurch vermeintliche Kontrolle. Die Kehrseite sind rigide Denkstrukturen („Schwarz-Weiß-Denken"), welche zu verminderter Anpassungsfähigkeit und reduzierter Lebendigkeit führen. Das Abspalten von Gefühlen hat auch eine andere Erscheinungsform. Aufgrund der Unverbundenheit mit dem Kernselbst behandelt man sich und auch andere Menschen wie ein Objekt, wie eine empfindungslose Maschine. Glaubenssätze, die zu diesem Charakterstil-Merkmal *sich selbst und andere wie ein Objekt behandeln* gehören, bergen ein Risiko für Stressfolgeerkrankungen wie Burnout. Es sind Sätze vom Typus „reiss dich zusammen", „das musst du hinkriegen, koste es was es wolle", „erst die Arbeit, dann das Vergnügen". In Maßen sind diese elementar zur Selbstführung und helfen uns, etwas zu erreichen und kurzfristig unsere Bedürfnisse in Schach zu halten. Bei Inflexibilität dieser Glaubenssätze geht der Ansporn jedoch über gesunde Disziplin hinaus. Körper- und Selbstwahrnehmung werden abgestellt, Gefühle und Signale des Körpers werden übergangen und es kommt zum Raubbau an den eigenen Ressourcen. Die eigenen Grenzen und Bedürfnisse werden ignoriert oder gar nicht erst wahrgenommen. Auch die Grenzen und Bedürfnisse von anderen werden nicht beachtet und Personen werden wie Gegenstände behandelt („der kann mal Überstunden machen", „die soll die Kaffeepause ausfallen lassen, wenn sie nicht fertig wird").

Es sei hier nochmals erwähnt, dass sich die Charakterstil-Merkmale aus Schutz- und Bewältigungsmechanismen entwickelt haben. Deshalb haben sie durchaus positive und hilfreiche Eigenschaften. Probleme entstehen, weil die Mechanismen automatisch und oft unbewusst wirken und sich in Form von reflexartigem Verhalten und irrationalen Impulsen zeigen. Diese sind ebenfalls in erster Linie funktional, denn sie schaffen Distanz bei drohender Überwältigung und Überforderung.

Stress triggert den Charakterstil. Während in der Homöostase die Fähigkeiten des Social Engagement System zugänglich sind, wird bei Aktivierung in den Funktionsmodus geschaltet und auf eingefahrene Strukturen, also den Charakterstil zurückgegriffen. Der Charakterstil greift automatisch und da er in der Vorgeschichte erfolgreich Verletzungen abgewehrt hat, wird er nicht hinterfragt und dadurch „Verarbeitungsenergie" gespart. Der Charakterstil ist somit ein alter, bewährter Bodyguard, der bei erhöhter Anforderung sich verlässlich wortwörtlich vor uns stellt.

Agency

Während aus dem Charakterstil vornehmlich Glaubenssätze zur Abwehr bzw. zum Schutz vor Überflutung stammen, sind im Agency solche zu finden, die aus Versuchen der Bedürfnisbefriedigung abgeleitet werden können. Agency ist eine Sammlung an Strategien, um zu erreichen was man will und braucht, ohne sich selbst ungeschützt mit den Bedürfnissen zu zeigen. Beispielsweise wird früh gelernt, dass man besonders dann Zuwendung von der Mutter bekommt, wenn man ihren Wünschen nachkommt und die eigenen Bedürfnisse zurückhält. Wie beim Charakterstil sind die Agency-Strategien zum Zeitpunkt der Entstehung die bestmögliche Option, um zum Ziel zu gelangen. Im Fall von Agency ist das Ziel, Anerkennung und Liebe zu erhalten bzw. Liebesentzug, Kontaktabbruch oder Bestrafung zu vermeiden. Durch mehrfache Wiederholung verselbstständigen und verstärken sich diese Muster und werden permanent im Verhaltensrepertoire gespeichert. Man orientiert sich an den Bedürfnissen des Gegenübers, wird zum Profi (zum „Agenten"), die Wünsche anderer zu antizipieren und verliert dabei reflexartig den Selbstbezug. Ein typisches Agency-Merkmal ist der einseitige Vertrag. Dabei tut man etwas für andere mit der (oft unbewussten) Absicht, Anerkennung und Zuwendung als Gegenleistung zu bekommen. Da das Gegenüber unter Umständen gar nicht darum gebeten hat, von diesem Vertrag gar nichts weiß und erst recht nicht eingewilligt hat, kommt es oftmals zwangsläufig zur Frustration. Beispielsweise übernimmt ein guter Agent bereitwillig Zusatzaufgaben und macht öfters mal Überstunden. Durch die Mehrarbeit kommen seine eigenen Bedürfnisse regelmäßig zu kurz, zu denen er sowieso kaum Zugang hat. Spätestens wenn die Wertschätzung nicht so ausfällt, wie es der Agent seiner Meinung nach verdient hätte, fühlt er sich ausgenutzt und frustriert. Der einseitige Vertrag ist geplatzt („ich habe alles versucht und das ist der Dank").

Dieser Mechanismus bildet die Basis für ein Modell zur Entstehung von stressbedingten Erkrankungen. Nach dem Modell der „Gratifikationskrise" wird eine Person krank, wenn sie für ihren verausgabenden Einsatz (z. B. Investition von Zeit, Engagement, Leistung, Wissen, Kompetenzen etc.) nicht die angemessene Entschädigung erhält (z. B. Anerkennung in Form von Lohn, verantwortungsvollen Aufgaben, Arbeitsplatzsicherheit, Entwicklungsmöglichkeiten etc.; [71]).

Ein weiteres Agency-Merkmal ist die fehlende Abgrenzungsfähigkeit aus Angst, andere zu enttäuschen („ich darf nicht nein sagen", „ich muss immer nett und freundlich sein" etc.) oder als Egoist zu gelten und dadurch Ausgrenzung oder Kritik zu erfahren. Personen mit hohem Agency werden durch Kritik in ihren Grundfesten erschüttert, denn Kritik bedeutet, dass man ein schlechter Agent oder sogar ein schlechter Mensch ist („ich mache alles falsch") und dass die Bemühungen nicht zur verdienten Anerkennung geführt haben. Das Agency verbietet zudem, Enttäuschung oder „unerwünschte" Emotionen zu zeigen („ich darf meine Enttäuschung, meinen Ärger, meinen Schmerz nicht zeigen"). Menschen mit einem hohen Agency wirken somit sehr freundlich, angepasst und hilfsbereit auf andere. Für die Person selbst ist diese permanente Einstellung auf die vermeintlichen Bedürfnisse anderer mit Erschöpfung, Frustration und unterdrückter Wut verbunden. Durch die ständige und automatisierte Orientierung an anderen kann sich zudem eine falsche Selbsteinschätzung bezüglich der eigenen Hilfskompetenzen und der Wichtigkeit der eigenen Person entwickeln. Dies kann in einem Helfersyndrom münden, also der „Sucht" anderen zu helfen und es anderen Menschen recht machen zu wollen, um daraus Selbstbestätigung oder sogar die eigene Existenzberechtigung zu schöpfen. Oder es entwickeln sich Abhängigkeitsverhältnisse, damit der Agent unverzichtbar wird („ich bin für alles verantwortlich"). Ausgeprägtes Agency und dazugehörige Glaubenssätze sind somit große Stressfallen, und die konsequente Selbstveräußerung kann zu Erschöpfung und Burnout führen.

Geheime Themen

Geheime Themen sind verkörperlichte Glaubenssätze („beliefs held in the body"), die das vorherrschende energetische Klima im Herkunftsszenario prägen und als allgemeingültige Wahrheit im Familiensystem gelebt werden und teilweise über mehrere Generationen hinweg Bestand haben („bei uns ist es so"). Sie haben eine große Macht, da sie „geheim" sind, d. h., nicht nur über verbale Äußerungen, sondern auch über Haltungen, Gesten und stereotype Verhaltensweisen vermittelt und empfangen werden. Geheime Themen beeinflussen unsere Gefühle, Gedanken und unser Körperempfinden und können die Entwicklung des Selbst wesentlich beeinträchtigen ([1], [11]).

Wie bei anderen Verletzungen manifestieren sich Abwehrversuche gegen die geheimen Themen auch im Charakterstil und Agency. Es gibt verschiedene geheime Themen, die im Leistungskontext stressverstärkend wirken. Dazu gehört beispielsweise das geheime Thema der *Geschlechtervorurteile*. Das sind generalisierte Annahmen darüber, wie Frauen und Männer sind und wie sie sich verhalten. In Bezug auf Leistung wirken Geschlechtervorurteile in der Form von „Männer müssen stark sein", „wahre Männer haben ihre Gefühle unter Kontrolle", „Frauen sind stets freundlich und bescheiden" oder „richtige Frauen sind damenhaft" etc. Solche geschlechterspezifischen Normen werden über die Familie sowie über den aktuellen Zeitgeist vermittelt. Sie sind insofern stressverstärkend, als sie die Wahrnehmungen und Reaktionen aus dem Kernselbst filtern oder unterbinden. Beispielsweise kann das Geschlechtervorurteil „Frauen sind zurückhaltend" eine Frau davon abhalten, ihren Standpunkt mit lauter Stimme klar zu machen („auf den Tisch zu hauen"), obwohl es in der Situation adäquat wäre. Der Glaubenssatz „Männer zeigen keine Schwäche" kann dazu führen, dass ein Mann seine Enttäuschung nicht situationsgerecht zum Ausdruck bringt, sondern dieses als schwach geltende Gefühl runterschluckt und mit Wut oder Aggressivität kompensiert. Ein weiteres geheimes Thema, das unwillkürlich stressverstärkend wirkt, ist die *Opferhaltung*. Personen – oder ganze Familiensysteme – mit diesem Thema haben eine tiefsitzende „Selbst*un*wirksamkeitsüberzeugung" und leben in der Wahrnehmung, nichts wirklich beeinflussen zu können und der Umwelt ausgeliefert zu sein („so etwas kann nur mir/uns passieren", „immer passiert mir/uns etwas Schlimmes"). Mit dieser Haltung („ich kann nichts dagegen machen", „egal was ich tue, es nützt nichts") sucht man die Hilfe stets im Außen, fühlt sich deshalb abhängig und erlebt Kontrollverlust, was schließlich die Opferhaltung verstärkt. Gleichzeitig führt die Opferhaltung zu generellem Misstrauen, denn die Umwelt wird als ablehnend und feindselig erlebt und man hat stets die Befürchtung, dass andere einem schaden wollen. Daraus resultieren stressfördernde Glaubenssätze wie „du kannst niemandem vertrauen", „die wollen dich nur ausnützen", „mit mir kann man das ja machen" etc., welche zur Folge haben, dass man ständig auf der Hut vor Übeltaten der Umwelt und dadurch permanent mit einem höheren Stressniveau unterwegs ist.

Das geheime Thema *Kind mit speziellem Auftrag* entsteht, wenn einem Kind vom Herkunftsszenario eine bestimmte Funktion übergestülpt wird, z. B., dass es die Eltern glücklich machen, jemanden ersetzen, die Ehe kitten oder als Waffe gegen den Ehepartner dienen soll. Die Atmosphäre ist erfüllt von unausgesprochenen, zum Großteil auch unbewussten Erwartungen an das Kind. Dieses lernt, dass es selbst eigentlich nie das Wichtigste ist und dass es stets etwas Größeres und Wichtigeres zu berücksichtigen gibt als seine eigenen Bedürfnisse. Ein typischer Bewältigungsversuch, mit dieser Verletzung und mit dem Grundgefühl „es geht nicht um mich und meine Bedürfnisse" fertig zu werden, ist, die zugeschriebene Rolle gut zu spielen und sich dadurch die Daseinsberechtigung zu verdienen. Personen mit diesem geheimen Thema haben somit ein ausgeprägtes Agency und orientieren sich stark an den „wichtigeren" Bedürfnissen des Gegenübers. Man hat gelernt, dass man nur bei bestimmter Leistung und Auftragsausführung Anerkennung bekommt. Aus diesem Thema heraus entstehende Glaubenssätze wie „zuerst die anderen", „ich muss tun, was andere von mir verlangen", „nur, wenn ich meine Aufgaben erfülle, bin ich etwas wert" führen unweigerlich zur Selbstveräußerung und bringen ein hohes Burnout-Risiko mit sich.

Ein weiteres geheimes Thema, dass Stress im Leistungskontext begünstigt, sind die *Speedlimits*. Es handelt sich dabei um Lebendigkeitsgrenzen, die durch die Familienkultur sowie auch durch gesellschaftliche Traditionen auferlegt werden („man tut so etwas nicht", „man darf nicht"). Typisch sind Begrenzungen im Ausdruck von Gefühlen. Wenn Eltern aufgrund der eigenen Speedlimits starke Gefühle (Wut, Trauer, Freude, Stolz) ihres Kindes nicht aushalten können, wird deren Ausdruck gebremst oder bestraft und dadurch vermittelt, dass diese Gefühle nicht in Ordnung sind. Dies kann dazu führen, dass man nicht zu den eigenen Gefühlen steht oder „unerwünschte" Emotionen gänzlich abspaltet, was sich im Charakterstil und in Glaubenssätzen im Stil von „ich darf meine Enttäuschung, meinen Schmerz nicht zeigen" manifestiert. Speedlimits zeigen sich auch in Verboten, „unpassende" Fähigkeiten zu entfalten oder den eigenen Raum einzunehmen, welche zu Agency-Verhaltensmustern führen („ich muss das und das tun, damit ich akzeptiert werde", „ich muss immer offen und freundlich sein"). Fehlerfreundlichkeit wird auch durch Speedlimits beeinflusst. Wie geht man in der Herkunftsfamilie mit Fehlern oder Schwächen um? Darf man diese zugeben und zeigen oder macht man sich dadurch zusätzlich angreifbar. Aus letzterem Fall entstehen Glaubenssätze wie „ich darf nicht zugeben, dass ich einen Fehler gemacht habe" oder „ich darf keine Fehler machen", „ich muss 100 % sicher sein, bevor ich etwas entscheide".

4.2.3 Grundlegende neurobiologische Mechanismen im Zusammenhang mit Stressverstärkern

Stressverstärkende Glaubenssätze sind in Charakterstil und Agency verwurzelt und können nicht gelöscht werden. Das neurobiologische Korrelat zu dieser Gesetzmäßigkeit ist das emotionale Gedächtnis, also das Ergebnis von emotionalen Konditionierungen. Durch einschneidende Erfahrungen und wiederholte Zuordnung von Gefühlen zu bestimmten Geschehnissen bilden sich stabile synaptische Verbindungen in der Amygdala. Charakterstil und Agency sind somit im wahrsten Sinne des Wortes strukturell. Das Gehirn kann bestehende Verknüpfungen nicht einfach auflösen oder nicht benutzen („die Amygdala vergisst nie"), was die Unlöschbarkeit der entsprechenden Verhaltensmuster erklärt. Das emotionale Gedächtnis ist jedoch in geringem Maße veränderbar, wenn dem Gehirn Alternativen in Form von neuen Reiz-Emotions-Verbindungen geboten werden. Dies ist ein langwieriger Prozess, da im Erwachsenenalter die emotionale Konditionierbarkeit nur noch gering ausgeprägt ist [14]. Außerdem braucht es Energie und regelmäßige Aktivierung, um neue synaptische Verknüpfungen zu bilden und zu stärken („fire and wire"). Je öfter die an der Verknüpfung beteiligten Neuronen gemeinsam aktiviert werden, desto stabiler und stärker wird deren Verbindung. Festgefahrene Glaubensmuster zu verändern bzw. neue zu generieren ist somit hirnphysiologisch schwierig und mit Energieaufwand sowie regelmäßigem Üben verbunden.

Auch wenn stabile alternative Reiz-Emotions-Muster vorhanden sind, wird bei Stress auf die altbewährten, eingefahrenen Bahnen zurückgegriffen. Dies ist neurobiologisch sinnvoll, denn bei der Stressreaktion werden Energieressourcen in die überlebenssichernde Flucht-oder-Kampf-Reaktion investiert und von energieaufwändigeren Prozessen abgezogen. Eine häufig verwendete Metapher für diesen Mechanismus ist die Gegenüberstellung einer Autobahn und einem Trampelpfad. Die in der persönlichen Entwicklungsgeschichte konditionierten Muster von Charakterstil und Agency entsprechen einer breiten und schön geteerten Autobahn. Eine auf neuen Verknüpfungen basierende Verhaltensweise wirkt daneben wie ein frisch erschlossener Trampelpfad. Wenn man genügend Ressourcen (Energie, Zeit, Bewältigungsmöglichkeiten, Homöostase) zur Verfügung hat, kann man den Trampelpfad nehmen und erkunden, wohin er führt. Sobald jedoch die Ressourcen knapp werden, wechselt man unverzüglich auf die Autobahn, auf der man auf geradem Weg zu einem bekannten Ziel kommt. Durch regelmäßiges Benutzen des Trampelpfades wird dieser immer breiter und zugänglicher und allmählich zu einer alternativen Straße. Die Autobahn bleibt jedoch daneben erhalten und wird immer den schnellsten und energieeffizientesten Weg darstellen.

Das Wissen über diesen Mechanismus erklärt die unerwünschten und auch situationsinadäquaten Reaktionen bei Stress und verhilft, diese zu akzeptieren und auch wertschätzen zu können. Im Grunde genommen ist es sinn- und wertvoll, dass wir uns im Ernstfall stets auf unsere Schutzstrukturen verlassen können. Das Ziel in der Bearbeitung der stressverstärkenden Glaubenssätze sollte demnach auch nicht sein, diese zu eliminieren. Einerseits wäre das ein Kampf gegen Windmühlen, da die Glaubenssätze schlicht und einfach nicht ausgelöscht werden können, andererseits haben sie eine wichtige Schutzfunktion, die bewahrt und anerkannt werden soll. Es wäre auch schade, da die Glaubenssätze Bestandteil der individuellen Geschichte eines Menschen sind und die damit zusammenhängenden emotionalen Verhaltensmuster einen Teil der Persönlichkeit bilden [14]. Ein adäquateres Ziel ist, die den Glaubenssätzen zugrunde liegende Schutzabsicht zu ergründen, sich ein größeres Reaktionsrepertoire anzulegen und einen flexibleren Umgang mit den vorhandenen Mustern zu trainieren.

Das Reaktionsrepertoire erweitert man durch Lernen, also durch Konditionierung. Der Lernerfolg wird durch Belohnung beeinflusst, welche in Form von Erreichen eines besseren Zustandes oder durch Beenden eines schlechten Zustandes erfolgen kann. Der Glaubenssatz „ich darf nicht nein sagen" könnte dadurch entstanden sein, dass man als Kind gelernt hat, dass durch das Unterlassen von Nein, Strafe vermieden und somit ein unangenehmer emotionaler Zustand abgewendet werden konnte. Um einen alternativen Glaubenssatz zu verinnerlichen, z. B. „ich darf mich abgrenzen und nein sagen", muss dieser Satz zu einer Belohnung, also zu einem angenehmen Zustand führen. Eine so genannte korrektive Erfahrung wäre, dass nach erfolgreicher und bewusster Abgrenzung gemäß dem neuen Glaubenssatz, der eigene Gefühlszustand positiv ist und das Umfeld respektvoll reagiert. Falls jedoch das neue Verhalten zu den befürchteten und durch das alte Muster erfolgreich abgewehrten Reaktionen und unangenehmen Emotionen führt, wird es bestätigt und keine neue Lernerfahrung gemacht. Hier sei auf eine Grundregel aus der Wissenschaft verwiesen: Ein Resultat gilt nur dann als gesichert, wenn es replizierbar ist. Das heißt, dass das Experiment mit dem neuen Verhalten mindestens noch einmal durchgeführt werden sollte.

Neue Verhaltensmuster zu lernen und neue Glaubenssätze zu integrieren, gestaltet sich auch schwierig, da oft keine unmittelbare Belohnung ausfällt. Wenn man sich erfolgreich abgrenzt, wird das Umfeld kaum mit Lob und Freude darauf reagieren, sondern es eher einfach zur Kenntnis nehmen und still respektieren. Zudem ist es wahrscheinlich, dass das ungewohnte Verhalten bei einem selbst zu einer Agency-Krise und zu unangenehmen Gefühlen führt. Die Belohnung, z. B. ein Gefühl von Stärke und Selbstfürsorge, stellt sich erst nach längerer Zeit und wiederholter erfolgreicher Abgrenzung ein.

4.2.4 Umgang mit stressverstärkenden Glaubenssätzen

Ein ressourcen- und lösungsorientierter Ansatz im Umgang mit stressverstärkenden Glaubenssätzen beinhaltet drei Teilschritte: Identifizieren, Anerkennen und Aktualisieren.

Identifizieren

In einer Stresssituation und auch regelmäßig in Alltagssituationen wirken stressverstärkende Glaubenssätze. Oft entgeht es jedoch dem Bewusstsein, dass momentan ein Glaubenssatz geladen ist, da diese selten in Form von ausformulierten Sätzen als Leuchtreklame vor dem inneren Auge aufblinken. Deshalb ist es ein entscheidender erster Schritt, die eigenen stressfördernden Glaubenssätze überhaupt wahrnehmen und identifizieren zu können. In Tabelle 4-1 sind verschiedene stressverstärkende Glaubenssätze zusammengestellt. Solche Beispielsätze sind sehr hilfreich im Aufspüren und Ausformulieren der eigenen stressfördernden Glaubenssätze.

Um die Glaubenssätze in einer Situation „in flagranti“ wahrzunehmen und zu identifizieren, ist der Einbezug der Körperempfindungen eine besondere Ressource. Glaubenssätze sind nämlich mit einem spezifischen Körpermuster assoziiert bzw. manifestieren sich im Körperempfinden (vgl. somatische Marker; Kap. 2.2.6), da emotionale Konditionierung – der Mechanismus, der der Entstehung der Glaubenssätze zugrunde liegt – integrativ stattfindet. Körpersignale liefern somit Hinweise, ob ein spezifischer Glaubenssatz bzw. ein konditioniertes Ereignis-Emotions-Muster aktuell aktiviert ist.

Stressverstärkende Glaubenssätze können auch einen so genannten *Felt Sense* [72] hervorrufen. Felt Sense kann als gefühlte oder wahrgenommene Bedeutung übersetzt werden und steht für verkörperlichtes Bewusstsein. Ein Felt Sense ist die körperlich gefühlte Bedeutung einer bestimmten Situation, eines Problems oder eben eines stressverstärkenden Glaubenssatzes. Zur Veranschaulichung des Felt Sense wird oft folgendes Beispiel genannt: „Sie sitzen im Flieger und gehen in Gedanken durch, was Sie alles eingepackt haben. Obwohl sie keinen konkreten Anhaltspunkt haben, überkommt Sie ein ganzheitlich ungutes (Körper-)Gefühl, dass Sie etwas vergessen haben. Diese diffuse Empfindung entspricht einem Felt Sense.“ In der Technik des „Focusing“ [72] gilt die Kontaktaufnahme zum Felt Sense als grundlegender Schritt für persönliche Veränderungsprozesse, da die emotionale und somatosensorische Erfahrung miteinbezogen und dadurch Integration ermöglicht wird. Zur Identifikation und zur Integration der Glaubenssätze ist es somit unabdinglich, die Körperempfindungen in deren Bearbeitung miteinzubeziehen.

Zur Identifikation der Glaubenssätze gehört ebenfalls, deren Auslöser und die Situationen ausfindig zu machen, in denen ein bestimmter Glaubenssatz aktiviert wird. Zum Beispiel kann der stressfördernde Glaubenssatz „wenn ich nein sage, bin ich ein Egoist“ im privaten Umfeld zu zusätzlicher Stressbelastung führen, da man einer nahestehenden Person etwas nicht abschlagen kann, obwohl man momentanen nicht über die nötigen Ressourcen verfügt. Der gleiche Glaubenssatz kann sich im Arbeitsumfeld ebenfalls melden aber keine Probleme bereiten, wenn man einen flexiblen Umgang damit pflegt, Hilfsbereitschaft und Abgrenzung in der Balance halten und der Situation anpassen kann. Die Sensibilisierung für Auslösesituationen ermöglicht, die Glaubenssätze bewusster wahrzunehmen und deren Wirkung aktiver mitzugestalten.

Anerkennen

Ist ein stressverstärkender Glaubenssatz identifiziert und damit einhergehende Körperempfindungen umschrieben, geht es im nächsten Schritt darum, die Funktion der Sätze zu erkunden. In ihrer ursprünglichen Form haben die stressverstärkenden Sätze nämlich eine wichtige Aufgabe erfüllt: Sie dienten zum Schutz und zur Abwehr von unerwünschten und überflutenden Einflüssen und der Befriedigung von Bedürfnissen. Die Anerkennung der Schutzfunktion und das Verständnis, dass die Glaubenssätze aus den damals bestmöglichen Strategien entstanden sind, ist ein wichtiger Schritt in Richtung deren Integration. Die Glaubenssätze sind Ausdrucksformen von Charakterstil und Agency und bilden einen Teil der Persönlichkeit. Deshalb ist es wenig erstaunlich, dass in Situationen, die auch nur ansatzweise und unbewusst an die früheren Verletzungen erinnern, die kindlichen Muster aktiviert und die Glaubenssätze wirksam werden. Um Frieden mit den Glaubenssätzen zu schließen, ist nach deren Identifikation eine Auseinandersetzung mit ihnen angezeigt, um zu erkunden, welche ursprüngliche Absicht sie verfolgten und welche Vorteile sie früher gebracht haben. Zielführende Fragen können sein: „Wovor hat mich dieser Satz beschützt?“ oder „Wozu hat mir dieser Satz verholfen? Welches Bedürfnis konnte ich dadurch stillen?“. Für diese tiefergehende Reise in die eigene Biografie, kann es sich lohnen, einen Coach oder einen Therapeuten beizuziehen. Es erleichtert das Leben mit den Glaubenssätzen, wenn man deren Schutzfunktion kennt und anerkennt und akzeptiert, dass diese zur eigenen Person gehören und nicht auslöschbar sind. Es ist ein Akt der Selbstfürsorge, sein eigenes Menschsein mitsamt den unliebsamen Schattenseiten anzunehmen.

Es ist im Grunde genommen nicht der Glaubenssatz selbst, sondern die durch diesen ausgelösten automatisierten und rigiden Reaktionen, die die stressverstärkende Komponente ausmachen. Denn Reaktionen aus „Dort und Damals“ sind im „Hier und Jetzt“ meist nicht mehr adäquat und führen oft zur subjektiven Verschlimmerung der Situation. Die gute Nachricht ist, dass in der Gegenwart mehr Ressourcen und Verhaltensmöglichkeiten zur Verfügung stehen. Diese können dazu genutzt werden, Umgangsmöglichkeiten mit den Glaubenssätzen zu entwickeln und sich nicht mehr von ihnen beherrschen zu lassen.

Aktualisieren

Nach dem Herausschälen der ursprünglichen Schutzabsicht des Glaubenssatzes geht es darum, den festgefahrenen Satz aufzuweichen und Flexibilität reinzubringen. Das Ziel ist, einen Gegen-Satz oder Gegen-Sätze auszuformulieren, die man bei Aktivierung der stressfördernden Glaubenssätze als stressmildernde Variante abrufen kann. So wie stressverstärkende Glaubenssätze uns zusätzlich aktivieren, können passende, positive Zusprüche unser Selbstvertrauen stärken und uns helfen, herausfordernden Situationen mit mehr Gelassenheit zu begegnen. Die Suche bzw. die Ausformulierung eines Gegen-Satzes ist ein kreativer Prozess und es braucht wahrscheinlich mehrere Anläufe, bis ein passender Satz gefunden ist. Jede Idee ist ein Teil dieses Prozesses, auch wenn sie noch so einfallslos erscheinen mag. Diese ersten „Schnellschüsse“ bilden das Fundament für die Entwicklung maßgeschneiderter Gegen-Sätze. Die erste Frage, die man sich bei einem potenziellen Gegen-Satz stellen sollte, ist: „Glaube ich mir diesen Satz?“ Beispielsweise wirkt bei einer Person mit dem stressverstärkenden Glaubenssatz „Du musst immer Dein Bestes geben“ der Alternativsatz „gut ist auch gut genug“ nicht so überzeugend, da die tieferliegende Leistungsüberzeugung einfach übergangen wird. In diesem Fall wäre etwas im Stil von „bei dieser Arbeit gebe ich mein Bestmögliches, bei der anderen kann ich einen Gang zurückschalten“ für die Person glaubwürdiger und annehmbarer. Indem zwischen Situationen unterschieden wird, wird das „immer“ relativiert und dem Satz dadurch die Spitze genommen. Die zweite wichtige Frage bei der Formulierung eines Gegen-Satzes ist: „Wie fühlt er sich im Körper an, welche Empfindungen löst er aus?“ Bei jedem Satzkandidaten empfiehlt es sich, einen kurzen Abgleich mit dem Körpergefühl zu machen. Der Gegen-Satz soll nämlich den Felt Sense des stressverstärkenden Glaubenssatzes verändern und einen Qualitätsunterschied im Selbsterleben, einen so genannten *Felt Shift* bewirken. Ein Felt Shift ist ein spezifisches, körperliches Gefühl der Veränderung [72] und kann sich als Entspannungsgefühl, als ein Gefühl von Wärme, Weite und vergrößertem Atemraum bemerkbar machen. Bei den Gegen-Sätzen kann es auf sprachliche Feinheiten ankommen und es ist durchaus angebracht, an den Sätzen zu feilen, bis der Wortlaut zu einem klaren, wohligen Felt Shift führt.

Betreffend Formulierungen gilt zu beachten, dass nicht einfach etwas *nicht* gedacht oder gefühlt werden kann. Ein berühmtes Beispiel dazu: „Denken Sie jetzt NICHT an einen rosa Elefanten.“ Deshalb ist der Gegen-Satz „Du musst *nicht* immer Dein Bestes geben“ als Antwort auf „Du musst immer Dein Bestes geben“ nicht unbedingt der wirksamste. Erfolgreicher ist es, dem Gehirn Alternativen zu bieten, also neue Sätze zu formulieren und diese mit der auslösenden Situation neu zu verknüpfen. Kurze und prägnante Gegen-Sätze prägen sich leichter ein, als lange und komplexe. Besonders zu empfehlen ist der Einsatz von Humor. Lustige und humorvolle Gegen-Sätze sind gut abrufbar und können in der Stresssituation ein Schmunzeln hervorrufen. Humor und ein liebevolles Lächeln für sich selbst helfen, Distanz zu den stressverstärkenden Glaubenssätzen zu gewinnen. Humor ist das beste Gegenmittel gegen die Rigidität und kann Gefühle von Hoffnung, Vertrauen und Lebendigkeit in die Situation bringen sowie körperliche Entspannung bewirken und so die Stressverstärkung unterbrechen.

Nicht nur auf einen spezifischen Glaubenssatz angepasste und maßgeschneiderte Gegen-Sätze sind wirksam. Auch allgemein bekannte oder bestehende Redewendungen, Liederzeilen, Sprüche aus der Werbung oder Buchtitel usw. können wirksam sein. Entscheidend ist, ob bei deren Anwendung ein Felt Shift wahrnehmbar ist. Bei stressverstärkenden Glaubenssätzen, die aus dem Agency entstammen, können die so genannten Agency-Mantras (Box 4-1) als Gegen-Sätze hinzugezogen werden. Die Agency-Mantras wurden entwickelt, um den Selbstkontakt bei Menschen mit einem starken Agency-Reflex zu verstärken ([10], [11]. Wenn ein stressverstärkender Glaubenssatz geladen ist, bei dem ein Agency-Ursprung identifiziert oder vermutet wird, kann durch systematisches Lesen der Agency-Mantras der passende Gegen-Satz gefunden werden. Satz für Satz soll auf eine körperliche und emotionale Resonanz geachtet werden, bis schließlich ein Felt Shift wahrnehmbar ist. Bei stressverstärkenden Glaubenssätzen aus dem Herkunftsszenario, z. B. übernommenen Normwerten, Abwertungen oder geheimen Themen, findet sich vielleicht ein passender und heilsamer Gegen-Satz unter den Gute-Eltern-Botschaften (Box 4-2; [11]). Die Gute-Eltern-Botschaften stellen Erfahrungen oder Botschaften dar, die ein Kind während seiner Entwicklung von einer *idealen* primären Bezugsperson erleben würde. Analog zur Anwendung der Agency-Mantras soll beim Durchgehen der Gute-Eltern-Botschaften ebenfalls auf ein körperliches und emotionales Stimmigkeitsgefühl geachtet werden. Natürlich können die bestehenden Botschaften personalisiert und so modifiziert werden, dass sie als Gegen-Satz für einen spezifischen stressverstärkenden Glaubenssatz ihre maximale Wirkung entfalten.

4.2.5 Verankern des Gegen-Satzes

Wurde ein stressverstärkender Glaubenssatz identifiziert und ein wirksamer Gegen-Satz formuliert, ist die Hauptarbeit getan. Nun geht es ums Technische, d. h. darum, den stressverstärkenden Glaubenssatz – oder noch besser die stressauslösende Situation – mit dem Gegen-Satz zu verknüpfen. Dies gelingt durch regelmäßige Wiederholung des Gegen-Satzes und durch dessen Erfahrung über alle Sinne. Dazu gibt es etliche Übungsstrategien und der Kreativität sind keine Grenzen gesetzt. Klassische Methoden sind z. B., den Gegen-Satz auf einen Zettel zu schreiben und diesen an prominenter Stelle (z. B. am Badezimmerspiegel) aufzuhängen oder sich eine Erinnerung an den Satz im elektronischen Kalender zu programmieren. Man kann auch ein Symbol, einen Gegenstand finden, der den gleichen oder ähnlichen Felt Sense auslöst wie der Gegen-Satz und diesen ständig bei sich tragen. Oder man sucht ein Musikstück, das die Botschaft des Gegen-Satzes trägt und verstärkt. Den Felt Sense des Gegen-Satzes mit visuellen, auditorischen, olfaktorischen und/oder haptischen

Reizen zu verknüpfen, führt zu einer weiterreichenden Vernetzung der Erfahrung und fördert dessen Integration und Zugänglichkeit. Hilfreich sind auch Übungen zu zweit oder in Gruppen, in denen der stressverstärkende Glaubenssatz von einem Partner vorgelesen wird und man laut und bestimmt mit dem Gegen-Satz antwortet. Dies wird so oft wiederholt, bis automatisch, schnell und glaubwürdig mit dem Gegen-Satz gekontert werden kann.

Lernprozesse erfordern Geduld und einen liebevollen Umgang mit sich selbst. Es ist ein längerer Weg bis zur Integration der Gegen-Sätze. Ein Indiz, dass der Gegen-Satz verankert wurde, ist die Überraschung über sich selbst, dass man anders auf etwas reagiert hat als gewohnt. Und dass die gewohnte Reaktion einem gar nicht oder erst später in den Sinn gekommen ist. Als Beispiel: Eine Person hat bei sich den stressverstärkenden Glaubenssatz „du darfst nicht nein

Box 4-1

Agency-Mantras

- Ich bin nicht schlecht oder böse. Ich habe nichts falsch gemacht.
- Ich bin nicht schlecht, auch wenn ich XY (gegenwärtiges Agency-Zielobjekt) nicht helfen konnte. Und ich bin nicht schlecht, auch wenn ich nicht bewirken kann, dass es XY besser geht.
- Ich bin nicht egoistisch, wenn ich an mich selbst denke oder in meinem eigenen Interesse handle. Damit sorge ich gut für mich selbst.
- Ich habe ein Recht auf meinen Körper und auf meinen eigenen Raum. Ich habe ein Recht auf meine Bedürfnisse, Wünsche und Träume und ich habe ein Recht darauf, diese zum Ausdruck zu bringen oder für mich zu behalten.
- Ich habe ein Recht, mich gut zu fühlen, auch dann, wenn es XY (gegenwärtiges Agency-Zielobjekt) nicht gut geht. Wenn ich mich gut fühle, nehme ich niemandem etwas weg. Ich bin deswegen weder eingebildet noch narzisstisch.
- Ich habe weder die Macht noch die Kontrolle über das Leben anderer, noch bin ich verantwortlich für das Wohlergehen anderer. Ich kann niemanden stabilisieren oder heilen. Mir wurde beigebracht, dass ich diese Kräfte hätte. Doch das ist eine Lüge, an die ich nicht mehr zu glauben brauche.
- Wenn ich Verantwortung für das Wohlergehen anderer übernehme und ihre Gefühle verändern will, dann ist das ein Übergriff, eine Anmaßung und eine Invalidisierung des anderen. Statt mein Gegenüber zu stärken, schwäche ich es.
- Ich habe ein Recht auf meine eigene Seele, meine eigene Bestimmung und meine eigene persönliche Beziehung zum Spirituellen, selbst wenn andere nicht zustimmen.
- Ich verlasse mich nicht selbst, in dem Moment, wo ich meine Unterstützung am meisten brauche.
- Ich muss mich von niemandem abhängig machen und auf niemanden warten, um mein eigenes Leben leben zu können.
- Ich kenne in meinem Körper den Unterschied zwischen einer Handlung aus Agency und einer solchen aus Mitgefühl.
- Dies ist keine Krise. Nur Agency lässt mich das glauben. Agency ist eine Gewohnheit, die ich nicht fortzusetzen brauche.
- Das Ende von Agency ist nicht das Ende der Liebe. Ganz im Gegenteil: Es ist der Beginn der Liebe!

Box 4-2

Die Gute-Eltern-Botschaften

- Ich liebe dich.
- Ich will dich, ich sage Ja zu dir. Du bist willkommen.
- Ich freue mich über deine Lebendigkeit.
- Ich beschütze dich, du kannst dich sicher fühlen.
- Ich sehe dich und ich höre dich.
- Ich sorge für dich.
- Ich bin für dich da, ich bin auch dann für dich da, wenn du stirbst.
- Du bist etwas ganz Besonderes für mich.
- Ich bin stolz auf dich.
- Ich liebe dich für das, was du bist und nicht für das, was du tust. Du brauchst nichts zu tun für meine Liebe.
- Ich liebe dich und ich gebe dir die Erlaubnis, anders zu sein als ich.
- Du kannst mir vertrauen.
- Du kannst deiner inneren Stimme vertrauen.
- Du brauchst nicht mehr alleine sein.
- Du brauchst keine Angst mehr zu haben.
- Manchmal setze ich dir Grenzen und sage Nein. Auch das tue ich aus Liebe zu dir.
- Ich spüre deine Liebe und nehme sie an.
- Ich vertraue dir. Ich bin sicher, du wirst es schaffen.
- Du kannst in jeder Situation zuversichtlich sein.
- Wenn du umfällst, helfe ich dir wieder auf.
- Du bist schön. Ich erlaube dir, ein sexuelles Wesen zu sein und deine Sexualität mit einem Partner deiner Wahl zu genießen. Du wirst mich dadurch nicht verlieren.

sagen" identifiziert und in entsprechenden Situationen immer und immer wieder das abgewandelte Agency-Mantra „ich bin nicht egoistisch, wenn ich an mich selbst denke. Damit sorge ich für mich selbst" rezitiert und dessen Umsetzung geübt. Eines Tages hat die betreffende Person eine Anfrage überprüft und aufgrund ungenügender Ressourcen freundlich und natürlich Nein gesagt. Erst im Nachhinein wird der Person bewusst, was sie getan hat und dass sie kein schlechtes Gewissen bekommen hat.

4.3 Praktische Durchführung

Die Bedeutung, Wirkungsweise und die Herkunft von stressfördernden Glaubenssätzen sowie die Strategie zum Umgang mit ihnen (Identifizieren-Anerkennen-Aktualisieren) kann in folgenden Schritten vermittelt werden:

Es wird mit dem KEK-Check als Aufwärmübung begonnen: Die Teilnehmer werden aufgefordert, ihre Augen zu schließen und sich selbst zu fragen: „Was passiert im Moment in mir? Was spüre ich im Moment in meinem Körper? Welche Gefühle sind im Moment vorhanden? Welche Gedanken und Impulse beobachte ich im Moment bei mir?" Danach haben sie einige Minuten Zeit, ihre Wahrnehmungen in Stichworten zu notieren.

Falls der KEK-Check bislang Schwierigkeiten bereitet hat, kann die Übung auch hier wie im ersten Modul detaillierter angeleitet werden.

Tabelle 4-1: Beispiele für stressverstärkende Glaubenssätze, ihre mögliche Herkunft nach dem IBP Persönlichkeitsmodell und Vorschläge für Gegen-Sätze. (adaptiert und erweitert nach Hillert, Koch & Hedlund, 2012 [5])

Nr.	Stressverstärkender Glaubenssatz	Mögliche Herkunft	Inspiration für Gegen-Sätze
1	Ich darf mir meinen Stress, meine Trauer, meine Enttäuschung etc. nicht anmerken lassen	**Schutzstil** • Abspalten von Gefühlen: Ich baue ein Schutzschild auf und breche den Kontakt gegen innen und außen ab • Sich selbst wie ein Objekt/eine Maschine behandeln: Meine Idee von meiner Rolle ist wichtiger, als meine Bedürfnisse und Gefühle • Authentizitätslücke: Ich über- oder untertreibe, um (vermeintlich) gut dazustehen **Geheimes Thema** • Speedlimit: Der Ausdruck von negativen Gefühlen hatte keinen Platz und/oder wurde bloßgestellt. Ich darf nicht zeigen, dass es mir schlecht geht. • Kind mit spezieller Funktion: Es geht nicht um mich und um meine Bedürfnisse	• Gefühle machen mich authentisch • Ich bin in Kontakt mit meinen Gefühlen • Ich unterscheide zwischen Situationen, in denen ich meine Gefühle zeigen kann/möchte, und solchen, in denen ich sie lieber für mich behalte **Gute-Eltern-Botschaften (GEB), z.B.** • Ich sehe dich und ich höre dich (oder eine personalisierte Variante: Ich sehe mich und ich höre mich)
2	Ich muss immer nett und freundlich sein	**Agency** • Einseitiger Vertrag: Als Reaktion auf nett und freundlich erwarte ich Zuwendung **Geheimes Thema** • Geschlechtervorurteil: „Frauen müssen immer nett und freundlich sein"	• Manchmal bin ich nett und freundlich, manchmal aber auch nicht • Ich darf mal den Tarif durchgeben • Ich höre auf, nett zu sein, und beginne, ehrlich zu sein
3	Ich muss immer offen sein für ..., z.B. die Anliegen oder Ideen anderer, spezielle Aufgaben etc. Ich muss verfügbar sein	**Agency** • Sich reflexartig auf das Gegenüber ausrichten: Ich ignoriere meine Grenzen, um es anderen Recht zu machen • Stets für andere zur Verfügung stehen: Ich mache fast alles, um geliebt zu werden	• Ich entscheide bewusst von Fall zu Fall, ob ich für etwas offen/verfügbar bin • Der Wunsch/Ideen/Anliegen anderer ist mir kein Befehl

Nr.	Stressverstärkender Glaubenssatz	Mögliche Herkunft	Inspiration für Gegen-Sätze
			Agency-Mantras, z. B. • Ich verlasse mich nicht selbst in dem Moment, wo ich meine Unterstützung am meisten brauche • Ich habe ein Recht auf meinen Körper und auf meinen eigenen Raum. Ich habe ein Recht auf meine Bedürfnisse, Wünsche und Träume und ich habe ein Recht darauf, diese zum Ausdruck zu bringen oder für mich zu behalten
4	Ich muss immer alles perfekt machen Ich muss alles vollständig erledigen Ich muss perfekt aussehen Ich muss immer mein Bestmögliches geben Ich darf keine Fehler machen	**Schutzstil** • Fixe Ideen: Ich habe ein rigides Bewertungssystem (Perfektionismus) mit strikten Regeln („so ist es richtig, so ist es falsch"), an dem ich mich orientieren kann und das mir das Gefühl von Kontrolle gibt • Sich selbst wie ein Objekt behandeln: Meine Idee vom Sollwert ist mir wichtiger als meine Bedürfnisse **Geheimes Thema** • Kind mit spezieller Funktion: Ich muss meine Eltern stolz machen, indem ich immer vollen Einsatz gebe und durch Leistung hervorsteche • Speedlimit: geringe Fehlertoleranz bzw. Perfektionsstreben im Herkunftsszenario. Ich darf mir keine Blöße geben	• Unter den aktuellen Umständen zu diesem Zeitpunkt gebe ich mein Bestmögliches • XY möchte ich möglichst perfekt machen, bei Z kann ich etwas ungenauer sein • Perfektion ist eine Illusion **GEB, z. B.** • Ich liebe dich für das, was du bist, und nicht für das, was du tust. Du brauchst nichts zu tun für meine Liebe (oder personalisierte Variante, z. B.: Ich bin liebenswert für das, was ich bin)

Nr.	Stressverstärkender Glaubenssatz	Mögliche Herkunft	Inspiration für Gegen-Sätze
5	Ich darf nicht zugeben, dass ich einen Fehler gemacht habe Es würde mich sehr belasten, wenn ich eine geforderte Leistung nicht erbringen könnte und andere es wüssten	**Schutzstil** • Authentizitätslücke: Ich will gut dastehen und verschleiere die Wahrheit, um dies zu erreichen **Agency** • Zwang, mein Wohlbefinden von außen zu erhalten, weil ich es von innen her nicht habe: Wenn das Agency-Zielobjekt merkt, dass ich einen Fehler gemacht habe, bekomme ich keine Zuneigung/Anerkennung **Geheimes Thema** • Speedlimit: geringe Fehlertoleranz bzw. Perfektionsstreben im Herkunftsszenario. Ich darf mir keine Blöße geben	• Fehler können passieren. Wichtig ist, wie ich mit ihnen umgehe • Ich habe mein Bestmögliches getan und kann mich für meinen Fehler entschuldigen • Fehler zuzugeben, zeigt Mut **Agency-Mantras, z. B.** • Ich bin nicht schlecht oder böse. Ich habe nichts falsch gemacht **GEB, z. B.** • Wenn du umfällst, helfe ich dir wieder auf
6	Ich darf meinen Kollegen, Vorgesetzten und Freunden nicht zur Last fallen	**Agency** • Aufmerksamkeit ist ganz bei den (vermeintlichen) Bedürfnissen von anderen: Ich muss es anderen Recht machen • Einseitiger Vertrag: Ich falle dir nicht zur Last und im Gegenzug schätzt/magst du mich **Geheimes Thema** • Kind mit spezieller Funktion: Es geht nicht um mich und um meine Bedürfnisse	• Ich bin hier, ich kann nicht anders • Ich bin mein eigener Anwalt und setze mich für meine Anliegen und Bedürfnisse ein • Ich höre auf, nett zu sein und beginne, ehrlich zu sein **GEB, z. B.** • Ich sehe dich und ich höre dich
7	Ich muss von allen Leuten gemocht und akzeptiert werden	**Agency** • Zwang, das eigene Wohlbefinden von außen zu erhalten. Wenn andere mich mögen, heißt das, dass ich gut bin • Ich mache fast alles, um geliebt zu werden **Schutzstil** • Angst vor Verlassenwerden: Ich tue alles, nur verlass mich nicht	• Ich möchte von X und Y gemocht werden, weil ich sie auch mag. Bei Z ist mir das weniger wichtig • Qualität vor Quantität • Ich möchte um meiner selbst willen gemocht werden, das ist echte Beziehung **Agency-Mantras, z. B.** • Ich muss mich von niemandem abhängig machen und auf niemanden warten, um mein eigenes Leben leben zu können

Nr.	Stressverstärkender Glaubenssatz	Mögliche Herkunft	Inspiration für Gegen-Sätze
8	Ich muss alles alleine können Um Hilfe zu bitten bedeutet Schwäche Ich muss alles im Griff haben	**Schutzstil** • Automatisches Nein: Niemand kann mir sagen, was und wie ich es zu tun habe • Fixe Ideen: genaue Vorstellungen von richtig und falsch. Ich bin unabhängig und habe alles im Griff **Geheimes Thema** • Speedlimit: Ich darf keine Schwäche, keine Bedürftigkeit zeigen • Kind mit spezieller Funktion: Ich muss der/die Starke sein. Es gibt Wichtigeres als mich und es hat für meine Schwäche, meine Bedürftigkeit keinen Platz • Geschlechtervorurteil: Ein Mann weiß sich selbst zu helfen	• XY kann ich alleine, bei Z brauche ich Hilfe • Ich bin meiner Stärken und auch meiner Schwächen bewusst und stehe zu ihnen • Um Hilfe zu bitten, schafft Beziehung **GEB, z. B.** • Du kannst mir vertrauen • Wenn du umfällst, helfe ich dir wieder auf
9	Ich lasse es lieber ganz sein, als etwas falsch zu machen Ich muss absolut sicher sein, bevor ich eine Entscheidung treffe	**Schutzstil** • Fixe Ideen: Mein Anspruch ist ein absoluter Sollwert und wenn ich diesen nicht erreiche oder einen Fehler mache, verliere ich die Kontrolle • Automatisches Nein: Widerstand gegen von außen und von innen normierte Aufgaben **Geheimes Thema** • Speedlimit: Fehler und unüberlegte Entscheidungen sind unverzeihlich	• Ich möchte es zumindest versuchen, sonst finde ich nicht heraus, ob es klappt • Probieren geht über Studieren • Es gibt nichts Gutes, außer man tut es **GEB, z. B.** • Wenn du umfällst, helfe ich dir wieder auf
10	Ich kann mich auf niemanden verlassen Ich kann niemandem vertrauen	**Schutzstil** • Angst vor Verlassenwerden: Alle enttäuschen mich früher oder später. Alle machen, was sie wollen – ohne Rücksicht auf mich	

Nr.	Stressverstärkender Glaubenssatz	Mögliche Herkunft	Inspiration für Gegen-Sätze
		Schutzstil • Fixe Ideen: Meine Idee davon, wie eine Beziehung sein soll, ist mir wichtiger als mein Bedürfnis nach Nähe und Verbundenheit **Geheimes Thema** • Opferhaltung: generelles Misstrauen und Befürchtung, dass andere einem schaden wollen. Alle haben es auf mich abgesehen	• XY kann ich vertrauen, Z nicht • Ich baue Vertrauen Schritt für Schritt auf • Ich kommuniziere meine Bedürfnisse. Diese sind aber keine Befehle für andere **GEB, z. B.** • Du kannst mir vertrauen
11	Ich werde immer ausgenutzt Mit mir kann man das ja machen	**Agency** • Einseitiger Vertrag: Ich tue alles für andere und erwarte dafür Zuneigung und Freundschaft. Ich habe alles getan und das ist der Dank. **Geheimes Thema** • Opferhaltung: Umwelt wird als ablehnend und feindselig erlebt. Alle wollen mir Böses	• Ich übernehme Verantwortung für mein Leben • Es ist meine Entscheidung, ob und was ich mache **Agency-Mantras, z. B.** • Ich kenne in meinem Körper den Unterschied zwischen einer Handlung aus Agency und einer solchen aus meinem Selbst • Dies ist keine Krise. Nur Agency lässt mich das glauben. Agency ist eine Gewohnheit, die ich nicht fortzusetzen brauche
12	Ich muss das hinkriegen, koste es, was es wolle	**Schutzstil** • Sich selbst wie ein Objekt/wie eine Maschine behandeln: Meine Ideen sind wichtiger als meine Bedürfnisse • Fixe Idee: Wenn ich es nicht so hinkriege, werde ich ent-/verlassen	• Ich schaue zu mir • In intensiven Zeiten ist es umso wichtiger, dass ich auf mich und meine Bedürfnisse achte

Nr.	Stressverstärkender Glaubenssatz	Mögliche Herkunft	Inspiration für Gegen-Sätze
13	Ich sage lieber nichts, damit es keinen Konflikt gibt Ich muss unangenehme Situationen und Konflikte vermeiden	**Agency** • Einseitiger Vertrag: Ich stelle meine Bedürfnisse zurück und erwarte im Gegenzug, dass ich gemocht werde • Ich mache fast alles und gebe mich auf, um geliebt zu werden **Geheimes Thema** • Speedlimits: Konflikte sind etwas Schlimmes und dürfen nicht offen ausgetragen werden. Verbot, Wut, Ärger, Enttäuschung auszudrücken	• Ich bin mein eigener Anwalt und setze mich für meine Anliegen und Bedürfnisse ein **Agency-Mantras, z.B.** • Ich habe ein Recht auf meinen Körper und auf meinen eigenen Raum. Ich habe ein Recht auf meine Bedürfnisse, Wünsche und Träume und ich habe ein Recht darauf, diese zum Ausdruck zu bringen oder für mich zu behalten **GEB, z.B.** • Ich liebe dich und ich gebe dir die Erlaubnis, anders zu sein als ich
14	Ich darf nicht nein sagen, sonst wird XY (Agency-Zielobjekt) enttäuscht sein Ich darf nicht egoistisch sein, ich muss an andere denken	**Agency** • Reflexartige Orientierung an den Bedürfnissen der anderen: Mir geht es gut, wenn es dir gut geht • Einseitiger Vertrag: Ich tue alles für andere und erwarte dafür Zuneigung und Freundschaft **Geheimes Thema** • Kind mit spezieller Aufgabe: Ich muss für andere da sein, es geht hier nicht um mich und meine Bedürfnisse	• Ich sage nur Ja, wenn es von Herzen kommt • Ich frage mich jeweils: WILL ich das? Will ICH das? Will ich DAS? **Agency-Mantra, z.B.** • Ich bin nicht egoistisch, wenn ich an mich selbst denke oder in meinem eigenen Interesse handle. Damit sorge ich gut für mich selbst • Ich bin nicht schlecht, auch wenn ich XY (gegenwärtiges Agency-Zielobjekt) nicht helfen konnte • Ich höre auf, nett zu sein und beginne, ehrlich zu sein **GEB, z.B.** • Ich liebe dich für das, was du bist, und nicht für das, was du tust. Du brauchst nichts zu tun für meine Liebe

Nr.	Stressverstärkender Glaubenssatz	Mögliche Herkunft	Inspiration für Gegen-Sätze
15	Ich bin (bei meiner Arbeit, im Haushalt etc.) für alles verantwortlich	**Agency** • Ich beweise, dass ich wichtig und unentbehrlich bin, indem ich Raum einnehme und mich in den Vordergrund stelle **Schutzstil** • Suchtartiges Festhalten, um etwas kreisen: Indem ich mich voll und ganz in alles hineingebe und hart für andere arbeite, beruhige ich meine Angst vor dem Verlassenwerden • Fixe Ideen: Ich bin die Einzige, die weiß, wie es richtig ist, und deshalb versuche ich alles zu kontrollieren	• Ich lasse los • Loslassen tut gut • Für XY übernehme ich die Verantwortung, für Z nicht • Ich kann nicht alles kontrollieren **Agency-Mantras, z.B.** • Ich habe weder die Macht noch die Kontrolle über das Leben anderer, noch bin ich verantwortlich für das Wohlergehen anderer. Mir wurde beigebracht, dass ich diese Kräfte hätte. Doch das ist eine Lüge, an die ich nicht mehr zu glauben brauche • Wenn ich Verantwortung für das Wohlergehen anderer übernehme und ihre Gefühle verändern will, dann ist das ein Übergriff, eine Anmaßung und eine Invalidisierung des anderen
16	Ich muss besser oder zumindest gleich gut sein wie die anderen	**Agency** • Ich muss stets beweisen, dass ich gut bin, damit ich Anerkennung von außen erhalte **Schutzstil** • Automatisches Nein: Ich lasse mir nichts sagen, indem ich alles besser und anders mache **Geheimes Thema** • Kind mit spezieller Aufgabe: Ich muss XY stolz machen, indem ich durch besondere Leistung hervorsteche	• Ich kenne meine Stärken und Schwächen und bleibe bei mir • Ich gebe mein Bestmögliches, was in dieser Situation, zu diesem Zeitpunkt möglich ist • „Comparison is the thief of joy" **Agency-Mantras, z.B.** • Ich muss mich von niemandem abhängig machen und auf niemanden warten, um mein eigenes Leben leben zu können **GEB, z.B.** • Du bist etwas ganz Besonderes für mich • Ich liebe dich für das, was du bist, und nicht für das, was du tust. Du brauchst nichts zu tun für meine Liebe

Nr.	Stressverstärkender Glaubenssatz	Mögliche Herkunft	Inspiration für Gegen-Sätze
17	Ich muss mein Potenzial voll ausnützen, ich muss alles zeigen, was ich kann Ich muss meine Zeit nutzen und etwas Sinnvolles machen Ich muss aus jeder Situation das Beste herausholen	**Agency** • Ich muss mir und anderen meine Daseinsberechtigung beweisen, indem ich stets etwas Gutes/Sinnvolles tue **Schutzstil** • Abspalten von Körperempfinden und Gefühlen, sich selbst wie ein Objekt behandeln: Damit mich meine Gefühle nicht überwältigen, verfalle ich in einen Aktivismus und suche stets nach Quellen für Anregung, Bestätigung und Unterstützung im Außen • Suchtartiges Festhalten, um etwas kreisen: Ich stille meine Sehnsüchte, indem ich immer mehrere Projekte am Laufen haben **Geheimes Thema** • Kind mit speziellem Auftrag: Ich kann nicht einfach nur sein, sondern muss meine Ressourcen in den Dienst von etwas Wichtigerem stellen	• Es ist gerade gut so, wie es ist • Ich muss mein Pulver nicht auf einmal verschießen **Agency-Mantras, z. B.** • Ich habe ein Recht auf meinen Körper und auf meinen eigenen Raum. Ich habe ein Recht auf meine Bedürfnisse, Wünsche und Träume und ich habe ein Recht darauf, diese zum Ausdruck zu bringen oder für mich zu behalten **GEB, z. B.** • Ich liebe dich für das, was du bist, und nicht für das, was du tust. Du brauchst nichts zu tun für meine Liebe
18	Ich muss aus Konflikten als Sieger hervorgehen Ich muss in schwierigen Situationen ein Held sein	**Schutzstil** • Fixe Ideen: Um die Situation berechenbar zu machen, muss ich mich und meine Ideen durchsetzen • Abspalten vom Selbstempfinden: Ich habe keinen Bezug zur Situation und zu Personen, sondern nur noch meine Idee von mir selbst im Kopf **Geheimes Thema** • Kind mit spezieller Aufgabe: Ich muss mich stets mit besonderen Taten beweisen	• Ich kämpfe nicht, wenn es nichts zu kämpfen gibt • Will ich Recht haben oder glücklich sein? **GEB, z. B.** • Ich liebe dich für das, was du bist, und nicht für das, was du tust. Du brauchst nichts zu tun für meine Liebe • Ich bin stolz auf dich

Nr.	Stressverstärkender Glaubenssatz	Mögliche Herkunft	Inspiration für Gegen-Sätze
19	Was werden die anderen von mir denken? Wenn ich das mache, denken die anderen bestimmt … (etwas Negatives)	**Agency** • Ich reagiere hauptsächlich auf andere, deren Sicht und Urteil von mir • ich höre kaum auf meine eigene Stimme und habe keinen Kontakt mit meinen eigenen Gefühlen **Geheimes Thema** • Speedlimits: Einschränkungen im Ausdruck von Gefühlen und im Verhalten. Gewisse Verhaltensweisen waren Tabu in der Familie oder wurden negativ bewertet • Geschlechtervorurteil: „Frauen sind zurückhaltend", „wahre Männer haben ihre Gefühle unter Kontrolle" oder „richtige Frauen sind damenhaft"	• Ich fühle mich wohl mit mir **Agency-Mantras, z. B.** • Ich habe ein Recht auf meinen Körper und auf meinen eigenen Raum. Ich habe ein Recht auf meine Bedürfnisse, Wünsche und Träume und ich habe ein Recht darauf, diese zum Ausdruck zu bringen oder für mich zu behalten • Ich muss mich von niemandem abhängig machen und auf niemanden warten, um mein eigenes Leben leben zu können. **GEB, z. B.** • Du kannst dir/deiner inneren Stimme vertrauen • Ich freue mich über deine Lebendigkeit • Ich liebe dich und ich gebe dir die Erlaubnis, anders zu sein als ich
20	Ich bin ganz alleine Niemand mag mich	**Agency** • Innere Leere trotz vieler Beziehungen. Ich tue alles für andere, aber bekomme nicht das zurück, was ich erwarte **Schutzstil** • Wenig Grenzen: Es kann gar nicht nahe genug sein; eine normale und gesunde Trennung als Verlassenwerden interpretieren; Grenzen als trennend, isolierend und einsam machend erleben	• Ich habe die Kraft, mein Leben in die Hand zu nehmen • Ich bin bei mir **Agency-Mantras, z. B.** • Dies ist keine Krise. Nur Agency lässt mich das glauben. Agency ist eine Gewohnheit, die ich nicht fortzusetzen brauche **GEB, z. B.** • Ich bin für dich da • Du brauchst nicht mehr alleine sein

Nr.	Stressverstärkender Glaubenssatz	Mögliche Herkunft	Inspiration für Gegen-Sätze
		Schutzstil • Nähe-Distanz-Verhalten: Gesunde, temporäre Distanz empfinde ich als Verlassenwerden **Geheimes Thema** • Opferhaltung: Die Welt lässt mich im Stich, ich bin ausgeliefert	
21	Ich mache alles falsch Wenn etwas nicht klappt, habe ich mich zu wenig angestrengt oder etwas falsch gemacht	**Agency** • Andauerndes Gefühl, schlecht zu sein, etwas falsch gemacht zu haben. Ich habe doch alles getan ...?!	• Jede Sekunde ist eine neue Chance • Ich kenne meine Stärken und meine Schwächen • Ich kann nicht alles kontrollieren **Agency-Mantras, z. B.** • Ich bin nicht schlecht oder böse. Ich habe nichts falsch gemacht • Dies ist keine Krise. Nur meine Agency-Gewohnheit lässt mich das glauben. Agency ist eine Gewohnheit, die ich nicht fortzusetzen brauche
22	Ich kann das nicht Ich kann nichts machen Egal was ich tue, es nützt nichts	**Schutzstil** • Suchtartiges Festhalten: Ich ordne mich unter und mache mich abhängig aus Angst, verlassen zu werden **Geheimes Thema** • Opferhaltung: Ich bin ausgeliefert und kann nicht selbst für mich sorgen	• Ich übernehme Verantwortung für mein Leben • Ich habe die Kraft, mein Leben in die Hand zu nehmen • Alles was ich tue, hat irgendeinen Effekt • Alles beginnt mit einem ersten Schritt **GEB, z. B.** • Ich vertraue dir. Ich bin sicher, du wirst es schaffen

4.3.1 Was sind stressverstärkende Glaubenssätze, wann und wo wirken sie?

Zum Einstieg kann die Aktivierungskurve aufgezeichnet und eine veranschaulichende Situation zur Wirkung von stressfördernden Glaubenssätzen geschildert werden. Eine Möglichkeit ist, einen Teilnehmer eine stressvolle Situation auswählen zu lassen. Es sind Situationen aus jedem Lebensbereich geeignet, da die Glaubenssätze in jedem Kontext wirksam sein können. Alternativ kann folgende Situation als Beispiel verwendet werden: „Stellen Sie sich vor, dass Ihnen eine Präsentation bevorsteht, deren Gelingen äußerst wichtig für Sie ist. Welche Gedanken könnten Sie in dieser Situation haben?" Es können Sätze aus der Gruppe gesammelt und deren Wirkung in der Aktivierungskurve dargestellt werden. Sätze im Stil von „das kommt schon gut" oder „du schaffst das" halten die Aktivierung konstant oder führen in Richtung Homöostase, wohingegen Sätze wie „ich darf das nicht vermasseln", „es ist wichtig, dass es gut wird" oder „ich muss alles geben" die Aktivierung in die Höhe treiben. Eine dritte Kategorie an möglichen Gedanken umfasst Glaubenssätze wie „es muss immer alles perfekt sein", „ich muss besser sein als alle anderen", „die anderen haben es auf mich abgesehen und warten auf einen Fehler", die eine andere Qualität aufweisen als die vorhin erwähnten Stressgedanken, die mehr oder weniger situationsadäquat sind.

Während situationsbezogene Stressgedanken die Funktion haben, durch eine gesteigerte Energiemobilisation die Bewältigungswahrscheinlichkeit der Stresssituation zu erhöhen, wirken Sätze der dritten Kategorie eher lähmend.

Um die Teilnehmer dies selbst erfahren zu lassen, können die Personen, die Beispiele für Gedanken der Kategorie stressverstärkender Glaubenssatz beitragen, jeweils gefragt werden, welche Körperempfindungen der Satz in ihnen auslöst. Falls keine Glaubenssätze genannt werden, kann ein Beispiel aus der Tabelle 4-1 verwendet werden.

Spezifisch kann gefragt werden: „Was spüren Sie wo genau in Ihrem Körper, wenn Sie diesen Gedanken aussprechen?" Es kann auch genauer nachgefragt werden, ob die Körperempfindungen mit „zu machen" (Abwehrreaktion, Charakterstil) oder mit „sich auflösen" (Selbstveräußerung, Agency) verbunden sind. Diesen Unterschied herauszufühlen, hilft später bei der Formulierung der Gegen-Sätze.

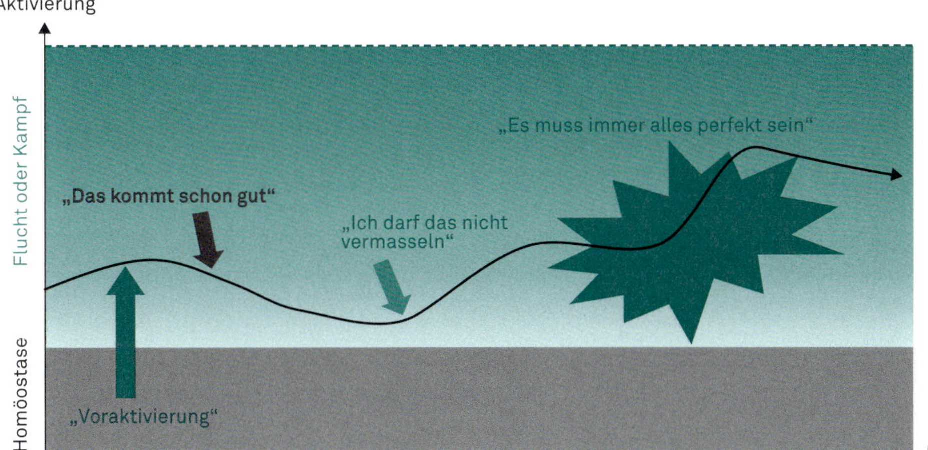

Abbildung 4-3: Einfluss von Gedanken und Glaubenssätzen auf Aktivierung.

Als Nächstes kann erklärt werden, dass stressverstärkende Glaubenssätze generalisierte, feste Überzeugungen sind, die nicht direkt mit der Situation zu tun haben. Solche situationsübergreifenden Glaubenssätze haben einen tiefergehenden stressverstärkenden Charakter, weil sie fest in der Geschichte und in der Persönlichkeitsstruktur verankert sind und der „Geist von dort und damals“ mächtiger ist als der „Geist von hier und jetzt“. Sie führen zu einer verstärkten Aktivierung, welche ab einem gewissen Ausmaß kontraproduktiv wirkt, da man immer mehr in den Flucht-oder-(Überlebens-)Kampf-Modus kommt und das Aktivierungsfenster für qualitativ gute Leistung verlässt. Ab einem bestimmten Aktivierungsniveau sind Ressourcen wie Kreativität, Kommunikation und das Gefühl für Details weniger zugänglich und die Wahrscheinlichkeit steigt, dass man Fehler macht und auf automatisierte veraltete Antwortmuster zurückgreift. Wer Höchstleistungen erbringen und flexibel in der Bewältigung von anspruchsvollen Situationen bleiben will, tut gut daran, sich mit seinen Glaubenssätzen auseinanderzusetzen.

Oft ist die erste Reaktion, wenn man das Konzept der stressverstärkenden Glaubenssätze kennenlernt, dass man sie eliminieren will. Da dieser Kampf aussichtslos ist und das Potenzial hat, selbst zum Stressverstärker zu werden, sollen folgende Eigenschaften („hard facts“) der Glaubenssätze vermittelt werden:

- Stressverstärkende Glaubenssätze wirken meist unbewusst und kommen als diffuses, ganzheitliches Gefühl (Felt Sense), als bestimmte Haltungen oder als Antrieb daher und sind zunächst nicht klar erkenn- und verbalisierbar.
- Stressverstärkende Glaubenssätze haben und viel mehr hatten eine Funktion. Sie sind konservierte Schutz- und Abwehrstrategien, die zum Zeitpunkt ihrer Entstehung die bestmögliche Vorgehensweise in Anbetracht der vorhandenen Ressourcen darstellten.
- Stressverstärkende Glaubenssätze können nicht eliminiert werden. Aufgrund ihrer Entstehungsgeschichte sind sie tief in der Persönlichkeitsstruktur verankert. Das Ziel in der Arbeit mit den Glaubenssätzen sollte somit sein, ihre unbewusste Wirkweise aufzudecken, den Automatismus ihrer Aktivierung zu unterbrechen und sie vom absoluten Sollwert-Thron zu stoßen.

4.3.2
Den eigenen Stressverstärkern auf die Spur kommen: Identifizieren

Jede Person hat ganz individuelle Glaubenssätze und es kommen je nach Situation andere auf die Bühne. In einem Gruppensetting ist deshalb das Bearbeiten von persönlichen Glaubenssätzen nicht möglich. Es wird jedoch anhand von einem oder mehreren Beispielsätzen eine Methode vorgestellt (Identifizieren-Anerkennen-Aktualisieren), die die Gruppenteilnehmer selbstständig oder in Begleitung beispielsweise eines Coaches anwenden können.

Es wird das Arbeitsblatt „Stressverstärkende Glaubenssätze“ (Tabelle 4-3) abgegeben und folgende Instruktion gegeben: „Lesen Sie alle Sätze durch und kreuzen Sie in einem ersten Durchgang alle an, die Sie von sich persönlich kennen und die bei Ihnen auf Resonanz stoßen. Sie können die Sätze auch personalisieren und in Ihrem Sinne umformulieren“ (Falls jemand die persönlichen stressverstärkenden Glaubenssätze bereits gut kennt und ausformuliert hat, können diese in die leeren Zeilen geschrieben werden.) „In einem zweiten Schritt, wählen Sie bitte drei Sätze aus, die für Sie besonders relevant sind, z.B. solche, die bei Ihnen regelmäßig eine Rolle spielen oder die im Moment aktuell sind. Nachdem Sie Ihre drei ‚Favoriten‘ bestimmt haben, lassen Sie die Sätze auf sich wirken. Lesen Sie und sagen Sie sich lautlos jeden Satz mehrmals und nehmen Sie wahr, was in und mit Ihnen dabei geschieht. Notieren Sie neben dem Satz Stichworte zu Ihren Körperempfindungen und auch zu Ihren Gefühlen, Gedanken und Impulsen, die bei Ihnen ausgelöst werden."

Die Aufforderung, den Körper und seine Empfindungen wahrzunehmen, kann so manchen Gruppenteilnehmer überfordern. Um einen kognitiven Zugang zu schaffen, kann der Bezug zum letzten Modul hergestellt werden, in dem die Vernetzung der KEK-Dimensionen aufgezeigt und erlebt wurde. Aufgrund der Vernetzung sind die kognitiven Glaubenssätze mit Emotionen und spezifischen Körperempfindungen verbunden und sind anhand dieser erkennbar.

Tabelle 4-2: Wortschatz zur Beschreibung von Körperempfindungen.

atemlos	sich auflösend	sich ausdehnend	ausstrahlend	bebend
beißend	betäubt	bewegend	blähend	blasig
blockiert	dicht	dick	drehend	drückend
dumpf	eckig	eisig	elektrisch	eng
energetisiert	entspannt	erstickend	fahrig	faserig
fest	festgefahren	feucht	feuchtkalt	flatterig
fließend	frei	friedlich	Gänsehaut	gebläht
gefroren	gefühllos	gerötet	geschwollen	gespannt
hart	heiß	hibbelig	intensiv	juckend
kalt	kitzelt	klebrig	klemmend	klopfend
krampfend	kribblig	kribbelnd	kühl	leer
leicht	locker	luftig	mild	nervös
offen	paralysiert	pelzig	pochend	prickelnd
pulsierend	rasend	ruhig	sanft	scharf
schaudernd	schlaff	schlagend	schlapp	schmerzend
Schmetterlinge im Bauch	schneidend	schrumpfend	schüttelnd	schwach
schwer	schwindelig	seidig	spitz	springend
stampfend	stark	stechend	still	strömend
stumpf	teigig	trocken	tut weh	übel
schwitzend	undeutlich	unzugänglich	verschwommen	verspannt
verstopft	vibrierend	voll	wackelig	warm
weich	weinerlich	zäh	zappelig	ziehend
zitternd	zittrig	zuckend	zusammenziehend	zwickend

Wegen ihrer persönlichen Entstehungsgeschichte sind Körperempfindungen sehr individuell und können bei jedem Glaubenssatz unterschiedlich sein. Deshalb ist die Beschreibung der Körperempfindungen subjektiv und es gibt keine eineindeutige Bezeichnung für bestimmte Wahrnehmungen. Die Gruppenteilnehmer sollen motiviert werden, ihrer Kreativität freien Lauf zu lassen, um ihre Körperempfindung in Worte oder Bilder zu bringen. Als Hilfestellung kann der „Wortschatz zur Beschreibung von Körperempfindungen" (Tabelle 4-2; [67]) abgegeben werden.

Der Kursleiter kann diese Übung auch demonstrieren, indem er einen Teilnehmer einen Glaubenssatz mehrmals aufsagen lässt und ihn durch Fragen wie „Wo spüren Sie etwas, wenn Sie diesen Satz sagen? Wie würden Sie diese Empfindung umschreiben?" an die Körperempfindungen heranführt.

Als Nächstes wird ein Satz aus der Liste der stressverstärkenden Glaubenssätze (Tabelle 4-3) ausgewählt, mit dem weitergearbeitet werden soll. Zu diesem Zweck teilen die Gruppenteilnehmer ihre drei Favoriten mit und der Kursleiter notiert die Nummer der Sätze. Die Erfahrung zeigt, dass nur wenige Sätze mehrfach genannt werden, da sich die persönlichen Favoriten der Gruppenteilnehmer nur selten überschneiden. Dieses Phänomen kann dazu genutzt werden, um aufzuzeigen, wie individuell stressverstärkende Glaubenssätze sind. Für die weiteren Bearbeitungsschritte wird der Satz verwendet, den die meisten gewählt haben.

4.3.3
Schutzfunktion der stressverstärkenden Glaubenssätze herausschälen: Anerkennen

Der ausgewählte Satz wird auf dem Flipchart notiert. Danach wird erklärt, dass dieser stressverstärkende Satz einmal in der persönlichen Geschichte eine wichtige Aufgabe erfüllt hatte: Er führte zu einer Verhaltensweise, die zum Schutz vor unerwünschten und überflutenden Einflüssen diente und/oder die Befriedigung von Bedürfnissen ermöglichte. Es ist nicht der Satz und das damit verbundene Verhalten an sich, was zu erhöhtem Stress führt, sondern die Tatsache, dass der Satz in Situationen, die an früher erinnern, automatisch und unbewusst wirkt. In einer Situation im „Hier und Jetzt" hat man meist mehr Möglichkeiten und mehr Ressourcen als im „Dort und Damals", und die unflexible „veraltete" Reaktion ist deshalb nicht situationsadäquat und wenig zielführend.

Falls die Gruppenteilnehmer über Herkunftsszenario, Charakterstil und Agency Bescheid wissen, kann mit diesen Begrifflichkeiten gearbeitet werden. Es geht jedoch auch ohne die spezifische Terminologie.

Nun werden in der Gruppe die positiven, schützenden und wohlwollenden Aspekte des stressfördernden Satzes zusammengetragen. Anleitende Fragen können sein: „Wovor könnte dieser Satz Sie beschützt haben?", „Wozu könnte dieser Satz Ihnen verholfen haben?", „Was haben Sie durch diesen Satz bekommen?" oder „Welches Bedürfnis könnte durch diesen Satz gestillt worden sein?" Es werden alle Antworten und Ideen auf dem Flipchart notiert und immer wieder darauf aufmerksam gemacht, dass auch die innewohnende Ressource subjektiv und individuell ist. Dieser Teil der Übung kann beispielsweise so aussehen (Box 4-3):

Box 4-3

Ein reales Beispiel aus einer Gruppe zum stressverstärkenden Glaubenssatz: *„Ich muß alles im Griff haben."*

Mögliche schützende und wohlwollende Aspekte:

- Bedürfnis nach Kontrolle wird gestillt

- Führt zu guter Arbeit
- Bezwingt Angst
- Schutz vor Unzulänglichkeit und Scham
- Schutz vor dem Ausgelachtwerden
- Zeigen von Stärke
- Schutz vor Ungewissheit; reduziert Angst, dass etwas Schlimmes herauskommt

Eine differenzierte Analyse, woher der Satz genau kommt und was seine ursprüngliche Schutzabsicht war, ist im Gruppensetting nicht möglich. Es steht vielmehr die Methode im Vordergrund, wie man den Ressourcencharakter eines stressverstärkenden Glaubenssatzes herausschälen kann.

Die Anerkennung der Schutzfunktion und das Verständnis, dass die Glaubenssätze aus den damals bestmöglichen Strategien entstanden sind, fördern die Akzeptanz und die Integration dieser unliebsamen Reaktionsweisen.

4.3.4 Hilfreiche Gegen-Sätze ausformulieren: Aktualisieren

Durch die Anerkennung der Schutzfunktion wird man dem stressverstärkenden Glaubenssatz etwas freundlicher gesinnt. Beim Aktualisieren wird versucht, Flexibilität in die Glaubenssätze zu bringen und gleichzeitig die positiven Aspekte zu bewahren. Das Finden eines passenden, stressvermindernden Gegen-Satzes ist ein kreativer Prozess und es braucht wahrscheinlich mehrere Anläufe, bis das Ziel erreicht ist. Wiederum gilt, dass die Gegen-Sätze äußerst individuell sind und in der Gruppe nicht DER perfekte Gegen-Satz gefunden werden kann. Es geht um das Erlernen und Ausprobieren der Methode.

Um den Prozess in Gang zu setzen, können die Gruppenteilnehmer gefragt werden: „Was könnten Sie diesem Glaubenssatz entgegnen? Welche Worte würden Ihnen in Situationen helfen, in denen dieser Glaubenssatz geladen ist? Wie können Sie die Schutzabsicht des Glaubenssatzes besser hervorheben?“ Die Teilnehmer werden motiviert, den Glaubenssatz umzuformulieren, zu relativieren, ganz andere Sätze zu entwerfen und dabei ihrer Kreativität freien Lauf zu lassen. Dies kann erst mal so aussehen (Box 4-4):

Box 4-4

Fortsetzung des realen Beispiels aus einer Gruppe zum stressverstärkenden Glaubenssatz: *„Ich muß alles im Griff haben.“*

Mögliche Gegen-Sätze:

- „Ich mache alles step by step“
- „Ich darf Fragen stellen“
- „Ich akzeptiere, dass ich nicht alles kontrollieren kann“
- „Ich akzeptiere, dass ich nicht alles aber Vieles machen kann“
- „Das Wichtigste habe ich im Griff und läuft tip top“
- „Ich darf Unterstützung holen“
- „Totale Kontrolle ist eine Illusion“

Jeder Vorschlag wird aufgeschrieben, auch wenn dieser noch so einfallslos scheint. Diese ersten „Schnellschüsse“ sind wichtig, denn sie bilden den Einstieg in den Entwicklungsprozess. Nachdem mehrere Sätze zusammengetragen wurden, können diese nach verschiedenen Gesichtspunkten auf ihre Wirksamkeit hin überprüft werden:

- „Löst der Gegen-Satz (Körper-)Empfindungen aus? Wie fühlt sich der Gegen-Satz im Körper an?“
  Diese Frage ist bei der Formulierung eines Gegen-Satzes besonders wichtig. Denn es ist unverzichtbar für die Wirksamkeit, dass der Gegen-Satz einen Felt Shift bewirkt, also den Felt Sense des stressfördernden Glaubens-

satzes verändert. Falls sich ein Wohlgefühl einstellt, ist anzunehmen, dass der Gegen-Satz dem stressfördernden Glaubenssatz entgegenwirkt. Es kann auch vorkommen, dass ein Gegen-Satz verbal nicht besonders attraktiv formuliert ist, über die Körperdimension eine positiv empfundene Wirkung hat. Deshalb soll bei jedem potenziellen Gegen-Satzkandidaten das Körpergefühl befragt werden.

- „Glauben Sie sich diesen Satz?"
  Diese Frage sollte man sich bei jedem potenziellen Gegen-Satz stellen. Ein häufiger Schnellschuss erfolgt in Form von halbherziger Abschwächung. Im Falle von „Ich muss alles im Griff haben" könnte das „Es ist egal, wenn ich Fehler mache" sein. Mit der Frage, ob dies geglaubt wird, können nicht hilfreiche Sätze schnell disqualifiziert werden.
- Vorsicht bei Negativformulierungen!
  Falls beispielsweise beim Glaubenssatz „Ich muss alles im Griff haben" der Gegen-Satz „Ich muss *nicht* alles im Griff haben" vorgeschlagen wird, kann darauf aufmerksam gemacht werden, dass man nicht einfach etwas nicht machen kann. Das kann mit dem Satz „Denken Sie jetzt NICHT an einen rosafarbenen Elefanten" veranschaulicht werden. Darum sollten die Gegen-Sätze immer, wenn möglich, positiv formuliert werden.
- Je lustiger, desto besser.
  Lustige und humorvolle Gegen-Sätze sind gut abrufbar und können in Stresssituationen ein Lächeln oder gar Lachen bewirken. Dadurch kann man Distanz zur gegenwärtigen Situation und den stressverstärkenden Glaubenssätzen schaffen.
- Kurz vor lang.
  Je kürzer, prägnanter und unkomplizierter der Gegen-Satz, desto leichter wird er verinnerlicht und ist besser abrufbar.

Falls das IBP Persönlichkeitsmodell den Gruppenteilnehmern bekannt ist, können neben der kreativen Suche eines maßgeschneiderten Gegen-Satzes die Agency-Mantras und die Gute-Eltern-Botschaften (Box 4-1 und Box 4-2) abgegeben und mit ihnen gearbeitet werden. Dabei liegt der Fokus auf der Wahrnehmung von Körperempfindungen und der Beschreibung der Resonanzreaktion, die diese Sätze auslösen können. Dazu eignet sich die Arbeit in Zweiergruppen: Die Person A liest die Mantras und die Botschaften Person B vor. B lässt die Sätze auf sich wirken und gibt Person A ein Zeichen, wenn der Satz auf Resonanz stösst. Danach versucht B für sich allein oder im Austausch die Körperempfindungen, Emotionen und Impulse zu beschreiben.

4.3.5 Den Gegen-Satz verankern

Nachdem ein Gegen-Satz formuliert (oder ein passendes Agency-Mantra oder Gute-Eltern-Botschaft gefunden) wurde, sind Methoden gefragt, mit denen die neuen Sätze gelernt und verinnerlicht werden können. Es kann auf den neurobiologischen Mechanismus verwiesen werden, dass nun Situationen und Ereignisse mit den neuen Gegen-Sätzen und darauf basierenden Verhaltensweisen verknüpft werden müssen. Dies bedeutet die Bildung von neuen synaptischen Verbindungen. Damit die Gegen-Sätze auch wirksam werden, müssen diese neuen Verbindungen gestärkt werden, was mit Arbeit in Form von Repetition und Übung verbunden ist. Dieser Lernprozess erfordert Geduld und einen liebevollen Umgang mit sich selbst.

Es wird im Plenum ein Brainstorming angestoßen, in dem Ideen zusammengetragen werden, wie die neuformulierten Gegen-Sätze geübt werden können: „Haben Sie Ideen oder kennen Sie Methoden, wie Sie sich einen Gegen-Satz verinnerlichen können?"

Bewährt haben sich beispielsweise folgende Methoden:

- „Spiegelsätze“: Den Gegen-Satz auf einen Zettel schreiben und diesen an einem Ort aufhängen, an dem man mehrmals täglich vorbeigeht, wie dem Badezimmerspiegel.
- Eine Erinnerung im Kalender oder im Handy einrichten. Am besten zu unterschiedlichen Tageszeiten.
- „Pingpong“ zu zweit mit einem Coach oder einer vertrauten Person. Das Gegenüber liest dabei den stressverstärkenden Glaubenssatz und die übende Person antwortet mit dem Gegen-Satz. Dies wird so oft wiederholt, bis die Antworten blitzschnell und automatisch kommen. Diese Übung ist besonders effektiv mit personalisierten stressverstärkenden Glaubenssätzen und maßgeschneiderten Gegen-Sätzen.

4.4 Anwendung im Einzelsetting

Dieses Modul beinhaltet viele Elemente, die in Einzelsitzungen angewendet werden und sogar umfassender und tiefergehender bearbeitet werden können.

Individuelle stressverstärkende Glaubenssätze identifizieren

Die Identifikation der stressverstärkenden Glaubenssätze kann individualisiert durchgeführt und es können Situationen ausfindig gemacht werden, in denen die Glaubenssätze zum Zug kommen. Als Grundlage kann die Tabelle 4-3 oder auch die ausführlichere Zusammenstellung aus der Tabelle 4-1 verwendet werden. Die Sätze können vom Coach vorgelesen werden und der Klient soll bei jedem Satz nachspüren, ob er etwas auslöst. Die identifizierten Glaubenssätze können anschließend im Sinne des Klienten personalisiert werden. Mittels eines ausführlichen KEK-Checks mit Fokus auf den Körperempfindungen können die Anzeichen identifiziert werden, die Hinweise darauf liefern, dass der Glaubenssatz gerade geladen ist. Anhand dieser „Körperanker“ kann das Wirken der Glaubenssätze besser erkannt werden.

In einem nächsten Schritt können maßgeschneiderte Gegen-Sätze ausgearbeitet werden. Bei jedem potenziellen Gegen-Satzes wird die Körperempfindung befragt und darauf geachtet, ob der Satz einen Felt Shift auszulösen vermag. Zur Verankerung von stimmigen Gegen-Sätzen kann die oben beschriebene Pingpong-Übung durchgeführt werden, bei der der Coach den stressverstärkenden Glaubenssatz sagt und der Klient mit dem Gegen-Satz antwortet. Dieses Pingpong wird so lange gespielt, bis der Gegen-Satz schnell und „aus dem Inneren“ des Klienten kommt.

Herkunftsanalyse

Im Einzelsetting kann mithilfe des IBP Persönlichkeitsmodells der Ursprung der stressverstärkenden Glaubenssätze exploriert werden. In einem ersten Schritt wird dem Klienten das Persönlichkeitsmodell erklärt und die Funktion und die (für den Glaubenssatz relevanten) Eigenschaften der Schalen Schutz- bwz. Charakterstil und Agency aufgezeigt. Entstammen die Glaubenssätze aus einer ursprünglichen Abwehr gegen Überflutung, Schutz vor Verlassenheit (Charakterstil) oder aus indirekter Bedürfnisbefriedigung durch Selbstaufgabe (Agency)? In der Tabelle 4-1 sind Möglichkeiten zur „Entstehungsgeschichte“ verschiedener Glaubenssätze aufgeführt, die Orientierung bei der Zuordnung bieten können. Durch die Zuteilung der Glaubenssätze zu einer Schale des Persönlichkeitsmodells kann spezifischer an und mit ihnen gearbeitet werden, z. B.:

Schutz-/Charakterstil

Bei Glaubenssätzen, die aus Schutz- und Abwehrstrategien des Schutz-/Charakterstils stammen, können in angepasster Form die Schritte zur „Anerkennung des Schutzstils" nach IBP durchgeführt werden. Dabei soll der Klient über folgende Fragen reflektieren:

- So schützte mich dieser Glaubenssatz früher.
- So schützt mich der Glaubenssatz heute.
- So mache ich mir mit dem Glaubenssatz heute das Leben schwer.
- So mache ich anderen mit meinem Glaubenssatz das Leben schwer.

Die Reflexion über den Ursprung und den Zweck eines stressverstärkenden Glaubenssatzes fördert den Prozess der Anerkennung und der Integration des Glaubenssatzes als Teil der eigenen Geschichte und Persönlichkeit.

Agency

Bei Glaubenssätzen, die ihren Ursprung im Agency haben, kann der Coach nach einem KEK-Check zum Glaubenssatz dem Klienten die Agency-Mantras (Box 4-1) vorlesen. Nach jedem Satz wird überprüft, ob eine körperliche Reaktion beobachtet werden kann. Die Mantras lösen oft eine ganzheitliche Widerstandsreaktion im Sinne von „Das stimmt doch nicht!", „Das darf ich nicht!" oder „Das kann man doch nicht so sagen!" aus und liefern dadurch einen Hinweis, dass sie den Kern des Glaubenssatzes, d. h. das ursprüngliche Bedürfnis einer Person ansprechen. Die Mantras, auf die reagiert wurde, können anschließend im Pingpong-Verfahren oder anderen Verankerungstechniken eingeübt werden. Letztere können zusammen mit dem Klienten ausgearbeitet werden, da er am besten weiß, über welche Kanäle (auditorisch, visuell) und in welcher Form (Symbol, Zettel, Kalendererinnerung etc.) er erreichbar ist und die Mantras (sowie individualisierte Gegen-Sätze) verinnerlichen kann.

Tabelle 4-3: Stressverstärkende Glaubenssätze

Nr.	Stressverstärkender Glaubenssatz	Empfindungen/Erleben
1	Ich darf mir meinen Stress, meine Trauer, meine Enttäuschung etc. nicht anmerken lassen	
2	Ich muss immer nett und freundlich sein	
3	Ich muss immer offen sein für ..., z. B. die Anliegen oder Ideen anderer, spezielle Aufgaben etc.	
4	Ich muss immer alles perfekt machen	
5	Ich darf nicht zugeben, dass ich einen Fehler gemacht habe	
6	Ich darf meinen Kollegen, Vorgesetzten und Freunden nicht zur Last fallen	
7	Ich muss von allen Leuten gemocht und akzeptiert werden	
8	Ich muss alles im Griff haben	
9	Ich muss absolut sicher sein, bevor ich eine Entscheidung treffe	
10	Ich kann mich auf niemanden verlassen	
11	Ich werde immer ausgenutzt	
12	Ich muss das hinkriegen, koste es was es wolle	
13	Ich muss unangenehme Situationen und Konflikte vermeiden	
14	Ich darf nicht nein sagen, sonst wird XY enttäuscht sein	
15	Ich bin (bei meiner Arbeit, im Haushalt etc.) für alles verantwortlich	
16	Ich muss besser oder zumindest gleich gut sein wie die anderen	
17	Ich muss aus jeder Situation das Beste herausholen	
18	Ich muss in schwierigen Situationen ein Held sein	
19	Wenn ich das mache, denken die anderen bestimmt ... (etwas Negatives)	
20	Ich bin ganz alleine	
21	Ich mache alles falsch	
22	Ich kann das nicht	
23		

5 Neurobiologie des Stresses

5.1 Modulziele

- Für Gruppenleiter: Erstellung eines Inputvortrags zur Vermittlung der neurobiologischen Grundlagen der Stressreaktion
- Verstehen, was Stress bedeutet: Anerkennen der Stressreaktion als überlebenswichtige Anpassungsstrategie
- Kennenlernen der Systeme und Mechanismen der Stressreaktion: Limbisches System, autonomes Nervensystem, Adrenalin und Kortisol und Transfer zur eigenen Stresssymptomatik
- Unterscheidung der Prozesse der akuten und chronischen Stressreaktion

5.2 Hintergrund

In diesem Modul sollen die neurobiologischen Grundlagen der Stressreaktion in Form eines Inputvortrages vermittelt werden. Die Präsentation von Hintergrundwissen hat zum Ziel, dass die Gruppenteilnehmer die Inhalte der bisherigen Module in einen größeren Rahmen einbetten und in Bezug zu den eigenen Symptomen setzen können. Außerdem hat es, wie im einleitenden Kapitel beschrieben, einen beruhigenden Effekt, wenn Geschehnisse und Beobachtungen kognitiv erklärt werden können [15].

Im Folgenden sind Themen zusammengefasst, die zum allgemeinen Verständnis der Stressverarbeitung interessant und nützlich sein können. Diese sind in einer zusammenhängenden Reihenfolge angeordnet, sodass sie direkt in eine Präsentation übertragen werden können. Pro Thema ist eine oder mehrere PowerPoint-Folien vorgesehen, die beliebig mit Bildern und Grafiken nach Wahl ergänzt werden können und sollen.

Es ist für die Vermittlung und den Transfer von wissenschaftlichen Grundlagen wichtig, diese mit lebensnahen und alltäglichen Beispielen zu verknüpfen. Die Gruppenteilnehmer sollen deshalb wiederholt eingeladen werden, eigene Beispiele zu teilen und Fragen zu stellen. Auch bieten sich Gelegenheiten, die Teilnehmer nach ihren Gedanken und Ideen zu fragen. Entsprechende Hinweise sind jeweils vermerkt.

5.3 Praktische Durchführung

Obwohl oder gerade weil dieses Modul wenig Selbsterfahrungsanteile hat, wird vor Beginn der Präsentation die Aufwärmübung durchgeführt: Die Teilnehmer werden aufgefordert, sich selbst zu beobachten und wahrzunehmen, welche Körperempfindungen, Gefühle, Gedanken und Bilder im Moment gerade da sind. Die Teilnehmer sollen sich folgende Fragen stellen: „Was passiert im Moment in mir? Was spüre ich im Moment in meinem Körper? Welche Gefühle sind im Moment vorhanden? Welche Gedanken und Impulse beobachte ich im Moment bei mir?“ Danach haben sie ein paar Minuten Zeit, ihre Wahrnehmungen in Stichworten zu notieren.

Falls nach der Präsentation noch Zeit bleibt, kann der KEK-Check am Ende nochmals durchgeführt werden, damit die Teilnehmer erfahren können, was kognitive Arbeit bei ihnen auslöst.

5.3.1 Was ist Stress?

Zu Beginn der Präsentation werden Bedeutung und Funktion der Stressreaktion veranschaulicht und relevante Begrifflichkeiten und Modelle erklärt. Stress ist im aktuellen Verständnis oft negativ konnotiert und wird mit unliebsamen Symptomen und Empfindungen assoziiert. Die Stressreaktion kann in ein positiveres Licht gerückt werden, wenn deren Funktion und die evolutionsgeschichtliche Perspektive betrachtet werden.

Die Stressreaktion ist eine Anpassungsreaktion

Wenn über Stress gesprochen wird, ist im allgemeinen die Stressreaktion gemeint oder genauer gesagt die damit zusammenhängenden unangenehmen Symptome, wie Herzklopfen, Schwitzen, Gedankenkreisen und negative Gefühle. „Biologisch“ oder neutral betrachtet, ist die Stressreaktion eine Strategie unseres Organismus, sich an eine Umwelt mit Bedrohungen und unvorhersehbaren Ereignissen anzupassen. Diese Strategie ist äußerst wirkungsvoll, denn wie die Darwin’sche Evolutionstheorie besagt, überleben jeweils die am besten angepassten Individuen [21]. Die Stressreaktion wird zwar als etwas Unangenehmes und zu Vermeidendes empfunden, doch garantiert sie unsere Anpassungsfähigkeit und erhöht somit unsere Überlebenswahrscheinlichkeit. Entsprechend dieser essenziellen Bedeutung der Stressreaktion sind unser Gehirn und unser Körper optimal darauf eingestellt, um mit Stressereignissen zurechtzukommen. Bei potenziell bedrohlichen Reizen und auch schon in Erwartung derer werden Anpassungsprozesse in Gang gesetzt, um die Herausforderung unmittelbar bewältigen zu können.

Die evolutionäre Perspektive

Es wird angenommen, dass die Stressreaktion in dieser Form seit der Entwicklung der ersten Säugetiere vor über 250 Millionen Jahren existiert. Wenn etwas so lange über den Lauf der Evolution bewahrt bleibt, stellt es einen Selektionsvorteil dar. Anders formuliert bedeutet dies, dass Spezies mit einer Stressreaktion eine höhere Überlebenswahrscheinlichkeit hatten und sich fortpflanzen und weiterentwickeln konnten.

Flight or Fight

Da Anpassung vorwiegend durch körperliche Aktivität gewährleistet wird, ist eine gängige Bezeichnung für die Stressreaktion „Fight or Flight“, also Flucht oder Kampf [18]. Eine Bedrohung, mit der man es aufnehmen kann, wird durch Kampf bewältigt, während man sich bei einem übermächtigen Gegner oder in einer unbewältigbaren Situation eher durch Flucht rettet. Beide Lösungswege sind mit Aktivität (Mobilisierung) verbunden. Wenn nun weder Flucht noch Kampf möglich sind, z. B. wenn die Bedrohung zu groß für einen Kampf ist, jedoch keine Fluchtmöglichkeit besteht, greift der Organismus auf eine inaktive Bewältigungsstrategie (Immobilisation) zurück und verfällt ins „Freeze“, in den Totstellreflex. Deswegen wird manchmal auch das Flucht-oder-Kampf-Schlagwort auf „Flight or Fight or Freeze“ ausgeweitet und analog zur Stressreaktion verwendet. Im Grunde genommen ist dies jedoch nicht ganz zutreffend, da die Stressreaktion eine aktive Bewältigungsstrategie darstellt und per Definition mit Mobilisierung und Aktivität einhergeht.

Der Begriff „Stress"

Stress ist das englische Wort für Spannung, Druck oder Betonung und ist ursprünglich die Bezeichnung für eine physikalische Größe. 1936 führte der ungarisch-kanadische Endokrinologe Hans Selye den Begriff in dem Zusammenhang ein, in dem er heute vornehmlich gebraucht wird, nämlich als körperliche Reaktion auf Schadenseinwirkung [17]. Selye definierte Stress als eine unspezifische physiologische Antwort auf schädliche Reize. In seinen Experimenten an Ratten beobachtete er, dass als Reaktion auf schädigende physikalische oder chemische Einwirkung (z.B. Kälte, Verletzungen, starke muskuläre Beanspruchung, Vergiftungen) jeweils dieselben körperlichen Symptome auftraten. Er hielt das Syndrom für unabhängig von der Art des Schadens und für eine stereotype Antwort auf Schaden an sich mit dem Zweck, einen körperlichen Grundzustand (wieder-)herbeizuführen.

Homöostase und Allostase

Der Ansatz, dass die Stressantwort einen bestimmten Zustand zum Ziel hat, basierte auf dem Konzept der Homöostase von Walter Cannon [18]. Die Homöostase ist ein dynamisches Fließgleichgewicht, welches sich durch interne, selbstregulierende Prozesse aufrechterhält. Unser Körper besteht aus lauter homöostatischen Systemen, von der Zelle bis zum Gesamtorganismus, die miteinander wechselwirken. Beispiele für homöostatische Systeme sind der PH-Wert der Zellflüssigkeit, der Blutzuckerspiegel, hormonelle Regelkreise oder das Immunsystem. In jedem in sich geschlossenen System gibt es mehrere agonistisch sowie antagonistisch wirkende Faktoren, die eine Feineinstellung um einen Sollwert ermöglichen. In Bezug auf den Blutzuckerspiegel bedeutet das, dass es verschiedene Faktoren (u.a. Hormone) gibt, die die Abgabe von Zucker ins Blut bewirken (z.B. Kortisol) und andere, die Zucker aus dem Blut entfernen (Insulin). Bei Störungen der Homöostase, beispielsweise durch äußere Einwirkungen, werden physiologische Reaktionen in Gang gesetzt mit dem Ziel, die Homöostase wiederherzustellen. Im Beispiel Blutzucker könnte es ein Schokoriegel sein, der den Blutzuckerspiegel in die Höhe schießen lässt. Sogleich wird vermehrt Insulin freigesetzt, um den Zucker aus dem Blut zu entfernen und sich dem physiologischen Normbereich wieder anzunähern.

Dieser Adaptationsprozess zur Wiederherstellung der Homöostase wird als Allostase bezeichnet. Zusammengefasst: Die Homöostase ist das anzustrebende physiologische Fließgleichgewicht, die Allostase ist der Prozess, um ein System wieder ins Gleichgewicht bzw. in die Homöostase zu bringen.

Das Stressmodell nach McEwen

Im ersten Modul wurde eine vereinfachte Version des Stressmodells nach Bruce McEwen [19] eingeführt (Abbildung 2-4), bei der die drei Ebenen Stressor, individueller Zustand und (Stress-) Reaktion vorgestellt wurden. Hier kann das Modell ausführlicher erklärt und besprochen werden (Abbildung 5-1).

Im oberen Drittel der grafischen Darstellung des Modells sind Beispiele von möglichen Stressoren aufgeführt (Abbildung 5-1a). Das sind einerseits die alltäglichen Belastungen im beruflichen und familiären bzw. sozialen Umfeld ebenso wie physikalische Einflüsse wie Lärm, Hitze oder schlechte Luft. „Major Life Events", d.h. größere Veränderungen in existenziellen Lebensbereichen bilden ebenfalls eine bedeutsame Stressorgruppe. Kritische Lebensereignisse wie Scheidung, die Geburt eines Kindes oder der Verlust des Arbeitsplatzes sind in der „Social Readjustment Rating Scale" (SRRS; Tabelle 2-2) aufgeführt und wurden im ersten Modul besprochen. Als dritten Stressorkomplex werden traumatische, lebensbedrohliche Ereignisse genannt.

Stressoren bzw. generell Reize werden über die Sinnesorgane wahrgenommen und die Reizinformationen im Gehirn verarbeitet. Das Gehirn ist keine standardisierte Reizinput- und Outputmaschinerie, sondern ist in großem Ausmaß von individuellen Einflüssen geprägt, die im mittleren Bereich des Stressmodells aufgeführt sind (Abbildung 5-1b). Wie das Gehirn Reize wahrnimmt und verarbeitet hängt von einer ganzen Reihe von Faktoren ab, angefangen bei genetischen Gegebenheiten, epigenetischen Faktoren in der Entwicklung und in der Gegenwart, Konditionierungen durch Erfahrungen, Erziehung, Sozialisierung etc. sowie dem aktuellen körperlichen und seelischen Zustand. Dieser momentane, individuelle Allgemeinzustand hat in den meisten Fällen den größeren Einfluss auf die Stressverarbeitung als der Stressor selbst, denn viele Reize werden erst vor dem Hintergrund der persönlichen Lebensgeschichte und der momentanen körperlichen und psychischen Ressourcen zum Stressor.

Die individuellen Voraussetzungen und die damit zusammenhängende Reizwahrnehmung und -Verarbeitung beeinflussen auch das Verhalten. Es ist von emotionalen Konditionierungen und dem Fokus der Wahrnehmung der Stressoren abhängig, welche Verhaltensmuster aktiviert werden. Es kann zu stressförderndem Verhalten kommen, wie Selbstbestrafung (z.B. Verzicht auf angenehme Tätigkeiten), erhöhtem Substanzkonsum, ungesunden Essgewohnheiten oder sozialer Isolation. Es können auch stressmindernde Verhaltensweisen ausgelöst werden wie Stressregulation durch Bewegung, genügend Schlaf oder sich mit Freunden über Probleme austauschen.

Die dritte, unterste Ebene der Stressverarbeitung im Stressmodell entspricht der eigentlichen, physiologischen Stressreaktion (Abbildung 5-1c). Die vorherigen Ebenen, d.h. der aktuelle Allgemeinzustand, die Reizwahrnehmung sowie die aktivierten Verhaltensmuster münden in einer allostatischen, körperlichen Reaktion, die die Anpassung an die Stresssituation oder, generell gesagt, an die aktuelle Reizumgebung zum Ziel hat.

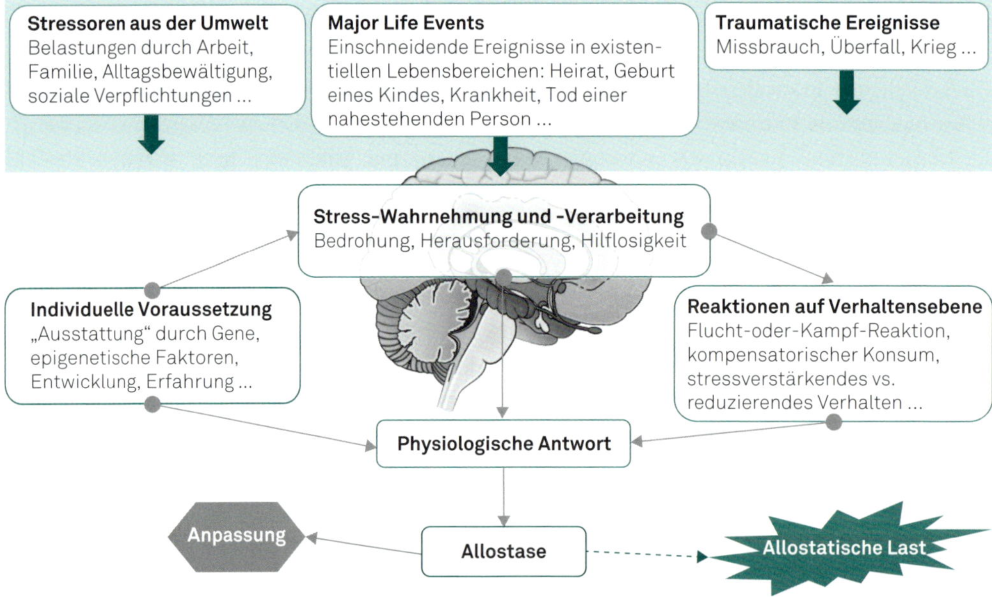

Abbildung 5-1: a Die erste Ebene der Stressverarbeitung: Stressoren. **b** Zweite Ebene der Stressverarbeitung: individuelle Voraussetzungen und Reaktionsmuster auf der Verhaltensebene. **c** Dritte Ebene der Stressverarbeitung: körperliche Stressreaktion.

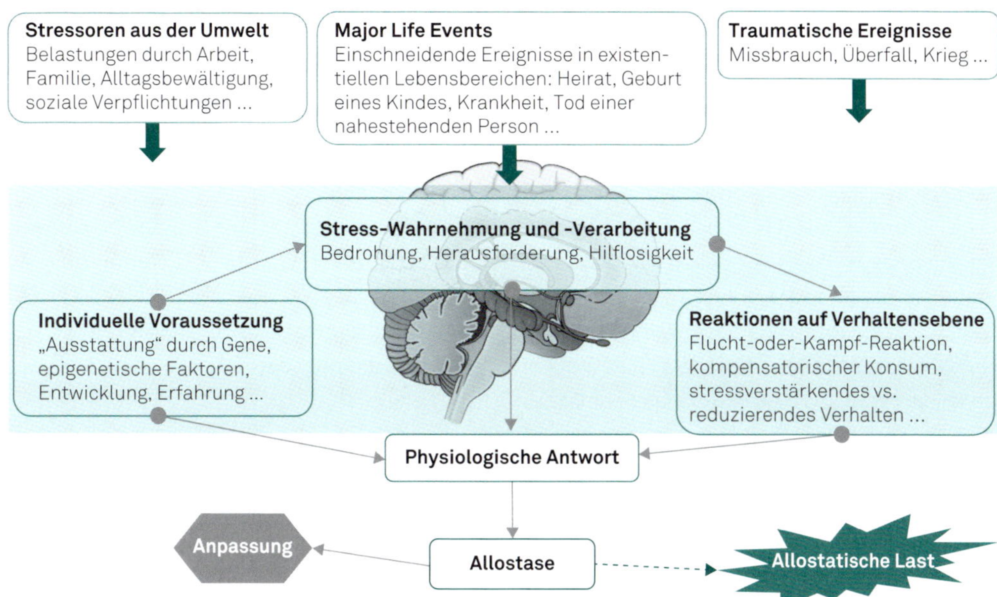

Abbildung 5-1b

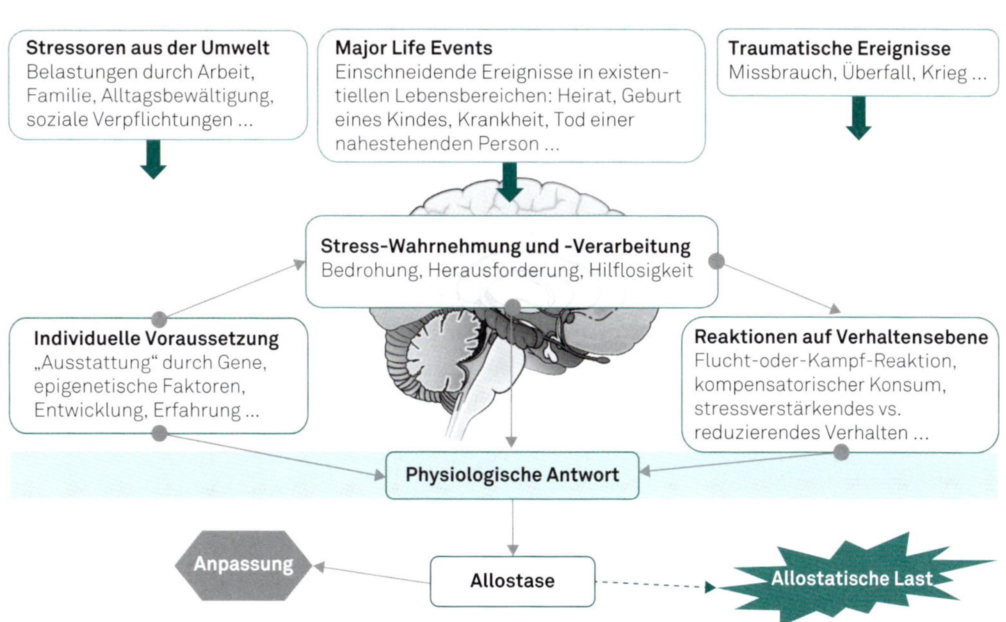

Abbildung 5-1c

Um das Modell eindringlicher zu vermitteln, kann ein Beispiel durchgespielt werden.

Das kann etwa so lauten: „Sie stehen im Supermarkt an der Kasse und wollen eine Flasche Wasser bezahlen. Da kommt eine Person von der Seite und stellt sich vor Sie. Das ist eigentlich eine simple Tatsache, die in ihrem Leben nicht groß etwas ändert. Aber sie haben das in Ihrer Jugend oft erlebt, dass Sie übergangen oder nicht wahrgenommen wurden, was Sie stets sehr verletzt hat. Der ‚Vordringling' hat außerdem einen unangenehmen Geruch, der bei Ihnen Ekel auslöst. Zudem haben Sie gerade starke Kopfschmerzen und sind ohnehin gereizt. Kurzum: Die Reize kumulieren sich und die Situation wird vor dem Hintergrund Ihrer Geschichte als Stress verarbeitet. Auf der Verhaltensebene gibt es mehrere Möglichkeiten, die die körperliche Stressreaktion beeinflussen. Sie können nichts sagen und danach Ihren Ärger aussitzen, Sie können sich die Unwichtigkeit der Situation vergegenwärtigen und die Person gutmütig passieren lassen oder Sie können auch gleich zum Angriff übergehen und verbal oder auch über Körperkontakt Gerechtigkeit fordern. All diese Faktoren beeinflussen die Ausprägung der physiologischen Reaktion, u.a. das Ausmaß der Ausschüttung der Stresshormone."

Die physiologische Stressantwort dient der Anpassung an die durch Stressor und aktuellen Allgemeinzustand verursachte Störung. Wenn die allostatischen Prozesse zu lange beansprucht werden, kommt es anstatt zu einer Adaptation zur so genannten allostatischen Last („allostatic load"), welche eine physiologische Reaktion auf Dauerstress ist und mit Regulationsstörungen in den allostatischen Prozessen, z. B. im Stresshormon-Haushalt einhergeht.

Transfer zum Aktivierungsmodell

In den bisherigen Modulen wurde mit dem Aktivierungs-/Deaktivierungsmodell nach Levine gearbeitet [49]. Die Stressmodelle nach McEwen und Levine ergänzen sich insofern, als das Aktivierungs-/Deaktivierungsmodell den Fokus auf die Energiemobilisierung legt, die im Stressmodell nach McEwen in der physiologischen Antwort integriert ist. Das Zusammenspiel der Stressoren, deren Wahrnehmung und Verarbeitung sowie der momentane Zustand bestimmen im Modell nach Levine das Aktivierungsniveau. Das Aktivierungs-/Deaktivierungsmodell stellt somit den gegenwärtigen Gesamteffekt der Stressverarbeitung dar.

5.3.2 Die neuronale Ebene der Stressreaktion

In der vorhergehenden Einführung in die Stressmodelle wurde deutlich, welches Gewicht die Wahrnehmung und Verarbeitung der Reize für die Stressantwort hat. Im Folgenden werden einige wichtige Hirnareale vorgestellt und dabei aufgezeigt, dass die Informationsverarbeitung hinter der Stressreaktion nicht der bewussten Kontrolle unterliegt. Die Funktionen werden auch aus evolutionsgeschichtlicher Perspektive beleuchtet.

Die Rolle des Gehirns bei der Stressreaktion

Die Stressreaktion zeigt sich zwar vor allem im Körper, ausgelöst wird sie jedoch durch das Gehirn. Das Gehirn ist das Kontrollzentrum, das die Informationen von den Sinnesorganen verarbeitet und bewertet, potenziell bedrohliche Situationen erkennt und physiologische und motorische Reaktionen auslöst. Obwohl das Gehirn im allgemeinen Bewusstsein als Denkorgan gilt, sind die an der Stressreaktion beteiligten Hirnareale größtenteils „nichtdenkend".

Das limbische System

Das limbische System besteht aus mehreren anatomischen Strukturen, u. a. Amygdala (Mandelkern), Hippokampus und dem Hypothalamus, die im Folgenden besprochen werden.

Als Gesamtheit repräsentiert das limbische System einen stammesgeschichtlich alten Gehirnbereich, der bei allen Säugetieren vorhanden und in seinem Aufbau konserviert ist. Von Maus, über Hase, Katze und Affe bis Mensch ist das limbische System in Struktur und Funktion vergleichbar, während der Grad der Entwicklung an der Größe und Differenzierung der Hirnrinde erkennbar ist. Wenn etwas so unverändert über die Artenentwicklung erhalten bleibt, bedeutet das einen Selektionsvorteil, d.h. eine Erhöhung der Überlebenswahrscheinlichkeit.

Das limbische System ist grobgesagt für Triebe und Emotionen zuständig und wird deshalb gelegentlich als „emotionales Zentrum" bezeichnet. Die Verarbeitung und Steuerung von emotionalen Prozessen, Erinnerungen, Belohnung, Lust, Motivation, Entscheidungen sowie die Regulation vegetativer Funktionen (u.a. Hormonproduktion) stehen unter limbischem Einfluss und Kontrolle.

Das limbische System wird manchmal fälschlicherweise als Reptilienhirn betitelt. Letzteres ist jedoch eine Bezeichnung für den Hirnstamm, den ältesten Teil des menschlichen Gehirns. Bei Reptilien macht der Hirnstamm fast das gesamte Gehirn aus, woher auch der Name „Reptilienhirn" herrührt. Aus dem Hirnstamm entspringen Nervenbahnen, z.B. der Vagus, die für die Steuerung von lebenswichtigen Funktionen und Reflexen wie die Atmung, die Herzfrequenz, die Nahrungsaufnahme und die Darmtätigkeit etc. zuständig sind.

Amygdala

Die Amygdala oder in Deutsch „Mandelkern" ist eine ca. 1,5 cm^3 große, paarig angelegte Hirnstruktur an der Innenseite der Schläfenlappen. Die Amygdala empfängt sensorische Informationen aus anderen Hirnregionen und sendet Impulse an eine Vielzahl von Systemen. Sie spielt eine zentrale Rolle im Empfinden von Freude, Ekel und allem voran Angst. Sie ist zuständig für die emotionale Einfärbung von Informationen und ist involviert in die Bildung und Speicherung von Erinnerungen mit emotionalem Inhalt. Dabei gilt, je emotional aufgeladener ein Ereignis, desto robuster wird die Erinnerung gespeichert. Aus überlebenstechnischer Sicht ist Angst die wichtigste Emotion, denn diese meldet und antizipiert Gefahren. Sobald eine Situation einem einst mit Angst etikettierten Ereignis ähnelt, wird diese sogleich und unterbewusst als mögliche Gefahr wiedererkannt und eine entsprechende Reaktion ausgelöst.

Informationen von den Sinnesorganen werden einerseits an reizspezifische Areale in der Großhirnrinde gesendet, wo sie verarbeitet und bewusstgemacht werden. Andererseits werden sie über eine Abkürzung direkt an die Amygdala gesendet, wo sie mit gespeicherten Reizmustern abgeglichen werden [53]. Bei potenziell bedrohlichen Reizen wird über diesen „kurzen" Weg blitzschnell eine passende Reaktion ausgelöst, bevor der Reiz analysiert wurde.

Als Beispiel für diese beiden parallelen Verarbeitungswege kann folgende Situation mit den Teilnehmern durchgedacht werden:
„Stellen Sie sich vor, Sie spazieren in offenen Schuhen über eine Wiese (in einem Land, wo es giftige Schlangen gibt). Plötzlich entdecken Sie aus dem Augenwinkel ein glänzendes, verknäueltes Objekt. Was passiert? Sie schrecken zurück, schreien oder erstarren, bevor Sie richtig erkannt haben, worum es sich bei diesem Objekt genau handelt. Das ist die Abkürzung über die Amygdala, die das Muster ‚Schlange' bzw. ‚Bedrohung' erkannt und eine Stressantwort eingeleitet hat. Mit etwas Verzögerung erkennt Ihr Auge bzw. Ihre Sehrinde, ob es sich wirklich um eine Schlange handelt oder um ein weggeworfenes Seil. Im ersten Fall, d.h. wenn das Objekt von den bewussten Verarbeitungszentren als Schlange erkannt wird, wird auch von der Hirnrinde aus ein Mobilisierungssignal an die Amygdala übermittelt. Bei einem Seil sendet die Hirnrinde ein Entwarnungssignal und stoppt die Stressreaktion."

Prägnant formuliert wittert die Amygdala die Gefahr und erinnert an die Angst, die Hirnrinde analysiert und passt die Handlung an. Die unkontrollierten, schreckhaften Reaktionen, die über die Abkürzung der Reizverarbeitung in der Amygdala bzw. im limbische System ausgelöst werden, werden in der heutigen Gesellschaft oft als negativ, unangenehm oder peinlich – da unkontrolliert – empfunden. Dabei ist es diese Abkürzung und die daraus resultierende Flucht-oder-Kampf-Reaktion, die signifikant zum Überleben der Säugetiere über die Evolution beigetragen hat.

Die Amygdala macht sich außerdem über ein ganz spezielles Phänomen bemerkbar, über den so genannten Proust-Effekt. Dieser ist die Erfahrung, dass durch einen spezifischen Geruch emotionale Erinnerungen ausgelöst werden können. Hierbei handelt es sich nicht um die Erinnerung an eine beliebige Rose, wenn man Rosenduft wahrnimmt. Es ist eine Erinnerung an eine spezifische Situation mitsamt den damals vorherrschenden Emotionen, bei der Rosenduft in der Luft lag. Der Effekt wurde nach dem französischen Schriftsteller Marcel Proust benannt, der in seinem Werk „Auf der Suche nach der verlorenen Zeit" dieses Phänomen sehr ausführlich beschreibt. Der Proust-Effekt basiert auf einem Überbleibsel aus der Artentwicklung. Während z. B. Seh- oder Hörreize über die zentrale „Triagestelle" (Thalamus) im Gehirn zur Amygdala gelangen, besteht zum Hirnareal, das Gerüche verarbeitet (Riechkolben), eine direkte Verbindung. Diese Verbindung ist im Tierreich überaus bedeutsam, bedenkt man das „Erriechen" von einem versteckten Raubtier oder umgekehrt, die Witterung von Beute, bei der eine schnelle Reaktion die Erfolgs- und damit die Überlebenswahrscheinlichkeit erhöht.

Eine weitere Möglichkeit, die Funktionen der Amygdala zu beleuchten, ist die Vorstellung des Falls der Patientin S. M., auch als Fall SM-046 bekannt. Die Patientin S. M. leidet am Urbach-Wiethe-Syndrom, einer äußerst seltenen genetischen Erkrankung, von der lediglich einige hundert Fälle weltweit bekannt sind. Neben Symptomen wie Hautveränderungen oder Heiserkeit geht das Urbach-Wiethe-Syndrom mit Verkalkungen der Amygdala einher. Dies führt zu Schädigung und Funktionsverminderung der Amygdala. Die Teilnehmer können nun gefragt werden, wie sie sich anhand der vorhergehenden Informationen über die Amygdala das Leben der Patientin S. M. vorstellen und welche Auffälligkeiten sie haben könnte.

Vorherrschend ist die Unfähigkeit der Patientin, Angst zu empfinden. Dank ihrer Bereitschaft, an wissenschaftlichen Studien teilzunehmen, gibt es viele spannende Erkenntnisse. Beispielsweise wurde sie zu Abklärungen zu Experten geschickt, die über ihre Krankheit nicht Bescheid wussten. In den diagnostischen Interviews wurden keine psychischen Auffälligkeiten festgestellt, IQ-Tests und Funktionen wie Erinnerungsvermögen, Sprache und Wahrnehmung waren alle im Normbereich. Das einzige, was den Experten auffiel, war, dass die Patientin über die traumatischen und lebensbedrohlichen Ereignisse in ihrem Leben sehr unbelastet, d. h. ohne zu den Erlebnissen passenden Emotionen berichten konnte.

Sie wurde außerdem verschiedenen potenziell angstauslösenden Reizen ausgesetzt, z. B. Horrorfilmen, Aufenthalt in einem Geisterhaus, Terrarien mit Schlangen und Spinnen oder finanziell riskanten Wirtschaftsspielen, die bei ihr alle keine Angst bewirkten. In der wissenschaftlichen Literatur finden sich weitere Ausführungen zu Erkenntnissen und Studien, z. B. bei Adolphs et al. und Feinstein et al. ([73], [74]). Fazit ist, dass ohne Amygdala die Fähigkeit fehlt, Gefahren aufzuspüren und zu vermeiden. Es kann nun überlegt werden, was dies für das Leben und die Entwicklung einer Spezies bedeuten würde.

Hippokampus

Eine weitere, gleich an die Amygdala anschließende Struktur des limbischen Systems ist der Hippokampus. Die Namensgebung Hippokampus, was Seepferdchen oder Seeungeheuer bedeutet, spielt auf die anatomische Form an. Als eine der wenigen Hirnregionen ist der Hippokampus in der Lage, neue Nervenzellen zu bilden. Diese Eigenschaft hängt mit seiner Funktion zusammen, denn der Hippokampus spielt eine Schlüsselrolle bei der Bildung neuer Gedächtnisinhalte, bei Lernprozessen und bei der räumlichen Orientierung. Die Neubildung von Erinnerungen ist mit Neubildung von Hippokampus-Zellen assoziiert. Ein berühmtes Beispiel für diesen Zusammenhang ist eine Studie, die anhand von Aufnahmen im Magnetresonanztomographen die Größe der Hippokampi von Taxifahrern in London mit denen von Kontrollen, d.h. Nicht-Taxifahrern verglichen hat [75]. Der Teil des Hippokampus, dem die „innere Karte" zugesprochen wird, war bei Taxifahrern deutlich größer als bei der Kontrollgruppe. Innerhalb der Taxifahrergruppe korrelierte die Größe des Hippokampus zudem mit der Dauer, die die Personen bereits als Taxifahrer gearbeitet haben.

Der Hippokampus ist auch für die Koordinierung der verschiedenen Gedächtnisinhalte verantwortlich. Beim Abruf von Erinnerungen werden im Hippokampus die in der Großhirnrinde gespeicherten dazugehörigen Eindrücke (Bilder, Geräusche, Empfindungen, Verhalten etc.) zusammengefügt.

Der Hippokampus weist eine hohe Dichte an Rezeptoren auf, die das Stresshormon Kortisol binden und ist an dessen Regulation beteiligt. Nachdem aufgrund einer Stressreaktion der Kortisolspiegel erhöht ist und mehr Rezeptoren im Hippokampus besetzt werden, sendet dieser Signale zur Hemmung der Kortisolausschüttung. Ein dauerhaft erhöhter Kortisolspiegel schädigt hingegen den Hippokampus und führt zum Verlust von Nervenzellen. Dies macht sich unter anderem an Gedächtnisstörungen bemerkbar, an denen Personen mit chronischem Stress häufig sehr leiden. In diesem Zusammenhang sollte man nicht versäumen zu erwähnen, dass diese Auswirkung reversibel ist und mit nachlassendem Stress und Normalisierung der Kortisolregulation der Hippokampus und seine Funktionen sich wieder erholen.

Der Hippokampus ist auch eine der neuronalen Grundlagen für Emotionen und reagiert dementsprechend besonders empfindlich auf emotionalen Stress. Starker und anhaltender emotionaler Stress beeinträchtigt die Zellbildung und die neuronale Plastizität, weshalb bei Patienten mit Depressionen und emotionalen Traumatisierungen ein vermindertes Hippokampusvolumen nachweisbar ist.

Zum Aufzeigen der Funktion des Hippokampus kann hier der Fall des Henry Molaison (1926–2008), bekannt geworden als Patient H.M., vorgestellt werden. Patient H.M. litt seit einem Unfall im Alter von 7 Jahren unter immer heftigeren epileptischen Anfällen, die auf keine der verfügbaren Behandlungsmethoden ansprachen. Mit 27 Jahren konnte er weder arbeiten noch ein normales Leben führen. Es wurde angenommen, dass die Anfälle ihren Ursprung im Bereich des Hippokampus hätten, woraufhin dieser 1953 beidseitig zum Großteil entfernt wurde. Die Teilnehmer können nun gefragt werden, was ihre Hypothesen zu den Auswirkungen dieses Eingriffes sind.

Auf die Epilepsie hatte die Operation zwar einen positiven Effekt, Patient H.M. war aber von diesem Zeitpunkt an unfähig, neue Gedächtnisinhalte zu bilden. Er konnte nichts Neues mehr lernen oder sich an Ereignisse, die sich nach der Operation zugetragen haben, erinnern. Die Langzeiterinnerungen, die vor der Operation gebildet wurden, blieben genauso erhalten wie sein Kurzzeitgedächtnis und die intellektuellen Fähigkeiten. Spannenderweise war die Bildung von langzeitlichen Erinnerungen an mechanische Abläufe möglich und er konnte motorische Fähigkeiten, wie zum Beispiel Golfspielen, weiterhin erlernen.

Das persönlich äußerst tragische Schicksal von Patient H.M. führte zu enorm bedeutenden Erkenntnissen in der Gedächtnisforschung. Beispielsweise wurde erkannt, dass Bildung und Abruf von Langzeiterinnerungen von verschiedenen Systemen gesteuert werden oder dass bewusste und unbewusste Erinnerungen auf unterschiedlichen Mechanismen und Hirnstrukturen beruhen.

Hypothalamus

Diese Hirnstruktur ist strenggenommen nicht Teil des limbischen Systems, wird aber aufgrund seiner direkten Verbindungen als zugehörig betrachtet. Der Hypothalamus ist das oberste Steuerzentrum des vegetativen Nervensystems und des Hormonhaushaltes. Durch die Vernetzung mit zahlreichen Hirnarealen und durch die Ausschüttung von verschiedenen Hormonen reguliert er beispielsweise die Körpertemperatur, den Appetit, den Schlaf-wach-Rhythmus, das Sexualverhalten u.v.m.

Bei einer potenziellen Bedrohung sendet die Amygdala ein Gefahrensignal an den Hypothalamus, der mittels Nervenimpulsen und Hormonen die körperliche Stressreaktion auslöst.

5.3.3 Die physiologische Stressreaktion: zwei Wege

Die körperliche Stressreaktion wird über zwei parallele Wege induziert: über das autonome Nervensystem und über die hormonelle Stressachse. Die neurovegetative Antwort ist schnell und kurz, die hormonelle ist langsamer und langanhaltend. Es werden stets beide Wege angestoßen und die beiden Systeme stehen miteinander in Wechselwirkung.

Das autonome Nervensystem (ANS)

Das ANS, auch vegetatives Nervensystem genannt, ist zuständig für die Regulation automatisch ablaufender Körperfunktionen („Vitalfunktionen“) wie Herzfrequenz, Atmung, Blutdruck, Verdauung oder Stoffwechsel. Der Name rührt daher, dass diese Funktionen nicht direkt kontrollierbar, also autonom sind. Es kann – und glücklicherweise muss – nicht bewusst entschieden werden, ob die Verdauung angeregt, der Blutdruck erhöht oder die Schweißporen geöffnet werden sollen. Da in vorhergehenden Modulen bereits über das ANS gesprochen wurde, können die Teilnehmer zu Aktivierungszwecken an dieser Stelle gefragt werden, ob sie wissen, wie die beiden Teile des ANS heißen und was ihre Wirkung auf Körperfunktionen ist.

Die Vorstellung der Polyvagal-Theorie würde den Rahmen dieser Präsentation sprengen, weshalb zur Vereinfachung nur auf die beiden Teile Sympathikus und Parasympathikus eingegangen wird. Der Sympathikus verläuft als eine Kette von Nervenknoten, dem so genannten sympathischen Grenzstrang, beidseitig entlang der Wirbelsäule. Der Parasympathikus ist in zwei Zentren organisiert, eines im Hirnstamm und eines im Rückenmarksabschnitt auf der Höhe des Kreuzbeins. Sympathikus und Parasympathikus haben gegenteilige Effekte auf die Organtätigkeit. Die meisten Organe werden von beiden Systemen angesteuert, was eine feine und situationsangepasste Regulation ermöglicht. Eine Ausnahme bilden u.a. die Schweißdrüsen, die ausschließlich vom Sympathikus reguliert werden. Der Sympathikus ist zuständig für Aktivierung, Energiefreisetzung und Leistungssteigerung (Flucht-oder-Kampf-Reaktion) und der Parasympathikus regt regenerative und aufbauende Prozesse an. Es ist niemals entweder nur der Sympathikus oder nur der Parasympathikus aktiv. Je nach Situation (Treppensteigen vs. am Strand liegen) ist jedoch das eine System dominanter als das andere und es kann auch Unterschiede im Effekt auf verschiedene Organe geben.

Die Wirkung von Sympathikus oder Parasympathikus auf die einzelnen Organfunktionen kann gut mit folgender Überlegung abgeleitet werden: „Welche Funktionen sind im Fall von Kämpfen oder Flüchten nützlich bzw. hinderlich?“ Die zuträglichen Reaktionen wie Erhöhung der Herzrate, Erhöhung der Muskelspannung, Schwitzen, Erweiterung der Bronchien oder Energiemobilisierung durch Stimulation der Zuckerfreisetzung aus der Leber sind auf Sympathikusaktivierung zurückzuführen. Die Funktionen, die im Falle von Flucht oder Kampf weniger dienlich sind, wie beispielsweise Verdauung, werden bei Aktivierung des Parasympathikus angeregt. Speichelproduktion ist auch eine zur Verdauung gehörende Funktion, weshalb Stress, d.h. vorherrschende Sympathikusaktivierung mit Mundtrockenheit einhergeht.

Autonome Funktionen können zwar nicht willentlich beeinflusst werden, es gibt jedoch eine Reihe von Verfahren und Anwendungen, die nachweislich vegetativ wirksam sind und einen regulierenden und beruhigenden Effekt auf das ANS haben, wie z.B. Yoga, Autogenes Training, Achtsamkeitsbasierte Stressreduktion (MBSR), Biofeedback oder Singen. Hier kann auf die Herzratenvariabilität (HRV) verwiesen werden, welche im ersten Modul ausführlich behandelt wurde. Die Herzrate wird von Herzschlag zu Herzschlag von Sympathikus und vor allem den Parasympathikus an die gegenwärtigen Ansprüche angepasst. Obwohl die Modulation der Herzrate automatisch stattfindet, kann über die Atmung die HRV beeinflusst werden. Es ist eine natürliche Kopplung, dass Einatmen mit Sympathikusaktivierung und Ausatmen mit Parasympathikusaktivierung verbunden ist. Dieses Wissen kann dazu genutzt werden, gezielt den Sympathikus oder den Parasympathikus zu aktivieren, indem das Einatmen bzw. das Ausatmen betont oder verlängert wird.

Adrenalin und Noradrenalin

Der Sympathikus bewirkt die Freisetzung vom Stresshormon Adrenalin aus dem Nebennierenmark. Da das Stresssignal vom ANS mittels Nervenimpulsen übermittelt wird, ist Adrenalin blitzschnell im Blut und bewirkt unter anderem die Erhöhung der Herzrate, die Verengung von kleineren Blutgefäßen und dadurch eine Erhöhung des Blutdrucks oder die Freisetzung von Zucker. Adrenalin verstärkt somit die Wirkung des Sympathikus.

Ebenfalls aus dem Nebennierenmark freigesetzt wird das nah mit dem Adrenalin verwandte Noradrenalin. Als Stresshormon hat es eine ähnliche Wirkung wie Adrenalin, insbesondere bei der Verengung der Gefäße und die daraus resultierende Blutdruckerhöhung. Noradrenalin wird aber auch im Gehirn gebildet, da es eine wichtige Rolle als neuronaler Botenstoff (Neurotransmitter) hat, unter anderem in Netzwerken, die für Wachsamkeit und Erregung zuständig sind. Auch ist Noradrenalin das Signalmolekül des Sympathikus, das die elektrischen Nervenimpulse chemisch auf die Zielorgane überträgt.

Für die akute Stressreaktion spielen Noradrenalin und vor allem Adrenalin eine wichtige Rolle, da sie durch eine schnelle körperliche Effizienzsteigerung die Flucht-oder-Kampf-Reaktion mitverursachen. Im Zusammenhang mit chronischem Stress und Stressfolgeerkrankungen hat Adrenalin eine untergeordnete Bedeutung, da es innerhalb weniger Minuten abgebaut wird und somit keine körperlichen Langzeitfolgen verursacht.

Die hormonelle Stressachse: die Hypothalamus-Hypophysen-Nebennierenrinden-Achse

Neben der Sympathikusaktivierung über neuronale Verschaltungen stößt der Hypothalamus die Stressreaktion auch über eine Hormonkaskade an. Dabei schüttet er selbst ein Hormon aus, das „Corticotropin Releasing Hormone“ (CRH), das ein Signal an die Hypophyse (Hirnanhangsdrüse) sendet. Wie es der Name des Hormons („Releasing Hormone“) impliziert, führt CRH zur Freisetzung von einem weiteren Hormon, dem adrenokortikotropen Hormon („Adrenocorticotropic Hormone“, ACTH), welches über die Blutbahn zur Nebennierenrinde gelangt und ein Trigger-Signal zur Ausschüttung von Kortisol sendet. Das Kortisol erreicht über das Blut die Zielorgane und bewirkt so die körperliche Stressreaktion. Aufgrund der involvierten Strukturen wird die hormonelle Stressachse auch HHN-Achse, also Hypothalamus-Hypophysen-Nebennierenrinden-Achse genannt oder auch die englische Bezeichnung HPA-Achse („Hypothalamic-Pituitary-Adrenal“) verwendet. Die Namen der einzelnen an der Stressachse beteiligten Hormone können der Vollständigkeit halber angegeben werden. Wichtiger für diese Präsentation ist jedoch aufzuzeigen, dass die Ausschüttung von Kortisol, dem eigentlichen Stresshormon, über mehrere Zwischenschritte erreicht wird. Die Teilnehmer können gefragt werden, was ihre Überlegungen dazu sind, dass Kortisol nicht einfach direkt vom Gehirn ausgeschüttet wird. Die einzelnen Schritte bieten Ansatzmöglichkeiten für die Regulation. Die HHN-Achse ist ein homöostatisches System, das sich selbst stabilisiert. Befindet sich vermehrt Kortisol im Blut, sorgt es selbst über eine negative Feedbackschleife, dass seine weitere Freisetzung unterdrückt wird. Dies geschieht über Rezeptoren im Hypothalamus sowie in der Hypophyse. So wird verhindert, dass es zu einem schädlichen Kortisolüberschuss kommt.

Das Stresshormon Kortisol

Vor der Vorstellung des Kortisols als Stresshormon, können die Teilnehmer gefragt werden, ob sie schon von Kortisol gehört haben und in welchem Zusammenhang sie es kennengelernt haben. Aus der Behandlung von Allergien, Schmerzen oder Hautproblemen ist vor allem der Wirkstoff Kortison bekannt. Kortison ist das inaktive Vorläufermolekül des Kortisols, das als Medikament verabreicht wird und im Körper zum aktiven Kortisol umgewandelt wird. Wegen unangenehmen Nebenwirkungen wie Gewichtszunahme, Wassereinlagerungen oder Bluthochdruck wird Kortison bzw. Kortisol als etwas zu Vermeidendes und Ungesundes verteufelt. Dabei handelt es sich bei Kortisol um ein lebenswichtiges Hormon, das immer im Blut vorhanden ist. Obwohl vor allem die entzündungshemmende und schmerzlindernde Wirkung von Kortisol bekannt ist, hat Kortisol eine Hauptrolle in Stoffwechselvorgängen. Als Gegenspieler des Insulins bewirkt es die Freisetzung von Glukose aus der Leber und versorgt den Körper dadurch mit Energie. Die Höhe des Kortisolspiegels folgt natürlicherweise einer zirkadianen Rhythmik, die mit dem Energiebedarf im Einklang ist. Der Kortisolspiegel erreicht am Morgen kurz nach dem Aufstehen den Höchststand, wird normalerweise über den Tag abgebaut und erreicht am Abend vor dem Zubettgehen das tiefste Niveau.

Bei der Stressantwort wird zusätzlich Kortisol ausgeschüttet. Als Stresshormon macht es den Körper bereit für die Flucht-oder-Kampf-Reaktion. In seiner Funktion als „Energiemobilisator“ setzt es zusätzlich Glukose aus der Leber frei, was als Energie-Kick erlebt wird. Auch wird das Immunsystem unterdrückt und die Schmerzempfindlichkeit reduziert und man strotzt vor gefühlter Gesundheit und Stärke. Ebenfalls erfreut man sich der Steigerung an Hirnleistungen wie Wahrnehmung, Aufmerksamkeit und Konzentrationsfähigkeit. Jeder kennt diesen Effekt aus Prüfungsvorbereitungsphasen und dem Hinarbeiten auf eine wichtige Deadline. Da ist man über eine gewisse Zeit enorm leistungsfähig und „unzerstörbar“. Sobald jedoch die Prüfung vorbei oder die Deadline erreicht ist, senkt sich der Kortisolspiegel und die Energie lässt nach und die Anfälligkeit für Infektionen steigt. Daraus resultiert das häufige Phänomen, dass Leute in den langerwarteten Ferien nach einer Stressphase als erstes einmal krank werden.

Im Gegensatz zu den Stresshormonen Adrenalin und Noradrenalin, deren Freisetzung mittels elektrischer Signalübertragung durch den Sympathikus innerhalb Sekundenbruchteilen getriggert wird, dauert es 20 bis 30 Minuten, bis über die hormonelle Stressachse die zusätzliche Kortisolausschüttung angestoßen wird. Während die Verweildauer von Adrenalin im Blut einige Minuten beträgt, ist Kortisol mit ungefähr 90 Minuten wesentlich länger wirksam. Somit ergänzen sich die beiden Stressantwortsysteme: Die Adrenalin-Antwort ist schnell und kurz, die Wirkung von Kortisol langsamer und anhaltender.

5.3.4 Akuter und chronischer Stress

Die beiden Stressantwortsysteme ermöglichen somit, schnell auf eine Bedrohung zu reagieren und die Bewältigungsstrategie, d.h. Flucht oder Kampf über eine gewisse Zeit aufrecht zu erhalten. Zu einer vollständigen Stressantwort gehört auch, dass nach der Bewältigung des Stressors die Systeme sich wieder in die Homöostase regulieren. Es ist zu vermuten, dass sich die Stressreaktion als Anpassung an einzelne akute Stressoren entwickelt hat und deren Effekte sich bei zeitnahen und regelmäßigen Erholungsmöglichkeiten selbst regulieren konnten („organismische Selbstregulation"). Als unsere Vorfahren beim Jagen oder Sammeln von einem Raubtier oder Angreifer überrascht wurden, konnten sie schnell davonrennen oder angreifen sowie für eine gewisse Dauer weiterrennen oder kämpfen. Nach erfolgreicher Bewältigung konnten sie sich in die Höhle zurückziehen und sich ausruhen. Heutzutage ist zwar der Alltagsstress selten lebensbedrohlich, die Stressreaktion ist aber noch die Gleiche und es wird beispielsweise auch bei unangenehmen E-Mails Energie für Flucht oder Kampf mobilisiert, die im Sitzen nicht ausagiert wird. Dazu kommt, dass in der modernen Höhle nicht Ruhe, sondern andere Stressoren wie Haushalt, Büroarbeit oder Besorgungen warten. Es wirken dadurch rund um die Uhr Stressoren aus allen Richtungen, die dem Organismus die Gelegenheiten rauben, sich in die Homöostase zurückzuregulieren. Die moderne Lebensweise birgt zwei potenzielle Gefahren: einerseits die chronische Einwirkung von Stressoren und andererseits die ausbleibende körperliche Bewältigung durch Flucht oder Kampf. Während Säugetiere Spezialisten für akuten Stress sind, sind die Stressantwortsysteme angesichts chronischem Stress überfordert und die Stressreaktion, die ursprünglich das Überleben sicherte, hat längerfristig schädigende Auswirkungen. Ein simples Beispiel: Eine erhöhte Herzfrequenz während einer Präsentation verbessert die Durchblutung und steigert die Leistungsfähigkeit. Nach dem Vortrag beruhigt sich die Herzfrequenz wieder und es kommt zu keinerlei Gesundheitsschäden, denn das System ist für solche Aktivierungen und deren Regulation gewappnet. Wenn nun täglich belastende Programmpunkte anstehen, es deswegen zu unregelmäßigen Ess- und Schlafgewohnheiten kommt oder keine Zeit für Bewegung oder Erholung genommen wird, bleibt die Herzfrequenz dauerhaft erhöht. Dies führt längerfristig zu Erkrankungen des Herz-Kreislauf-Systems. Was im Akutfall schützt, schadet bei chronischer Beanspruchung. Wir sind evolutiv (noch) nicht dafür ausgerüstet, andauerndem und chronischem Stress zu begegnen. Zu diesem Phänomen gibt es die Metapher, dass die Stressreaktion vergleichbar ist mit Wasser, mit dem man ein brennendes Haus zu löschen versucht. Falls zu lange gelöscht und zu viel Wasser eingesetzt wird, richtet das Wasser selbst den größeren Schaden am Haus an als das Feuer [76].

Sympathikus-Dominanz

Obwohl die durch den Sympathikus freigesetzten Stresshormone Adrenalin und Noradrenalin keine Langzeitwirkung haben, ist eine anhaltende Aktivierung des Sympathikus selbst mit schädlichen Konsequenzen verbunden. Im Gleichgewicht liegt das natürliche Verhältnis von der Sympathikus- zur Parasympathikusaktivierung etwa bei 2–2,5, d.h., der Sympathikus ist etwa zweimal bis zweieinhalbmal öfter im Vordergrund als der Parasympathikus. Wenn über längere Zeit der Sympathikus deutlich mehr beansprucht wird und wenig Gegenregulierung durch den Parasympathikus möglich ist, zeigen sich auf die Dauer vegetative Beschwerden. Es entwickeln sich Symptome, die chronifizierte Effekte des Sympathikus darstellen, wie z. B. ständiges und verstärktes Schwitzen („kalter Schweiß"), Herzrasen, Nervosität, erhöhter Blutdruck oder Durchfall. Auch ist eine Sympathikus-Dominanz anhand einer reduzierten HRV erkennbar. Die Herzrate ist höher und regelmäßiger und die atemsynchrone Schwankung ist geringer ausgeprägt. Das kommt daher, dass beim Ausatmen der Parasympathikus neben dem stark aktivierten Sympathikus nicht mehr die volle „Bremskraft" ausüben kann.

Dauerhaft erhöhter Kortisolspiegel

Bei andauernder Stressbelastung wird immer wieder zusätzliches Kortisol ausgeschüttet, was zu einer konstanten Erhöhung des Kortisolspiegels führt. Dadurch wird die Selbstregulation der HHN-Achse destabilisiert, d.h., dass die negative Feedbackschleife über Hypothalamus und Hypophyse zur Reduktion weiterer Kortisolfreisetzung beeinträchtigt ist und trotz erhöhtem Spiegel weiter Kortisol aus der Nebennierenrinde ausgeschüttet wird. Dies führt zu Störungen der zirkadianen Rhythmik, was sich unter anderem in Schlafstörungen äußert. Ein typisches Anzeichen für einen erhöhten Kortisolspiegel ist das frühmorgendliche Aufschrecken aus dem Schlaf und Schwierigkeiten, danach wieder einzuschlafen. Da Kortisol eine wichtige Funktion im Zusammenhang mit Stoffwechselvorgängen und im Immunsystem hat, verursacht ein Zuviel an Kortisol vielerlei Symptome. Kortisol erhöht den Abbau von Zucker-, Fett- und Proteinreserven, um akut Energie für Flucht oder Kampf bereitzustellen. Ein chronisch hoher Zuckergehalt im Blut steigert hingegen das Diabetesrisiko. Dauerhaft erhöhte Blutfettwerte können die typischen Fettansammlungen im Bauchbereich (Stammfettsucht, „Kortisol-Bauch") verursachen und zu Ablagerung an den Gefäßwänden und längerfristig zu Arteriosklerose führen. Diese „Verkalkungen" erhöhen zusammen mit der Stammfettsucht, Bluthochdruck und ungünstigem Bewältigungsverhalten wie Rauchen, Bewegungsmangel und ungesunder Ernährung das Risiko für kardiovaskuläre Ereignisse (Herzinfarkt, Schlaganfall) bzw. für Herz-Kreislauf-Erkrankungen.

Bei akutem Stress steigert Kortisol zunächst die Immunfunktionen, bei dauernder Beanspruchung wird jedoch das System zunehmend erschöpft und die Immunantwort gestört. Ein typisches Anzeichen für einen hohen Kortisolspiegel ist die verzögerte Wundheilung. Außerdem erhöhen sich aufgrund einer Verminderung von Killerzellen und entzündungshemmender Hormone die Infektanfälligkeit sowie das Risiko für chronisch entzündliche Erkrankungen oder Autoimmunerkrankungen (z. B. Neurodermitis).

Wie bereits erwähnt, schädigt ein chronisch hoher Kortisolspiegel die Nervenzellen im Hippokampus und ist verantwortlich für ein reduziertes Hippokampusvolumen bei Stressfolgeerkrankungen. Dies zeigt sich beispielsweise anhand einer verlangsamten Lernleistung, verminderter Konzentration oder der Verschlechterung des Erinnerungsvermögens. Eine Erhöhung der Kortisolkonzentration geht mit einer Abnahme der Konzentration des neuronalen Wachstumsfaktors BDNF („Brain-Derived Neurotrophic Factor") im Blut einher. BDNF ist wichtig für den „Unterhalt" und das Wachstum von bestehenden Nervenzellen. Da es auch an der Neubildung von Neuronen beteiligt ist, sind besonders hohe Konzentrationen im Hippokampus vorzufinden. Es wird angenommen, dass die Reduktion des Hippokampusvolumens und die Gedächtnisstörungen bei Stress im Zusammenhang mit einer reduzierten BDNF-Konzentration stehen. Dementsprechend können bei Patienten mit Depression, Angst oder Burnout im Vergleich zu Gesunden signifikant tiefere BDNF-Werte im Serum nachgewiesen werden.

In Stressphasen werden manchmal nichtwissend bestimmte Verhaltensweisen an den Tag gelegt, die den Kortisolspiegel noch zusätzlich erhöhen. Klassisch ist beispielsweise folgendes Szenario: Aufgrund eines hohen Arbeitsvolumens wird die Schlafenszeit reduziert. Man geht später zu Bett und steht früher auf. Um am Morgen in die Gänge zu kommen und tagsüber wach zu bleiben, wird in größeren Mengen Kaffee getrunken. Um am Abend wieder herunterfahren zu können, wird Alkohol zuhilfe genommen. Dieses „Trio infernal“ bestehend aus Schlafentzug, Koffein und Alkohol führt an sich, auch ohne Leistungsstress, schon zu vermehrter Kortisolausschüttung. Ebenso sind extreme Sportarten oder andauernde körperliche Verausgabung ohne Erholungsphasen vielleicht gut, um den Kopf frei zu bekommen. Für den Körper bedeutet dies jedoch Stress und führt zu zusätzlicher Kortisolausschüttung. Auch größere Ernährungsumstellungen oder radikale Diäten stellen einen körperlichen Stressor dar, auf die mit zusätzlichem Kortisol geantwortet wird. Den Kortisolbauch mit einer strengen Diät zu bekämpfen, ist demnach nicht zielführend.

Guter Stress, schlechter Stress

In den Medien und in der Literatur wird manchmal zwischen Eustress und Dysstress (auch Disstress) unterschieden. Eustress repräsentiert „guten Stress“, der von überschaubarer Dauer ist, als bewältigbar erlebt wird und ein (Hoch-)Gefühl von Leistung und Vollbringung nach der Bewältigung in Aussicht stellt. Es bestehen genügend Ressourcen, um die Herausforderung annehmen zu können. Im Gegensatz dazu steht der Dysstress, der von längerer Dauer und wiederkehrend sein kann. Er ist ärgerlich, emotional auslaugend, körperlich erschöpfend oder gar gefährlich, und es fehlt dabei das Gefühl von Kontrolle und Bewältigung. Der Dysstress übersteigt die vorhandenen Ressourcen und mündet in einer Überforderung. Die Begriffe Eu- und Dysstress stammen ursprünglich von Hans Selye selbst, der damit unterscheiden wollte, ob eine Stressreaktion durch einen bedrohlichen oder einen positiven Reiz ausgelöst wurde [24]). Die Trennung der Stressreaktion in Dys- und Eustress ist jedoch bis heute umstritten. Zwar können bestimmte Stressoren kognitiv positiv bewertet werden, vor allem wenn diese als kontrollierbar und vorhersehbar wahrgenommen werden. Dann führt die Ausschüttung von Glückshormonen (Endorphinen) und neuronalen Botenstoffen wie Serotonin und Dopamin zu einer Stimmungsaufhellung, mehr Motivation und Antriebssteigerung.

Physiologisch zählt jedoch nicht die Bewertung des Reizes, sondern die Dauer der Stressantwort. Der Körper unterscheidet nicht zwischen Eu- und Dysstress, sondern zwischen akutem und chronischem Stress.

5.3.5 Neurobiologie der Stressbewältigung

Anhand des bisher vermittelten Wissens über die Neurobiologie der Stressreaktion, kann nun auch die Stressbewältigung „neurobiologisch“ angegangen werden: durch Reduktion des Kortisolspiegels und durch die Stärkung des Parasympathikus. In den folgenden beiden Modulen dieses Stressmanagement-Programms wird ausführlich auf Stressbewältigungsstrategien unter Einbezug der beiden Stressantwortsysteme eingegangen. Hier soll lediglich eine Wissensgrundlage für die Thematik gelegt werden.

Den Kortisolspiegel senken

Es wurde verdeutlicht, dass insbesondere der anhaltend erhöhte Kortisolspiegel für die körperlichen Stressfolgebeschwerden verantwortlich ist. Deshalb ist es naheliegend, dass eine erfolgreiche Stressbewältigung mit einer Kortisolspiegelsenkung einhergehen sollte. Das Grundprinzip dazu ist einfach, wenn man bedenkt, wofür zusätzliches Kortisol ausgeschüttet wird: für körperliche Aktivität. Deshalb ist es oberstes Gebot, genügend Bewegung in den Alltag einzubauen. Für den Abbau von Kortisol und der freigesetzten Energiereserven sind vor allem moderat ausgeführte Ausdauersportarten geeignet. Aus oben beschriebenen Gründen ist es wichtig darauf zu achten, dass der Leistungsstress nicht auf die Bewegung übertragen wird und zur Stressbewältigung kein Leistungssport betrieben wird. Es gibt viele und unterschiedliche Empfehlungen zur Bewegungsdosis. Ein guter Richtwert ist, zwei- bis dreimal pro Woche mindestens 30 Minuten bei ca. 70–80% des Maximalpulses zu trainieren. Regelmäßiger, mäßig intensiv und mit ausreichender Erholungsfrist betriebener Sport erhöht auch nachweislich den BDNF-Spiegel und fördert bzw. regeneriert dadurch die Neuroplastizität. Messbar den Kortisolspiegel zu senken vermag auch das Erleben von Humor und Lachen, weshalb Lach-Yoga in der Stressbewältigung Anwendung findet. Es gibt zahlreiche Studien, die die Wirksamkeit von Musiktherapie anhand einer Reduktion der Kortisolkonzentration belegen. Dabei sind aktives Musizieren und das passive Hören von Musik gleichermaßen wirksam. Bekannt ist auch die Wirksamkeit von Massagen und von regelmäßigem Tanzen. Letzteres vereint gleich drei stressreduzierende Eigenschaften: Bewegung, Musik und sozialen (Körper-)Kontakt.

Oxytozin ausschütten

Körperkontakt, wie er beispielsweise bei Massagen oder Paartanz erlebt wird, führt zur Ausschüttung eines Hormons namens Oxytozin. Oxytozin wurde in der Geburtshilfe entdeckt, da es bei Geburtsbeginn hohe Konzentrationen erreicht und die Geschwindigkeit des Geburtsvorgangs sowie den Milcheinschuss beeinflusst. Daher kommt auch der Name Oxytozin, was griechisch "leicht gebärend" bedeutet.

Wegen seiner Wirkung, wird Oxytozin auch Kuschelhormon, Bindungshormon, Orgasmushormon oder Treuehormon genannt. Denn es führt bei Männern und Frauen zu Beruhigung und Wohlgefühl, verstärkt die Bindung zum Gegenüber und wird mit psychischen Zuständen wie Liebe, Vertrauen und Ruhe in Zusammenhang gebracht. Oxytozin wird durch die Hypophyse freigesetzt und ist ein direkter Gegenspieler des Kortisols, indem es dessen Ausschüttung vermindert.

Es ist naheliegend, dass Teilnehmer manchmal fragen, ob Oxytozin als Medikament gekauft werden kann. Es existiert tatsächlich in Form von Nasensprays im Handel, hält aber nicht, was die Produktwerbung verspricht. Zwar wird intranasales Oxytozin in der Therapie von Angstpatienten eingesetzt, da es kurzfristig einen angstlösenden Effekt hat. Aber zur Stressbewältigung und zur Förderung des sozialen Verhaltens ist es nicht zu empfehlen, da die grundlegenden Mechanismen zu komplex sind. Oxytozin braucht nämlich ein „Substrat“, an dem es wirksam werden kann. Und dieses bilden Tätigkeiten, die die Oxytozinausschüttung selbst bewirken. Das sind allem voran wohltuende Körperkontakte (Umarmungen, Streicheln, Massage) und angenehme Sinneswahrnehmungen (Wärme, Geruchs-, Klang- und Lichtstimulation) oder auch Singen und Essen. Oxytozin bewirkt, dass das Wohlerleben dieser Tätigkeiten intensiviert wird, was wiederum zu verstärkter Oxytozinausschüttung führt. Es entsteht somit eine positive Wechselwirkung zwischen der oxytozinausschüttenden Tätigkeit und dem Oxytozin selbst bzw. dessen Wirkung.

Den Parasympathikus stärken

Bei chronischem Stress ist der Sympathikus in Dauerbetrieb und die Gegenregulation durch den Parasympathikus vermindert. Da sich die beiden Anteile des ANS gegenseitig hemmen, kann mittels gezielter Parasympathikusaktivierung die Re-Balancierung des ANS gefördert werden. In den bisherigen Modulen wurde gezeigt, wie über verlängertes Ausatmen (4:6-Atmung) und Selbstentspannungstechniken (SRT) der Parasympathikus aktiviert werden kann. Es gibt viele parasympathikusaktivierende Verfahren, als wirksam gelten insbesondere Yoga, Autogenes Training, Progressive Muskelrelaxation nach Jacobson (PMR), Musiktherapie oder achtsamkeitsbasierte Übungen. Diese Liste ist bei weitem nicht abschließend.

6 Resilienz und Ressourcen

6.1 Modulziele

- Verstehen, was Resilienz bedeutet
- Verschiedene Resilienzfaktoren kennenlernen, insbesondere die Hauptresilienzfaktoren soziale Verbundenheit und positives Selbstbild
- Möglichkeiten zur integrativen Resilienzförderung entdecken
- Eigene Ressourcen identifizieren

6.2 Hintergrund

6.2.1 Der Begriff der Resilienz

Mit der zunehmenden Präsenz der Themen Stress und Stressbewältigung gewinnt auch der Begriff der Resilienz an Bedeutung. Oftmals wird Resilienz mit Stressresistenz gleichgesetzt, was jedoch irreführend ist. Im Gegensatz zu „resistere“, lateinisch für Widerstand leisten, bedeutet „resilire“ zurückspringen. Resilienz steht somit nicht für einen starren Schutzschild, der den Stress abwehrt, sondern für Flexibilität und Anpassungs- sowie Regenerationsfähigkeit bei der Verarbeitung von Stressoren. Stress ist ein unvermeidlicher Teil des Lebens und die Stressreaktion essenziell fürs Überleben. Somit wäre Stress-Resistenz ein ungeeigneter Ansatz in der Stressbewältigung.

Gibt man in der medizinisch-naturwissenschaftlichen Artikel-Datenbank PubMed den Begriff „Resilience“ im Suchfeld ein, landet man aktuell über 18.800 Treffer, was der Anzahl an Arbeiten über Resilienz entspricht. Bei genauerem Hinschauen sind unter den Treffern auch Publikationen zur Resilienz der Tomatenpflanze gegenüber Schädlingen oder zur Resilienz von Korallenriffen. Der Begriff der Resilienz ist somit weitreichend und die Bedeutung abhängig von der Spezies, dem Lebensraum sowie den einwirkenden Stressoren. Wenn man die Suche im PubMed auf Arbeiten zu menschlicher Resilienz beschränkt, erscheinen immer noch rund 10.600 Studien, von denen über die Hälfte in den letzten 5 Jahren publiziert wurden. Auch diese Arbeiten sind sehr heterogen und behandeln Resilienz spezifisch im Zusammenhang mit bestimmten Krankheiten wie Virusinfektionen, Krebs oder Suchterkrankungen. Die Vielfalt an Untersuchungen zeigt, dass es nicht DIE oder EINE Resilienz gibt, sondern dass es viele verschiedene Faktoren gibt und dass Resilienz ein kontextabhängiges Konstrukt ist. Man kann gleichzeitig resilient gegenüber einer Krankheit sein und vulnerabel gegenüber einer anderen. Im psychologischen Kontext steht Resilienz für die psychische Widerstandsfähigkeit eines Menschen, die ihn befähigt, Krisen und traumatische Ereignisse (z. B. Verlust der Arbeit, finanzielle Probleme, schwere Krankheit, Tod einer nahestehenden Person u. v. a. m.) zu bewältigen. Resilienz beinhaltet Denkweisen, emotionale Kompetenzen, Verhaltensmuster und effektive

Handlungen, die in einem dynamischen Prozess die Anpassung an erschwerte Lebensumstände sowie persönliches Wachstum und Weiterentwicklung ermöglichen [77]. Auch impliziert der Begriff eine relativ rasche Erholung nach dem Stressor, d.h. eine zeitnahe Rückkehr in einen homöostatischen Zustand auf psychologischer und biologischer Ebene [78]. Resilienz ist nicht etwas, das man einfach hat oder nicht hat, sondern sie formt und verändert sich in mehrschichtigen Entwicklungsprozessen [79].

6.2.2 Resilienzfaktoren

Wie es die Anzahl der Publikationen vermuten lässt, ist Resilienz ein großes Forschungsfeld, das zum Ziel hat, die geheimen Zutaten zu identifizieren, welche einige Menschen Krisen überstehen und sie daran wachsen lassen, während andere daran zerbrechen. Die Resilienzforschung erfuhr nach dem Zweiten Weltkrieg einen großen Aufschwung mit der Frage, wie sich Traumatisierung auf Menschen auswirkte. Erst wurde angenommen, dass ein Mensch mit einem bestimmten Ausmaß an Widerstandsfähigkeit geboren wird und diese bis ans Lebensende so beibehält. Heute herrscht hingegen Konsens darüber, dass Resilienz dynamisch und kultivierbar ist und dass sie sich während des Lebens verändert [80]. Resilienz zu entwickeln ist ein persönlicher Werdegang, denn jeder Mensch reagiert anders in einer bestimmten Situation und wendet andere Strategien an. Das heißt, dass ein spezifischer Resilienzfaktor eine individuelle und situations- bzw. stressorabhängige Bedeutung und Wirksamkeit hat. Trotzdem gibt es einige Faktoren, die immer wieder und in verschieden Zusammenhängen genannt werden und eine besondere Bedeutung in der Bewältigung und Adaptation von psychisch und emotional belastenden bzw. traumatisierenden Erfahrungen zu haben scheinen.

Soziale Beziehungen und Verbundenheit

Die Amerikanische Psychologische Gesellschaft (APA) identifizierte das Vorhandensein von fürsorglichen und unterstützenden Beziehungen innerhalb und außerhalb der Familie als primären Resilienzfaktor. Das ist keine neue Erkenntnis, zumal Aaron Antonovsky in seinem Konzept der Salutogenese die „tiefe Beziehung zu Anderen", d.h. die soziale Eingebundenheit in bedeutsame, persönliche Beziehungsnetzwerke wie Familie, Freunde oder Kollegen als grundlegende Voraussetzung betrachtete, um mit Belastungen zurechtkommen zu können [81]. Pointiert formuliert, lässt sich demnach die Gesundheit eines Menschen anhand der Anzahl seiner bedeutsamen Beziehungen messen. Dass gute Beziehungen glücklicher und gesünder machen, ist auch eine der deutlichsten Schlussfolgerungen aus der Grant Study [82], einer laufenden großangelegten Langzeitstudie der Harvard Medical School, in der seit über 75 Jahren das Leben von ursprünglich 268 Studenten begleitet wird. Die Männer, die in einer Familie, in Freundschaften und in Gemeinschaften sozial eingebunden sind, waren während ihres Lebens körperlich und mental gesünder und haben eine höhere Lebenserwartung. Dabei zählt nicht die Anzahl an Freundschaften oder ob eine feste Partnerschaft vorhanden ist oder nicht, sondern die Qualität der Beziehungen. Aber was ist eine gute Beziehung? Es gibt mehrere Facetten, anhand welchen die Qualität beurteilt werden kann, wichtig ist beispielsweise das Ausmaß an praktischer oder emotionaler Unterstützung sowie die subjektive Bewertung der Verbindung [83]. In guten und verbindlichen Beziehung entstehen Liebe, Freundschaft und Vertrauen auf deren Basis Achtsamkeit, Authentizität und Verbundenheit kultiviert werden kann ([84], [85]). Auch die Unterstützung und das Sorgen für das Wohl anderer, d.h. Altruismus, fördert Resilienz [86]. Das kann neben der Beziehungspflege auch unter anderem daran liegen, dass bei altruistischem Verhalten indirekt das Belohnungssystem im Gehirn aktiviert wird [87] und für positive Gefühle sorgt, die – wie später ausgeführt wird – ebenfalls Resilienzfaktoren darstellen.

Positives Selbstbild

Zu einem positiven Selbstbild gehört, sich der eigenen Stärken und auch Schwächen bewusst zu sein und auf die eigenen Fähigkeiten vertrauen zu können. Das Kennen und Erleben möglichst vieler Facetten der persönlichen körperlichen, emotionalen, kognitiven und behavioralen Eigenschaften [88] sowie das Bewusstsein über die persönlichen Werte [89] haben einen nachweislich dämpfenden Effekt auf die Stressantwort und fördern das Wohlbefinden.

Positiver Affekt

Positiver Affekt, d.h. durch Ereignisse ausgelöste positive Gefühlsregungen wie Enthusiasmus, Interesse oder freudige Erregung, ist im Grunde genommen kein einzelner Resilienzfaktor, sondern vielmehr eine Komponente, die andere Resilienzfaktoren intensiviert. Beispielsweise lösen Menschen mit einer stärkeren Ausprägung von positivem Affekt in anderen eher positive Emotionen aus, was zu einer stärkeren sozialen Verbundenheit führt [83].

Es gibt Untersuchungen dazu, dass positiver Affekt mit besserer Gesundheit einhergeht, z.B. einer reduzierten Anfälligkeit für Atemwegserkrankungen [90], was mit einer verminderten Reaktivität des ANS und der Neurohormone auf Stress erklärt werden kann [91].

Selbstregulationsfähigkeit

Ein vielfach aufgeführter Resilienzfaktor ist die Fähigkeit, starke Gefühle und Impulse zu bewältigen [92]. Eine gut entwickelte emotionale Regulationsfähigkeit bedeutet, unter Druck ruhig und gegenwärtig zu bleiben und Emotionen, Aufmerksamkeit und Verhalten(-simpulse) steuern zu können. Dazu gehört auch, dass man auslösende Faktoren und Situationen analysiert und die eigenen Verhaltensimpulse antizipiert.

Aktive Problemlösung, aktiver Bewältigungsstil

Ein aktiver Bewältigungsstil beinhaltet vernünftiges, überlegtes Handeln und das proaktive Suchen von Hilfe in Belastungssituationen. Aktive Bewältigung bedeutet, sich mit dem Stressor auseinanderzusetzen und damit in „Kontakt" zu bleiben [93] anstatt passiv zu warten bis das Problem weggeht. Für die Resilienz ist die Aktivität per se, d.h. das Wissen, dass man unter den gegebenen Umständen bestmöglich gehandelt hat, das Ausschlaggebende und weniger der Effekt der Handlungen.

Selbstwirksamkeitsüberzeugung

Die Überzeugung, die Umwelt beeinflussen zu können und dass die eigene Handlung einen Effekt erzielt, trägt wesentlich zur individuellen Resilienz bei. Der Glaube an die eigene Fähigkeit, Probleme erfolgreich lösen und Ziele verwirklichen zu können, fördert auch einen aktiven Bewältigungsstil. Selbstwirksamkeitsüberzeugung wird als stabile Persönlichkeitsvariable betrachtet und wird oft in wissenschaftlichen Studien im Zusammenhang mit Stress erhoben, da sie mit der Entwicklung von Stressfolgeerkrankungen eindeutig negativ korreliert ist [9].

Realistische Ziele formulieren und verfolgen

Die Fähigkeit, zur Persönlichkeit passende und realistische Ziele zu definieren und deren Erreichung in konsequenten Teilschritten zu planen, ist im Leben und besonders im Zusammenhang mit Leistungsstress ein wichtiger Resilienzfaktor. Bei hoher Leistungsorientierung kommen oft Selbstveräußerung, d.h. ein hohes Agency und ein unterdrücktes Selbstgefühl zusammen, wodurch zu ambitionierte Ziele formuliert werden, deren Erreichung kaum möglich ist und die dadurch zu Stressoren werden. Dieser Resilienzfaktor wird im Supplement vertiefter behandelt.

Resilienzfaktoren gegen Burnout

Da chronische Stressbelastung im Arbeitsumfeld einen wesentlichen Beitrag zur Entwicklung von stressbedingten Erkrankungen wie Burnout führen, gibt es zahlreiche Untersuchungen dazu, welche Eigenschaften und Persönlichkeitsfaktoren Arbeitnehmer gegen Arbeitsstress resilient machen. Einige sind überlappend mit den oben genannten stressorübergreifenden Resilienzfaktoren wie beispielsweise das Vorhandensein von sozialen Beziehungen. Es ist fundamental für das Wohlbefinden bei der Arbeit, dass man sich zugehörig und mit Arbeitskollegen, Vorgesetzten sowie dem Berufsstand verbunden fühlt [93]. Auch Selbstregulationsfähigkeit ist im Arbeitskontext wichtig. Emotional regulierungsfähige Personen können zusätzliche oder komplexe Aufgaben als Herausforderung annehmen, während Personen mit geringerer emotionaler Regulationsfähigkeit diese eher als Bedrohung auffassen [94]. Im Sinne eines aktiven Bewältigungsstils schützt eine proaktive Persönlichkeit ebenfalls vor Arbeitsüberlastung [94], da eine Aufgabe überlegt angegangen und Hilfe organisiert wird. Etwas überraschend ist der mehrfach berichtete Zusammenhang zwischen Gewissenhaftigkeit und Stressresilienz ([94], [95]). Intuitiv führt gewissenhaftes Arbeiten eher zu erhöhter Arbeitsbelastung. Doch die positiven Konsequenzen der Gewissenhaftigkeit wie Ordentlichkeit, Zuverlässigkeit und Verantwortungsbewusstsein überwiegen den potenziellen Effekt der Mehrbelastung. Gewissenhafte Mitarbeiter sind aufgrund dieser Eigenschaften sozial besser eingebunden und können auf die Hilfe von anderen zählen, was letztlich der Resilienz zuträglich ist. Als besonders resilienzfördernd im Leistungskontext wird deshalb auch die Extraversion betrachtet. Extrovertierte Personen können schwierige Situationen besser bewältigen, da sie aktiv Austausch und Verbindung mit anderen suchen und dadurch soziale Beziehungen kultivieren ([83], [94]). Weitere genannte Resilienzfaktoren sind Selbstvertrauen, Selbstwertgefühl, Optimismus und die so genannte „Mastery" ([94], [96]). Letztere beschreibt das Ausmaß der Kontrollüberzeugungen über persönliche Lebensereignisse und -probleme und ist vergleichbar mit der Selbstwirksamkeitsüberzeugung.

6.2.3 Resilienz anhand der Grundlagen von IBP

Resilienz im Aktivierungs-/Deaktivierungsmodell

Obwohl Resilienz im allgemeinen Verständnis als psychisches oder emotionales Konstrukt betrachtet wird, ist es analog zu Stress vielmehr ein ganzheitliches Phänomen mit Repräsentationen in jeder KEK-Dimension. Psychische Resilienz ist auch im Körper erfahrbar mit dazugehörigen Fühl-, Denk- und Verhaltensmustern.

Im Aktivierungs-/Deaktivierungsmodell kann Resilienz als Gesamtmenge an Energie dargestellt werden, die als Antwort auf Stressoren mobilisiert werden kann, bis die Überforderungsgrenze erreicht ist und der Organismus aus der Aktivierung in die Immobilisation schaltet. Andersgesagt entspricht Resilienz dem Aktivierungsspielraum bis zur Überforderungsgrenze. Hierbei können zwei Arten von Resilienz unterschieden werden. Die Gesamtlänge der Aktivierungsachse, d. h. die Aktivierung von der Homöostase bis zur Überforderungsgrenze ist sozusagen die „Grund-Resilienz" (Abbildung 6-1). Diese bestimmt, wie viel und wie intensiven Stress ein Mensch aktiv bewältigen kann. Daneben gibt es eine „aktuelle Resilienz", die den Abstand der Aktivierung bis zur Überforderungsgrenze in einem bestimmten Moment darstellt. Das aktuelle Aktivierungsniveau bzw. der Abstand von der Homöostase bis zur aktuellen Aktivierung ist sinnbildlich für die Stressanfälligkeit, die Vulnerabilität.

Diese Unterteilung ist sinnvoll, da sie verschiedene Ansatzpunkte für das Stressmanagement bietet. Die Grund-Resilienz zu fördern ist

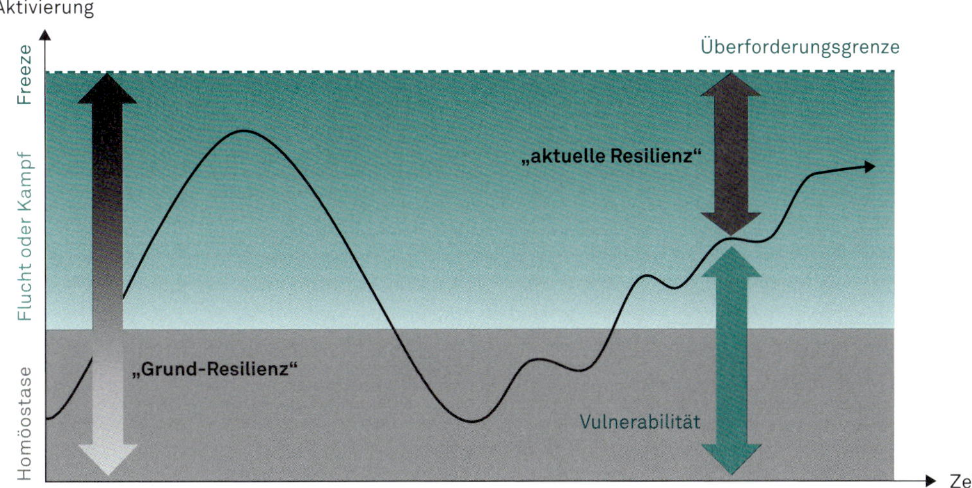

Abbildung 6-1: Darstellung der Resilienz im Aktivierungs-/Deaktivierungsmodell.

das Ziel von längerfristigen Bewältigungsstrategien, die mit nachhaltigen ganzheitlichen Anpassungen, d.h. Lernprozessen einhergehen. Die aktuelle Resilienz kann mit kurzfristigen Interventionen gestärkt werden, die das Aktivierungsniveau unmittelbar senken. Hierzu eignen sich vor allem Übungen und Methoden, die den Parasympathikus aktivieren, wie zum Beispiel die in Kap. 3 vorgestellten „Self-Release-Techniken“ oder die Übungen zur Vagusaktivierung und Oxytozinfreisetzung aus dem nächsten Kapitel. Solche regelmäßig ausgeübten kurzfristigen Interventionen münden auch in der Stärkung der Grund-Resilienz.

Selbstkontakt als grundlegender Resilienzfaktor

Die oben beschriebenen primären Resilienzfaktoren, soziale Beziehungen und positives Selbstbild, können unter der Überschrift „in Kontakt mit sich und mit anderen sein“ zusammengefasst werden. Die Fähigkeit, mit anderen authentisch in Kontakt zu treten und verbindliche soziale Beziehung herstellen zu können, ist eng mit der Fähigkeit zum Selbstkontakt verknüpft. Je ausgeprägter der Kontakt zum Kernselbst ist, desto weniger werden Handlungen aus alten Verletzungen und dem darauf aufbauenden Schutz- und Kompensationsverhalten gesteuert. Es macht einen großen Unterschied, ob man sich im Einklang mit sich selbst und seinen Bedürfnissen von etwas oder jemanden abgrenzt oder ob man Grenzen aus dem Charakterstil setzt (vgl. automatisches Nein). Selbstkontakt bedeutet, selbstverständlich gefühlte Grenzen zu *haben*, anstatt Grenzen aus einer Abwehrreaktion zu *setzen*. Abwehrreaktionen aus dem Charakterstil können zu erhöhter Stressbelastung führen, da diese mit Scham und Schuldgefühlen einhergehen und interpersonelle Konflikte begünstigen. Im Selbstkontakt Grenzen zu haben, stärkt hingegen das Selbstgefühl und lässt einen in Beziehung mit anderen bleiben. Handlungen aus dem Agency können in einem gewissen Ausmaß soziale Beziehungen fördern, da Agenten aufgrund ihrer Hilfsbereitschaft und „Serviceorientierung“ oft beliebt sind. Solche Beziehungen basieren jedoch auf Selbstveräußerung und reflexartiger Orientierung am Gegenüber und sind längerfristig mehr stress- als resilienzfördernd.

Somit ist die Fähigkeit zum Selbstkontakt eigentlich der grundlegende Resilienzfaktor, der die Beziehung zu sich selbst und zu anderen bedingt. Im Kontakt zu sich selbst können Erfahrungen und die damit einhergehenden Gefühle (aus-)gehalten und reguliert werden. Diese Fähigkeit, im Selbstkontakt zu bleiben und starke Gefühle halten zu können, wird im IBP „Containment" genannt. Das Ausmaß an Containment ist ausschlaggebend dafür, wie man mit intensiven Emotionen umgeht bzw. wie sehr man intensive Emotionen zulassen kann. Kann man beispielsweise in einem heftigen Streit die eigenen Gefühle und die des Gegenübers aushalten und den Raum geben und nehmen, diese zu regulieren? Wird sogleich das Agency aktiviert und man versucht reflexartig, dem anderen entgegenzukommen und dadurch den Streit zu schlichten? Oder wird man unmittelbar durch die starken Emotionen überflutet, sodass sich die Abwehrmechanismen des Charakterstils einschalten und die Emotionen abgespalten werden? Containment bedeutet, unter steigender Belastung möglichst lange bei sich bleiben zu können und nicht auf die strukturellen und automatisierten Bewältigungsmechanismen des Charakterstils und Agency zurückzugreifen. Je größer das Containment, desto größer ist die Stressresilienz, denn in Kontakt sein mit Erfahrungen und Gefühlen ermöglicht deren Integration [1].

Es soll in diesem Zusammenhang erwähnt werden, dass Verdrängung oder das Abspalten von belastenden Gefühlen und Empfindungen durchaus eine Bewältigungsstrategie darstellen kann. Zuweilen wird der Persönlichkeitsfaktor „Hardiness" [97] als Resilienzfaktor im Umgang mit Stress betrachtet. Hardiness steht für die Eigenschaft, an Stresssituation sachlich und ohne Einbezug von Gefühlen (Abspalten, Verlust von Selbstkontakt) heranzugehen und sich dadurch zu schützen. Es bestehen Parallelen zwischen Hardiness und der Schutzfunktion des Charakterstils, der eine kognitive Herangehensweise und ein Funktionieren in schwierigen Situationen ermöglichen kann. Längerfristig ist ein Handeln im Selbstkontakt jedoch resilienzfördernder, da der Einbezug von Gefühlen und Körperempfindungen mit nachhaltiger Bewältigung und persönlichem Wachstum verbunden ist.

6.2.4 Neurobiologische Korrelate der Resilienz

Wie die Stressreaktion ist auch Resilienz ein ganzheitliches Phänomen und ein komplexes Zusammenspiel der individuellen biologischen und psychologischen Mechanismen, welche durch die Entwicklungsgeschichte des Individuums, durch Erfahrungen und Entscheidungen, durch die soziale Umgebung und den Zeitpunkt der belastenden Ereignisse beeinflusst werden [98]. Aus biologischer Sicht steht Resilienz für die Anpassungsfähigkeit des Organismus an die Umwelt, die durch Bewältigung und Adaptation von Stressoren und die anschließende Rückregulation in die Homöostase gewährleistet wird. Zum Beispiel reagiert das Immunsystem auf einen Krankheitserreger mit einer Entzündung und reguliert sich nach der Elimination des Erregers wieder in einen Gleichgewichtszustand zurück. Je effizienter die Entzündungsreaktion, desto größer die Resilienz gegenüber diesem Erreger.

Wie die Stressvulnerabilität hat auch Resilienz einen genetischen Anteil. Es gibt z. B. Gene, die für Stresshormonrezeptoren oder für neuronale Botenstoffe kodieren und dadurch für eine höhere oder verminderte Resilienz prädisponieren. Für die Resilienz sind aber so genannte epigenetische Faktoren ausschlaggebender. Das sind Umwelteinflüsse, die die Expression und die Aktivität der Gene beeinflussen. Ein bedeutsamer epigenetischer Faktor für Stressresilienz ist die Bindungsqualität zu einer primären Bezugsperson in den frühen Lebensjahren. Die Erfahrung von sicherer Bindung in der frühen Kindheit korreliert mit deutlich höherer Resilienz, und es können evtl. sogar „Risiko-Gene" kompensiert werden ([98], [99]). Bei einer gestörten Bindungserfahrung, beispielsweise bei emotionaler Vernachlässigung durch die primäre Bezugsperson, kommt es beim Kind zu einer grundlegenden Orientierung aufs Überleben, was sich in einer erhöhten Stressvulnerabilität auf neuronaler, hormoneller und immunologischer Ebene ausdrückt. Unter anderem weisen Erwachsene mit aversiven Kindheitserfahrungen ein vermindertes Volumen des präfrontalen Kortex auf [100]. Der Präfrontalkortex ist zuständig für eine adäquate Informationsverarbeitung, indem er irrelevante Reize herausfiltert, Stresssignale aus dem limbischen System (v.a. Amygdala) unterdrückt und dadurch die Sympathikusaktivierung kontrolliert. Vernachlässigung in der Kindheit kann somit zu einer erhöhten Reaktivität des Sympathikus führen. Aus überlebenstechnischer Sicht macht diese Anpassung Sinn, denn so wird der Organismus aufgrund der frühen Erfahrungen auf den stetigen Überlebenskampf vorbereitet, indem er stets in Alarmbereitschaft ist und schnell in den Flucht-oder-Kampf-Modus schalten kann. Für das soziale (Über-)Leben ist diese Prägung jedoch hinderlich, da diese Personen schnell und häufig unter Stress und den maladaptiven Langzeitfolgen leiden.

Die gute Nachricht ist, dass das Gehirn bis ins hohe Alter in einem gewissen Rahmen veränderbar und anpassungsfähig ist. Über die Bildung von neuen Zellen und Verknüpfungen sowie über veränderte Aktivierung von funktionalen Netzwerken kann sich das Gehirn an die vorherrschenden Bedingungen anpassen [101]. Neuronale Plastizität gilt auch als eine biologische Grundlage für Resilienz [102]. Denn aufgrund der neuronalen Plastizität können ungünstige (Bindungs-)Erfahrungen aus dem Herkunftsszenario durch positive soziale Bedingungen und emotionale und soziale Unterstützung in Beziehungen im Erwachsenenalter kompensiert und die Resilienz gefördert werden [103].

6.2.5 Entwicklung von Resilienz

Resilienz ist somit aus der psychologischen sowie aus der biologischen Perspektive betrachtet dynamisch und entwickelbar. Im Aktivierungs-/Deaktivierungsmodell kann die Entwicklung von Resilienz quantitativ („Wie viel halte ich aus?") und qualitativ („Wie gehe ich damit

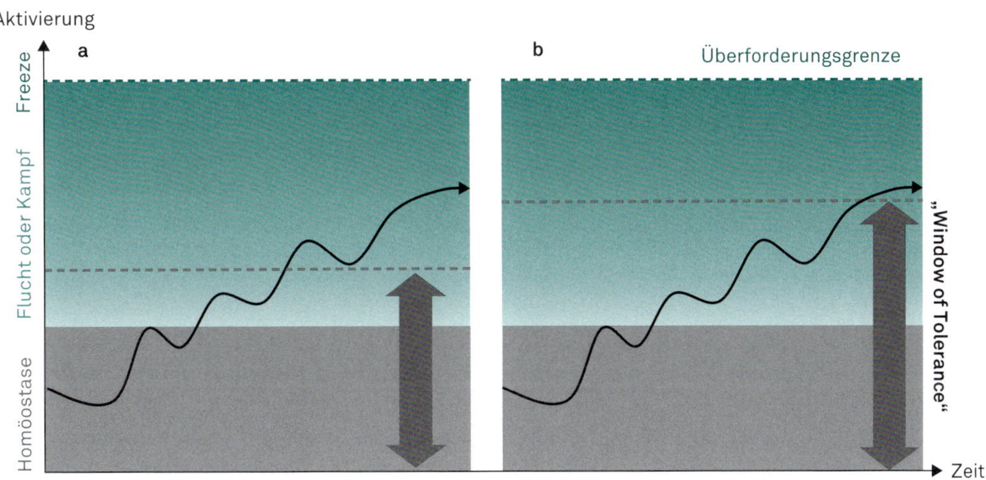

Abbildung 6-2: Qualitative Resilienzförderung durch Erweiterung des Regulierungsbereichs. **a** Containment; **b** „Window of Tolerance".

um?“) verstanden werden. Ein qualitativer Ansatz ist, das „Window of Tolerance“ zu erweitern, d.h. den Aktivierungsbereich, in dem eine regulierte Verarbeitung und Integration von Reizen möglich ist (Abbildung 6-2). Die Vergrößerung des Containments kann auch als qualitative Resilienzförderung betrachtet werden. Für die Entwicklung und Erweiterung des Containments braucht es – wie oben beschrieben – in erster Linie einen Zugang zu sich selbst, d.h. die Fähigkeit zum Selbstkontakt, welche nachhaltig durch persönlichkeitsbildende Prozesse (Coachings, Therapie, Seminare etc.) entwickelt werden kann.

Quantitative Resilienzförderung würde die Vergrößerung der Grund-Resilienz, d.h. des Aktivierungsspielraumes bis zur Überforderungsgrenze bedeuten (Abbildung 6-3). Mit einer größeren Grund-Resilienz kann mehr Energie mobilisiert werden, bis es zum Freeze kommt. Das mag hinsichtlich einer Leistungssteigerung und höherer Belastungsfähigkeit auf den ersten Blick attraktiv erscheinen. Für die Erhaltung der Gesundheit und ein nachhaltiges Stressmanagement sind jedoch die Erweiterung des Regulationsspielraumes und die daraus resultierende Balancierung von Aktivierung und Deaktivierung eher mit dem gegenwärtigen Konzept der Resilienz vereinbar.

The Road to Resilience

Die APA hat basierend auf den von ihr formulierten Resilienzfaktoren eine Übersicht über zehn Strategien zu deren Entwicklung mit dem Titel „The Road to Resilience“ (der Weg zur Resilienz) verfasst [104]. Der Titel ist etwas irreführend, da es einen Weg impliziert, den man Schritt für Schritt entlanggeht und dadurch Resilienz entwickelt. Analog zu Stressoren sind Resilienzfaktoren in ihrer Bedeutung personen- und situationsabhängig, weshalb der „Road to Resilience“ mehr eine Werkzeugkiste darstellt, aus dem man die zur Person und zur Situation passenden Faktoren auswählen und fördern kann (Abbildung 6-8).

Schaffen und Pflegen von Beziehungen

Verbindliche Beziehungen aufzubauen und zu pflegen ist ein stetiger Prozess, der durch das Investieren von Zeit und Energie aufrechterhalten wird. Gelegenheiten für Beziehungen schafft man sich, indem man am sozialen Leben teil-

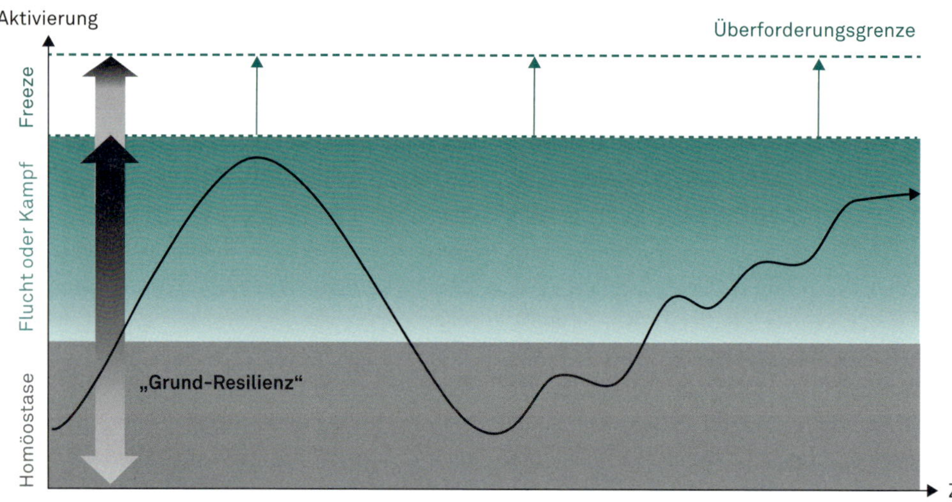

Abbildung 6-3: Quantitative Resilienzförderung: Erweiterung der Grund-Resilienz durch Verschiebung der Überforderungsgrenze nach oben.

nimmt, sich Gruppen, Vereinen, Gemeinschaften anschließt oder Kurse und Veranstaltungen besucht. Robert Waldinger, einer der Studienleiter der oben erwähnten Grant Study, betont, dass es endlose Möglichkeiten gibt, in Beziehungen zu investieren. Als Beispiele führt er an, Zeit mit Freunden statt mit dem TV zu verbringen oder Beziehungen zu beleben, indem man neue Aktivitäten mit alten Freunden unternimmt. Das Problem in der Umsetzung sieht er in der Natur des Menschen, die eine unmittelbare Belohnung („instant gratification") in Aussicht gestellten Vorteilen vorzieht. Aktive und aufwändige Beziehungsarbeit wird bereitwillig aufgeschoben, wenn über das Smartphone oder den Computer der schnelle und einfache Kontakt verfügbar ist. Es ist somit eine gesellschaftliche Thematik, dass es immer schwerer wird, gute Beziehungen zu knüpfen und aufrecht zu erhalten.

Ein positives Selbstbild nähren

Das Bewusstsein für und das Vertrauen in die eigenen Fähigkeiten ist ein grundlegender Resilienzfaktor. Deshalb sollte man Möglichkeiten schaffen, sich selbst körperlich, emotional, kognitiv, behavioral und sozial zu erfahren und dadurch die persönlichen Eigenschaften kennenzulernen. Um ein positives Selbstbild zu etablieren, hilft die Identifikation und Verankerung der eigenen Ressourcen. Im nächsten Abschnitt wird beschrieben, wie Letzteres durch das Erleben der Ressource in den verschiedenen KEK-Dimensionen gefördert wird.

Entschieden Handeln

Es gibt nichts Gutes, außer man tut es. In schwierigen Situationen wird man oft von Ambivalenzen gequält, die die Handlungsfähigkeit einschränken und die Aktivität blockieren können. Zu warten, bis sich das Problem von selbst löst, kann eine Strategie sein, führt jedoch zur Kumulation von mobilisierter Energie und somit zu mehr Stress. Damit die Energie fließen kann – oder anders gesagt: Damit die mobilisierte Energie sinnvoll genutzt wird – ist es besser, in die Aktivität zu gehen und sich für eine Handlung im Rahmen der aktuellen Möglichkeiten zu entscheiden. Entscheidend für die Resilienz ist mehr, dass man aktiv und überlegt etwas unternimmt und weniger der Effekt der Handlung.

Aktivität ist nicht mit kompensatorischem Aktivismus gleichzusetzen, bei dem man kopflos und ohne Selbstbezug versucht, sich ein Gefühl von Sicherheit zu verschaffen. Auch Übersprungshandlungen, wie beispielsweise Fenster putzen oder Keller aufräumen, statt sich mit einer schwierigen Aufgabe auseinanderzusetzen, sind der Resilienz wenig zuträglich.

Sich in Richtung Ziel bewegen

Es ist wichtig, dass Ziele so formuliert werden, dass sie realistisch sind, zur Person passen und dass regelmäßig etwas zu deren Erreichung getan werden kann (s. Kap. 6.3, Supplement).

Sorge für dich selbst

In Belastungssituationen vernachlässigt man schnell die eigenen Bedürfnisse und denkt nicht daran, sich etwas Gutes zu tun. Dabei ist es gerade bei Belastung umso wichtiger, gut für sich selbst zu sorgen. Mit der regelmäßigen Frage „Wie geht es mir im Moment? Was brauche ich jetzt? Was würde mir jetzt guttun?" kann man trainieren, mehr auf die eigenen Bedürfnisse und Gefühle zu achten. Das können ganz kleine Dinge sein, wie beispielsweise ein bestimmtes Musikstück anzuhören, eine kurze Stretching-Sequenz durchzuführen oder sich eine besonders wohlschmeckende Mahlzeit zu gönnen. Hauptsache, man spürt das eigene Bedürfnis und setzt sich aktiv für das eigene Wohlbefinden ein. Selbstfürsorge kann über jede KEK-Dimension stattfinden. Die in Kap. 3, „Ein ganzheitliches Phänomen – die Erlebensdimensionen der Stressreaktion", gesammelten Interventionen zur Unterbrechung des Stresskreislaufes eignen sich gut zur täglichen Selbstfürsorge.

Möglichkeiten zur Selbstentwicklung sehen
Krisen bieten die Möglichkeit, Dinge über sich selbst zu lernen und sich weiterzuentwickeln, indem man das Erlernte integriert. Für die Bewältigung von Krisen suchen Menschen oft professionelle Hilfe, lesen Bücher oder beginnen Aktivitäten, die ihnen unter den gewohnten Bedingungen niemals in den Sinn gekommen wären. Neben der Krisenbewältigung können diese neuen Impulse auch die persönliche Weiterentwicklung unterstützen.

Menschen, die eine schwere Krise überstanden bzw. bewältigt haben, berichten oft über ein stärkeres Selbstwertgefühl, sind achtsamer im Umgang mit sich selbst und mit anderen und haben eine größere Wertschätzung für das Leben. In der Traumatherapie spricht man auch vom „Edelstein hinter dem Trauma“ (Peter Levine). Das bedeutet, dass mit der Bewältigung und Integration von belastenden Erfahrungen Entwicklungsschritte gemacht werden können, die dem Leben eine neue Orientierung geben, andere Werte ins Zentrum stellen sowie emotionale und spirituelle Reifung ermöglichen.

Krisen nicht als unüberwindbare Probleme betrachten
Krisen gehören zum Leben dazu. Dass stressauslösende Ereignisse passieren, kann nicht verhindert oder kontrolliert werden. Was jedoch verändert werden kann, ist die eigene Interpretation, Einstellung und der Umgang mit Stresssituationen. Hilfreich ist, wenn man sich eingesteht, dass man sich gegenwärtig in einer schwierigen Situation befindet und antizipiert, dass nach der aktuellen Belastungssituation die Umstände besser werden können. Für die Entwicklung dieses Resilienzfaktors eignen sich Übungen aus der Praxis des Selbstmitgefühls, die von der Psychologieprofessorin Kristin Neff entwickelt wurden [105]. In einem ersten Schritt begegnet man sich mit Achtsamkeit und erkennt an, dass es sich gegenwärtig um einen schwierigen Moment handelt („Dies ist ein Moment des Leidens“). Danach macht man sich bewusst, dass schmerzhafte Ereignisse Teil des Lebens und der menschlichen Erfahrung sind („Leiden gehört zum Leben“). Schließlich wendet man sich sich selbst wohlwollend, freundlich und fürsorglich zu („Möge ich in diesem Moment freundlich zu mir selbst sein und mir selbst das Mitgefühl schenken, das ich brauche“; [106]). Selbstmitgefühl fördert nachweislich die Resilienz, da dadurch ein konstruktiverer Umgang mit Krisen, eigenen Unzulänglichkeiten und belastenden Gefühlen erlernt und kultiviert wird [107].

Situationen aus einer größeren Perspektive betrachten
In Belastungssituation ist es eine natürliche Reaktion, sich voll und ganz auf den Stressor zu fokussieren. Der für die Stressreaktion bezeichnende Tunnelblick hat zur Folge, dass viel Aufmerksamkeit und Denkressourcen in die Belastungssituation investiert werden und dadurch ein Problem oft größer und schwerwiegender erscheint, als es vielleicht ist. Außerdem vernachlässigt man auch oft die Freizeit und die sozialen Kontakte. Ist dann die Stresssituation überstanden, weiß man plötzlich nicht mehr, was man mit sich und der vermehrten Freizeit anfangen soll.

Diesem Effekt kann man entgegenwirken, indem man die Perspektive in die Länge und in die Breite vergrößert. Das bedeutet, sich zu überwinden, auch in Stresssituationen angenehmen Aktivitäten nachzugehen. So kann das Leben als „breiter“ und reichhaltiger erlebt werden und die Belastung wird zu einem Teil des Lebens und nicht zum Leben selbst. Auch soll man schöne Pläne für nach der Belastungsphase schmieden, sodass ein Bewusstsein generiert wird, dass das Leben nach der Bewältigung des Stressors weitergeht.

Wechsel als Teil des Lebens akzeptieren
Umstände verändern sich stetig. Das Leben kann sich so entwickeln, dass bestimmte Ziele unerreichbar werden und gewisse Pläne nicht

umsetzbar sind. Es ist wichtig, eine Haltung von Akzeptanz zu entwickeln, dass gewisse Dinge nicht beeinflusst werden können und sich stattdessen auf die veränderbaren Umstände zu konzentrieren. Es geht viel Energie verloren, wenn man Unkontrollierbares zu kontrollieren und Altes krampfhaft zu bewahren versucht. Vollständige Kontrolle ist eine Illusion und sicher im Leben ist nur die Veränderung.

Eine zuversichtliche Perspektive beibehalten
Dazu gehört, das Vertrauen dafür zu entwickeln, dass Belastungsphasen einmal zu Ende gehen. Zur Resilienzförderung sollte man lernen zu visualisieren, was man möchte und gute Ereignisse zu antizipieren, statt sich darüber Sorgen zu machen, was man fürchtet.

Der Glaube und die Zuversicht, dass sich alles zum Guten wenden wird, sind nicht gleichzusetzen mit „positivem Denken“. Sich kognitiv nur auf die positiven Aspekte zu konzentrieren verleitet dazu, die gegenwärtige Erfahrung von Leid zu übergehen. Das würde eine Unterbrechung des Selbstkontaktes bedeuten, wodurch einer der wichtigsten Resilienzfaktoren ins Abseits manövriert würde. Für die Entwicklung von Resilienz ist es wichtig, einem Problem mit Offenheit und in Erwartung von besseren Zeiten zu begegnen.

Zusammenfassend geht die Entwicklung von Resilienz mit Veränderungen in der persönlichen Haltung, Förderung des Selbstkontaktes und Kultivierung von Aktivität einher. Resilienzentwicklung geschieht somit integrativ. Über die kognitive Dimension können Einstellungen und Sichtweisen auf das Leben reflektiert und umstrukturiert werden. Über den Körper und achtsame Wahrnehmung der Emotionen wird der Kontakt zum Kernselbst gefördert und das Containment vergrößert. Die Entwicklung von Resilienz ist ein stetiger und lebenslanger Prozess, zu dem jeder Mensch seinen individuellen Zugang finden muss. Einige der oben genannten Resilienzfaktoren sind spezifisch für Belastungssituationen formuliert. Es ist aber auch für das allgemeine Wohlbefinden essenziell, Energie in die Entwicklung von Resilienzfaktoren, insbesondere in Beziehungen, Selbstkontakt und Selbstfürsorge zu investieren.

6.2.6 Heben von Ressourcen für ein positives Selbstbild

Ressourcen sind Kraftquellen, aus denen wir unsere Energie und unser Wohlbefinden schöpfen. Bei Stress unterstützen sie uns, die nötigen Anpassungsleistungen zu erbringen und wieder zurück in die Homöostase zu finden. Ressourcen können als „Untereinheiten“ der Resilienz bezeichnet werden, während Resilienz als Gesamtheit aller Ressourcen betrachtet werden kann. Resilienz kann mit einem Fußballteam verglichen werden, das immer wieder in Spielen und Turnieren mit Gegnern (=Stressoren) konfrontiert wird. Die einzelnen Spieler stellen die Ressourcen dar. Je nach Spiel und Gegner sind gewisse Spieler wichtiger als andere (=Resilienzfaktoren), für das Teamgefühl sind jedoch alle Spieler wichtig (= andere Ressourcen, die nicht direkt Resilienzfaktoren darstellen).

Ressourcen können in die Kategorien personale, interpersonale und nonpersonale Ressourcen unterteilt werden (Tabelle 6-1). Zu den personalen Ressourcen zählen persönliche Fähigkeiten und Erfahrungen sowie alle Kompetenzen, die zum Lösen von Problemen eingesetzt werden können. Als interpersonale oder auch soziale Ressourcen gelten Beziehungen und Bezugspersonen. Unter nonpersonalen Ressourcen versteht man materielle Dinge, wie beispielsweise eine schöne Wohnumgebung, die durchaus bei der Bewältigung von schwierigen Situationen unterstützend sein kann.

Ressourcen können je nach Ort, Situation und Zeit verschieden sein, neu entstehen, aufgebaut, reaktiviert und verstärkt werden oder auch an Bedeutung verlieren und in Vergessenheit geraten. Es gibt auch so genannte Pseudoressourcen, die kurzfristig befriedigend sein können, wie z. B. kompensatorisch konsumierte Genussmittel (auch Computer-Spiele, TV), die jedoch längerfristig das Selbstgefühl nicht nähren, sondern den Zugang dazu sogar erschweren. Echte Ressourcen sorgen für ein Wohlgefühl und wirken belebend, was in allen Erlebensdimensionen erfahrbar ist. Für eine nachhaltige Arbeit mit Ressourcen ist es deshalb wichtig, diese in allen KEK-Dimensionen, insbesondere im Körper zu erleben. Eine Ressource als Felt-Sense-Erfahrung im Hier und Jetzt zu spüren, ermöglicht deren nachhaltige Verankerung als Körpergefühl.

6.3 Supplement: Das Finden und Erreichen von stimmigen Zielen

Die Strategie zur Resilienzentwicklung „sich in Richtung Ziel bewegen" und auch „Entschieden Handeln" setzen voraus, dass man Ziele hat. Klare Ziele zu haben ist aber gar nicht so selbstverständlich und es gibt viele Theorien und Ansätze dazu, was ein passendes Ziel ausmacht und wie es gefunden, formuliert, verfolgt und erreicht werden kann. Diesem Thema sind ganze Seminare und spezialisierte Kurse gewidmet, weshalb im Rahmen dieses Moduls ein theoretischer Einblick, jedoch keine Methoden für das Gruppensetting beschrieben werden.

Eine bekannte Herangehensweise in der Zielformulierung ist das SMART-Modell. Die einzelnen Buchstaben des Akronyms SMART stehen für die Kriterien, die ein Ziel erfüllen muss. Diese sind S für spezifisch (präzis, eindeutig, konkret), M für messbar (klare Richtlinie für Zielerreichung), A für attraktiv (motivierend, gewinnbringend), R für realistisch (selbst erreichbar) und T für terminiert (bestimmter Zeitrahmen). Angewendet auf ein Ziel, z. B. „ich möchte mich mehr bewegen" könnte das bedeuten: „Ich gehe in den Wald joggen (S), zweimal 30 Minuten pro Woche (M) ab heute für 3 Monate (T) und erwarte einen positiven Effekt auf meine Fitness (A). Bei mir in der Nähe ist ein Wald und ich kann von zu Hause aus starten (R)." SMART formulierte Ziele sind konkret und verhaltensnah und finden bei gewissen Fragestellung und Themen in Coaching und Beratung Anwendung. Die Zielformulierung findet hauptsächlich kognitiv statt und soll direkt in eine Handlung überführt werden.

Einen alle KEK-Dimensionen einbeziehenden Ansatz zur Zielformulierung bietet das renommierte Zürcher Ressourcenmodell (ZRM) [108]). Bei der Formulierung von so genannten Haltungszielen werden innerhalb der kognitiven Dimension kraftvolle und eindeutige Bilder mit Worten erzeugt (z. B. „mein Vulkan sprüht rote Funken" [16]), die mit starken und eindeutig guten Gefühlen und Körperempfindungen gekoppelt sind. Durch den Einbezug der unbewussten, verkörperlichten Ebene, d. h. des Embodiments, wird die intrinsische Motivation aktiviert, welche ausschlaggebend ist für eine nachhaltige Zielverfolgung.

6.3.1 Stimmige Ziele

Körperempfindungen in die Zielformulierung miteinzubeziehen, ermöglicht den Zugang zu „impliziten Motiven". Implizite Motive sind Handlungsantriebe, die frühkindlich entstehen und von den Erfahrungen im Herkunftsszenario gestaltet werden ([109], [110]). Die drei Klassen von impliziten Motiven sind Leistung, Macht und Anschluss, deren Kombination und Ausprägung von der persönlichen Entwicklungsgeschichte bestimmt werden. Durch emotionale Konditionierung wird unbewusst gelernt, dass Leistung, Macht und Anschluss mit positiven Gefühlen einhergehen. Für das Leistungsmotiv wurde gelernt, dass das Erfüllen von herausfordernden Aufgaben mit Erfolg und dem positiven Gefühl von Stolz verbunden ist. Das Machtmotiv entwickelt sich dadurch, dass die Beeinflussung von anderen mit dem guten Gefühl von Stärke assoziiert wird. Die Entwicklung des Anschlussmotivs basiert auf der Lernerfahrung, dass das Knüpfen und Aufrechterhalten von freundschaftlichen Beziehungen mit einem Gefühl von Zugehörigkeit und Geborgenheit verbunden ist [109]. Die impliziten Motive bewirken, dass es im Erwachsenenalter zur bevorzugten Beschäftigung mit solchen Anreizen kommt, die ähnliche Gefühle versprechen. Beispielsweise wird jemand mit einem ausgeprägten Leistungsmotiv stets bestrebt sein, über herausragende Leistung und antizipierten Erfolg Stolz empfinden zu können.

Implizite Motive sind tief in der Persönlichkeit verwurzelt. Ein stimmiges Ziel sollte deshalb möglichst kongruent sein mit den impliziten Motiven [14]. Es konnte gezeigt werden, dass das emotionale Wohlbefinden und die Zufriedenheit bei der Zielerreichung desto größer sind, je besser die Ziele mit den impliziten Motiven korrespondieren [111]. Implizite Motive sind über die kognitive Dimension nicht zugänglich, sondern werden traditionell mittels dem Thematischen Auffassungstest (TAT) [112], einem projektiven Test mit Bildern von Menschen in alltäglichen, aber nicht eindeutigen Situationen, psychodiagnostisch gemessen.

Da die Entwicklung der impliziten Motive auf emotionaler Konditionierung basiert, gehen sie mit somatischen Markierungen einher. Diese Markierungen werden als verkörperlichtes, instinktives Empfinden erlebt. Das heißt, implizite Motive sind über das Körperempfinden kontaktierbar. Um ein motivkongruentes Ziel zu formulieren, sollten deshalb alle KEK-Dimensionen miteinbezogen werden. Die kognitive, bewusste Ausarbeitung eines Ziels sollte von einem positiven, sinnhaften Gefühl, d.h. einem Felt Sense von Energie, Kraft und Orientierung begleitet sein. Die grundlegende Funktion von Motiven ist denn auch zu energetisieren, zu orientieren und Verhalten zu selektieren, das für die Zielerreichung relevant ist.

6.3.2 Motivation und Belohnung

Neben den impliziten Motiven gibt es noch viele andere Motive, die unser Verhalten beeinflussen. Von der molekularen Ebene bis zur sozialen Organisation sind Motive vorhanden. Welche Motive bestimmend sind, ändert sich stetig und ist vom momentanen Zustand des Organismus und von den einwirkenden Umweltfaktoren abhängig. Hierarchisch am höchsten gestellt sind Motive, die aus den Grundbedürfnissen entstammen. Wenn man starken Durst hat, ist es im Moment weniger wichtig, dass man auch gut aussehen oder einen fehlerfreien Text schreiben möchte. Nachdem der Durst gestillt werden konnte, gewinnen die anderen Motive wieder an Gewichtung.

Die Gesamtheit aller Motive ist die Motivation. Motivation ist der Handlungsantrieb bei der Verfolgung von Zielen und basiert entsprechend der Herkunft von Motiven auf biologischen und psychologischen Prozessen. Modulierend auf die Ausprägung der Motivation wirkt die Attraktivität des Ziels. Attraktive Ziele sind innerhalb absehbarer Zeit und in einem befriedigenden Ausmaß erreichbar [113]. Zudem muss die Erreichung des Ziels mit einer Belohnung einhergehen, welche in Form von Befriedigung eines Bedürfnisses oder der Vermeidung eines Nachteils stattfindet. Was als Belohnung empfunden wird, ist wiederum sehr individuell und ist abhängig von den Motiven einer Person [14]. Während die einen durch die Anerkennung und Wertschätzung durch den Vorgesetzten belohnt und motiviert werden, werden es andere durch die Aussicht auf finanzielle Vergütung, eine Position mit mehr Verantwortung oder durch Freiheit in der Arbeitsgestaltung.

6.3.3 Vom Ziel zum ersten Schritt

Wenn ein Ziel einen positiven Felt Sense entstehen lässt, bedeutet das, dass es mit den bewussten und unbewussten Motiven harmonisiert. Es besteht genug Motivation, das Ziel zu erreichen. Ein stimmiges Ziel ist in allen KEK-Dimensionen kongruent erlebbar, was bedeutet, dass es integriert ist. Ein integriertes Ziel öffnet den energetischen Raum zu deren Erreichung. Wer kennt das nicht, dass, wenn sich ein Ziel ganzheitlich als richtig anfühlt, sich plötzlich Wege auftun, sich Dinge in Richtung Zielerreichung wie von selbst ergeben und man instinktiv weiß, was man als Nächstes zu tun hat.

Wie kommt man zu so einem integrierbaren Ziel? Eine erfolgreiche Herangehensweise ist, von Wünschen und Lebensträumen Ziele für das reale Leben abzuleiten [114]. In der Methode nach Barbara Sher werden ausgehend von persönlichen Eigenschaften, Lebensstil, Vorlieben und Tätigkeiten, die Freude machen, Wünsche formuliert. In verschiedenen Übungen, wie z.B. eine Farbe auswählen und beschreiben, welche Eigenschaften man selbst als diese Farbe hat, oder durch die Beschreibung eines idealen Tages wird bewussten und unbewussten Motiven Aufmerksamkeit geschenkt. Danach wird herausgearbeitet, worum es im Wunsch eigentlich geht. Wenn jemand den Wunsch „Filmstar werden“ hat, kann es um Aufmerksamkeit, Glamour oder schauspielerische Leistung gehen. Aus den wesentlichen Elementen, den „Wesenskernen“ der Wünsche, werden dann konkrete Wunschziele formuliert. Wege zur Zielerreichung werden mittels Brainstormings zusammengetragen, am besten in der Gruppe, um möglichst viele Lösungsmöglichkeiten zu erhalten. Vom Wunschziel ausgehend wird dann der Lösungsweg in ganz konkreten und realisierbaren Teilschritten *rückwärts* geplant, bis hin zu dem Teilschritt, der bereits am nächsten Tag erledigt werden kann.

Diese Methode ist deshalb von hoher Wirksamkeit, weil sie die persönlichen Motive berücksichtigt, mit realisierbaren Teilschritten für regelmäßige Belohnung sorgt und über das Brainstorming soziale Beziehungen pflegt. Zudem erfolgt die Zielformulierung vom Wesenskern aus, d.h. vom *Warum* man etwas möchte. Der populäre Unternehmensberater und Autor Simon Sinek formulierte passend dazu: „Weniger erfolgreiche Menschen [...] beginnen mit dem Was und gehen über das Wie zum Warum. Begeisternde und damit erfolgreiche Menschen wählen genau den anderen Weg“ [115]. Oder um mit Worten Friedrich Nietzsches zu schließen: „Wer ein WARUM zum Leben hat, erträgt fast jedes WIE.“

6.4 Praktische Durchführung

Der theoretische Hintergrund zu Resilienz, Resilienzfaktoren und Resilienzförderung ist sehr umfangreich. Es ist dem Gruppenleiter überlassen, welche Resilienzfaktoren und Entwicklungsmöglichkeiten vertieft besprochen werden sollen. Im Folgenden wird die Theorie kurzgehalten und der Fokus auf die Übung zum Selbstkontakt und auf Ressourcenarbeit gerichtet, um praktisch zur Förderung des positiven Selbstbildes beizutragen.

6.4.1 Definition der Resilienz

Zu Beginn können die Teilnehmer einleitend gefragt werden: „Wem ist der Begriff Resilienz bekannt? Was verstehen Sie darunter und wie würden Sie es den anderen erklären?“

Definition

Resilienz
Als Resilienz wird die psychische und emotionale Widerstandsfähigkeit eines Menschen verstanden, die ihn befähigt, Krisen und traumatische Ereignisse zu bewältigen, ohne daran zu zerbrechen. Außerdem bedeutet Resilienz, dass aus der Bewältigung einer Krise persönliches Wachstum und Entwicklung resultieren.

Resilienz kann zur Veranschaulichung im Aktivierungs-/Deaktivierungsmodell dargestellt werden. Während der Erstellung der Grafik wird erklärt, dass die Länge der Y-Achse, d.h. der Gesamt-Aktivierungsspielraum zwischen einem homöostatischen Niveau und der Überforderungsgrenze als „Grund-Resilienz" bezeichnet werden kann (Abb. 6-4).
Der Abstand zwischen der aktuellen Aktivierung bis zur Überforderungsgrenze, sozusagen die Pufferzone, repräsentiert die „aktuelle Resilienz". Die bestehende Aktivierung kann von einer aktuellen Stresssituation oder von im Körper gespeicherten Restenergien herrühren (Abb. 6-5). Das bedeutet, dass unvollständige, nicht ausagierte Stressreaktionen die Vulnerabilität erhöhen bzw. die Resilienz reduzieren.

6.4.2 Resilienzfaktoren

Zusammen mit der wachsenden Bedeutung von stressbedingten Problemen wird auch das Thema Resilienz immer wichtiger und präsenter. Die Resilienzforschung widmet sich der Suche nach den „geheimen Zutaten", die einige Menschen Schicksalsschläge und Krisen überstehen und bewältigen lassen, während andere daran zerbrechen und erkranken.

Gibt man heute in der wissenschaftlichen Artikel-Datenbank PubMed den Begriff „Resilience" im Suchfeld ein, landet man rund 18.800 Treffer, was der Anzahl Arbeiten über Resilienz entspricht. Dabei sind aber auch Studien zu anderen Spezies, wie beispielsweise eine Publikation zur Resilienz der Tomatenpflanze

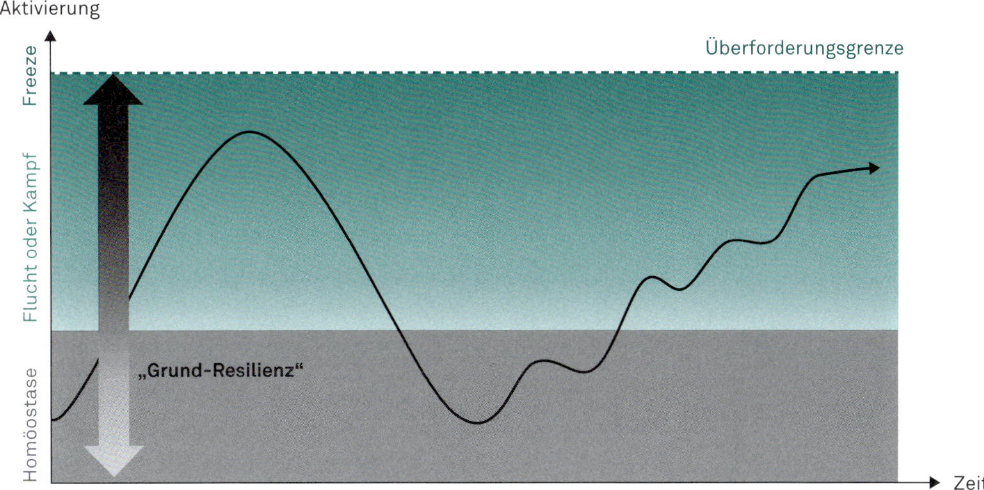

Abbildung 6-4: Darstellung der Grund-Resilienz im Aktivierungs-/Deaktivierungsmodell.

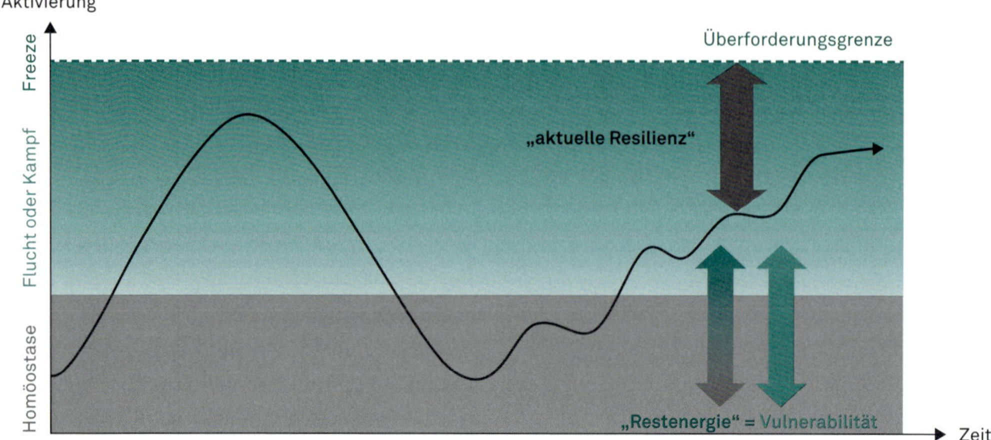

Abbildung 6-5: Darstellung der aktuellen Resilienz und Vulnerabilität im Aktivierungs-/Deaktivierungsmodell.

gegenüber bestimmten Schädlingen. Das ist eine gute Veranschaulichung dafür, dass Resilienz keine Konstante ist, sondern ein spezies- und stressorabhängiges Konstrukt.

Wie es die Anzahl Studien zu Resilienz vermuten lässt (vgl. Kapitel 6.2.1), gibt es eine große Vielfalt an Resilienzfaktoren, z. B. in Bezug auf verschiedene psychische Erkrankungen. Im Zusammenhang mit Stressfolgeerkrankungen gibt es einige Resilienzfaktoren, die regelmäßig genannt werden. Hier können die Teilnehmer gefragt werden, ob sie eine Idee haben, welche Resilienzfaktoren „allgemeingültig“ sind, d. h. in vielen Situationen die emotionale Widerstandsfähigkeit stärken.

Es kann die Abbildung 6-6 als Arbeitsblatt abgegeben und die einzelnen Resilienzfaktoren besprochen werden. Damit kein „Ist-Soll-Abgleich“ bei den Teilnehmern induziert wird, ist es jedoch im Sinne des Themas zu empfehlen, den Hauptfokus auf die Möglichkeiten der Resilienzentwicklung zu legen.

Anstatt alle Resilienzfaktoren durchzugehen, können die beiden primären Resilienzfaktoren besprochen werden:

Resilienzfaktoren

Soziale Beziehungen
Das Vorhandensein von fürsorglichen und unterstützenden Beziehungen innerhalb und außerhalb der Familie gilt als primärer Resilienzfaktor

Positives Selbstbild
Sich der eigenen Stärken und auch Schwächen bewusst sein und auf die eigenen Fähigkeiten vertrauen

Aktive Problemlösung
In Belastungssituationen überlegt handeln und proaktiv Hilfe suchen

Selbstregulationsfähigkeit
Unter Druck ruhig und gegenwärtig bleiben und Emotionen, Aufmerksamkeit und Verhalten(-simpulse) steuern können

Selbstwirksamkeitsüberzeugung
Der Glaube, durch eigene Handlungen die Umwelt beeinflussen zu können

Realistische, passende Ziele haben
Zur Persönlichkeit passende und realistische Ziele definieren können und deren Erreichung in konsequenten Teilschritten planen

Positiver Affekt
Ereignisse können positive Gefühlsregungen wie Enthusiasmus, Interesse oder freudige Erregung auslösen

Abbildung 6-6: Resilienzfaktoren.

Soziale Beziehungen
Bedeutsame, verbindliche und unterstützende Beziehungen innerhalb und außerhalb der Familie sind der meistgenannte und somit primäre Resilienzfaktor. Es kann pointiert formuliert werden, dass die Gesundheit bzw. Widerstandsfähigkeit eines Menschen sich anhand der Anzahl seiner bedeutsamen Beziehungen messen lässt.

Positives Selbstbild
Das bedeutet, eine positive Einstellung sich selbst gegenüber und Vertrauen in eigene Stärken zu haben sowie sich der körperlichen, emotionalen, kognitiven und behavioralen Fähigkeiten bewusst zu sein. Analog zum vorhergenannten Faktor der positiven Beziehung zu anderen repräsentiert ein positives Selbstbild eine gute Beziehung zu sich selbst.
Zusammenfassend kann gesagt werden, dass eine gute Beziehung zu sich selbst und zu anderen die grundlegende Resilienz ausmacht.

Da Stress am Arbeitsplatz der Hauptgrund für das Interesse an einem Stressbewältigungsseminar ist, können die Resilienzfaktoren vorgestellt werden, die im Arbeits- bzw. Leistungskontext untersucht wurden und widerstandsfähiger gegenüber Stressfolgeproblemen machen können:

- Soziale Beziehungen – sich zugehörig und verbunden fühlen mit Arbeitskollegen, Vorgesetzten und dem Berufsstand.
- Emotionale Stabilität – sich unter Druck selbst regulieren können und dadurch komplexe Aufgaben eher als Herausforderung als als Überforderung annehmen.
- Aktiver Bewältigungsstil – sich proaktiv vor Arbeitsüberlastung schützen, indem man Probleme anspricht, sich abgrenzt und Hilfe organisiert.
- Selbstwirksamkeitsüberzeugung („Mastery") – das Gefühl von Einflussnahme auf und Meisterung von persönlichen Lebensereignissen und Problemen haben.
- Extraversion – Diese wird als besonders resilienzfördernd im Berufsleben betrachtet. Extrovertierte Personen können schwierige Situationen besser bewältigen, da sie aktiv Austausch und Verbindung mit anderen suchen und sich vernetzen.
- Gewissenhaftigkeit – Gewissenhaftes Arbeiten wird intuitiv mit Mehraufwand in Verbindung gebracht. Die vielen positiven Konsequenzen dieses Persönlichkeitsmerkmals wie Ordentlichkeit, Zuverlässigkeit und Verantwortungsbewusstsein überwiegen jedoch den potenziellen Effekt der Mehrbelastung, da sie soziale Beziehungen begünstigen und somit dem primären Resilienzfaktor zuträglich sind.

6.4.3
Resilienzförderung geschieht integrativ

Resilienz ist bei Geburt nicht vollumfänglich gegeben und bleibt auch nicht starr bis ans Lebensende. Resilienz ist dynamisch und kann entwickelt und gefördert werden.

Im Aktivierungs-/Deaktivierungsmodell können zwei Varianten der Resilienzförderung dargestellt werden. Eine Möglichkeit ist, den „Flucht-oder-Kampf-Bereich", sozusagen die Überforderungsgrenze, nach oben zu verschieben (Abb. 6-7a). Dieser Ansatz ist quantitativ („Wie viel halte ich aus?") und würde bedeuten, dass man zwar mehr aushalten kann, die meiste Zeit jedoch im Stresszustand verbringt.
Für eine nachhaltige Stressbewältigung ist eine qualitative Resilienzförderung zu bevorzugen („Wie gehe ich mit Stress um?"). Diese erreicht man durch Vergrößerung des „Window of Tolerance", d.h. durch die Erweiterung des Aktivierungsbereichs, in dem eine gute Regulierungsfähigkeit gegeben ist.

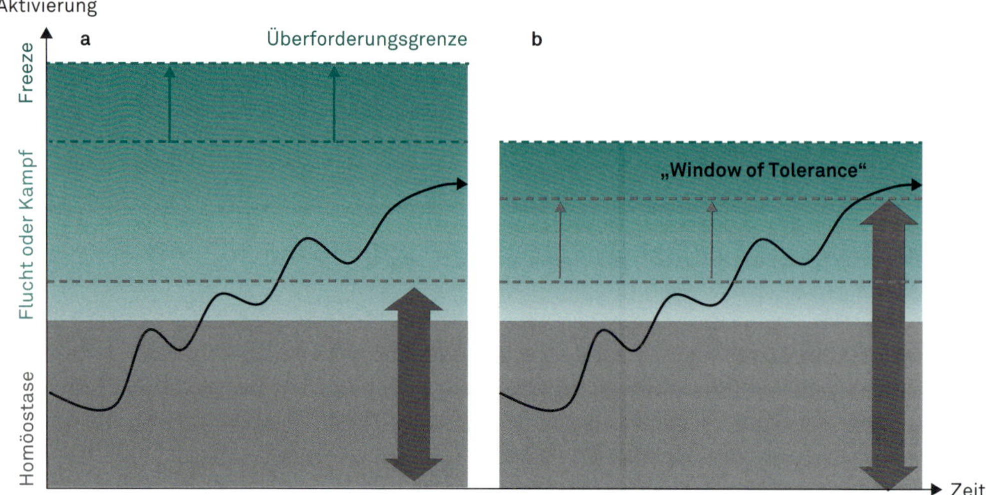

Abbildung 6-7: a Verschiebung der Überforderungsgrenze, **b** Erweiterung des „Window of Tolerance“.

Resilienz ist ein ganzheitliches Konzept, weshalb auch Resilienzförderung integrativ über die verschiedenen KEK-Dimensionen stattfindet. In der kognitiven Dimension werden Einstellungen und Sichtweisen auf das Leben reflektiert und umstrukturiert, über den Körper und der achtsamen Wahrnehmung der Emotionen wird der Kontakt zu sich selbst und anderen gefördert. Es kann jeweils reflektiert werden, über welche der KEK-Dimensionen die besprochenen Ansätze zur Resilienzförderung wirksam sind.

Es kann nun die Übung, die sonst zu Beginn der Module durchgeführt wird, angeleitet werden. Dieses Mal soll darauf hingewiesen werden, dass diese Übung die Präsenz in den KEK-Dimensionen und dadurch die Fähigkeit zum Selbstkontakt fördert, welcher einen grundlegenden Resilienzfaktor darstellt. Um die Übung zu vertiefen, können vorbereitend eine Erdungsübung, z.B. imaginativ über die Füße atmen oder eine ausgewählte SRT durchgeführt werden. Danach werden die Teilnehmer aufgefordert, ihre Augen zu schließen und sich selbst zu fragen: „Was passiert im Moment in mir?“, „Was spüre ich im Moment in meinem Körper?“, „Welche Gefühle sind im Moment vorhanden?“, „Welche Gedanken und Impulse beobachte ich im Moment bei mir? “ Danach haben die Teilnehmer Zeit, die Wahrnehmungen in Stichworten zu notieren. Um der Herstellung des Selbstkontaktes den gebührenden Raum zu geben, kann die Übung auf 10 Minuten verlängert werden.

Um weitere Möglichkeiten zur Resilienzentwicklung zu besprechen, kann die Abbildung 6-8 abgegeben werden, auf denen die zehn Strategien der „The Road to Resilience“ aufgeführt sind. Diese sind mit möglichen Leitsätzen oder Mantras ergänzt, mit denen (oder ähnlichen) man sich in Belastungssituationen stärken kann. Die Strategien können einzeln besprochen und die Teilnehmer motiviert werden, eigene Beispiele und Erfahrungen mit den einzelnen Entwicklungsmöglichkeiten mit der Gruppe zu teilen.

Schaffen und Pflegen von Beziehungen

Gemeint sind Aufbau und Pflege von verbindlichen Beziehungen, die über die emotionale, kognitive und körperliche Dimension nähren. Entgegen dem aktuellen Trend der Unverbindlichkeit soll man vermehrt darauf achten, Zeit und Energie in die verbindlichen Beziehungen zu investie-

Möglichkeiten der Resilienzförderung

Schaffen und Pflegen von Beziehungen „Besteht eine gegenseitige emotionale und/oder praktische Unterstützung?"	**Ein positives Selbstbild nähren** „Ich erlebe mich und meine Ressourcen in der körperlichen, emotionalen und kognitiven Dimension."
Entschieden Handeln „Es gibt nichts Gutes, außer man tut es."	**Sich in Richtung Ziel bewegen** „Was kann ich als Nächstes mit meinen aktuellen Mitteln und Fähigkeiten tun, um meinem Ziel näher zu kommen?"
Sorge für dich selbst! „Wie geht es mir im Moment? Was würde mir jetzt guttun?"	**Möglichkeiten zur Selbstentwicklung sehen** „Krise kann ein produktiver Zustand sein."
Krisen nicht als unüberwindbare Probleme betrachten „Leiden gehört zum Leben."	**Situationen aus einer größeren Perspektive betrachten** „Was bedeutet dieses Problem über mein Leben betrachtet?"
Wechsel als Teil des Lebens akzeptieren „Das einzig Sichere im Leben ist die Veränderung."	**Eine zuversichtliche Perspektive beibehalten** „Ich sehe, was ist, und erwarte mit offenem Herzen, was kommt."

Abbildung 6-8: Zehn Strategien, um Resilienz zu fördern mit möglichen Leitsätzen (adaptiert nach „The Road to Resilience", APA[1]).

ren und selbst verbindlich zu sein. Zum Aufbau und Erhalt von Beziehungen gehören beispielsweise die aktive Teilnahme am sozialen Leben, das Annehmen und Anbieten von Hilfe und Unterstützung. Beim letzteren ist es wichtig, nicht in die „Agency-Falle" zu tappen und nur dann zu helfen, wenn andere die Hilfe wirklich brauchen und nicht aus dem eigenen Bedürfnis nach Zuneigung oder Anerkennung heraus. Qualitativ gute Beziehungen bereichern und nähren und zeichnen sich durch praktische und/oder emotionale Unterstützung aus.

Ein positives Selbstbild nähren

Eine gute Einstellung zu sich selbst und Vertrauen in die eigenen Fähigkeiten, Eigenschaften, Werte und Verhaltensweisen kann erreicht werden, indem man Kenntnis über die eigenen Ressourcen gewinnt und diese in der körperlichen, emotionalen, kognitiven, behavioralen und sozialen Dimension erlebt und integriert.

Entschieden Handeln

Es ist stets hilfreicher, in einer Problemsituation aktiv, überlegt und im Rahmen der aktuellen Möglichkeiten zu handeln, anstatt passiv zu warten. Die Tatsache, dass man etwas unternommen hat, fördert das Gefühl der Selbstwirksamkeit und so die Resilienz über die emotionale und kognitive Dimension. Leitsätze wie „Es gibt nichts Gutes, außer man tut es", „Im Zweifelsfall: Ja", „Ich bin mein eigener Anwalt und vertrete meine Interessen" oder „Vom Opfer zum Täter" können hilfreich sein, um sich einen Ruck zu geben.

Sich in Richtung Ziel bewegen

Für die Resilienzförderung in der emotionalen und kognitiven Dimension ist es wichtig, diejenigen Aufgaben und Visionen zu erkennen, von denen man erreichbare Ziele ableiten kann. Der Fokus soll auf realistische Ziele gerichtet werden anstatt auf unrealistische Luftschlösser. Dazu gehört, das Ziel in umsetzbare Teilschritte herun-

1 https://www.apa.org/helpcenter/road-resilience

terzubrechen, deren Erreichung zu regelmäßigen Erfolgserlebnissen führt. Eine Leitfrage kann sein: „Was kann ich heute, in dieser Woche oder in diesem Monat mit meinen aktuellen Mitteln und Fähigkeiten für mein Ziel tun?"

Sorge für dich selbst!
In Belastungssituationen ist es wichtiger denn je, für sich selbst zu sorgen, damit man mit der Belastung besser umgehen kann. Man kann in den Alltag folgende Fragen integrieren, um zu lernen, auf die eigenen Gefühle und Bedürfnisse zu achten: „Wie geht es mir im Moment? Was brauche ich jetzt? Was würde mir jetzt guttun?" Selbstfürsorge kann körperlich, emotional und kognitiv stattfinden. Hier kann auf die Interventionen zum Stresskreislauf-Unterbruch aus dem Modul „Stress ist ein ganzheitliches Phänomen – die Erlebensdimensionen" (Kap. 6.2.5) hingewiesen werden, die sich allesamt für die regelmäßige Selbstfürsorge eignen.

Für die Resilienzförderung über die Körperdimension kann hier auf die Neuroplastizität als biologisches Korrelat der Resilienz hingewiesen werden. Neuroplastizität macht das Gehirn anpassungsfähig und somit resilient gegenüber einer wechselnden Umwelt und Belastungen. Im letzten Modul „Neurobiologie des Stresses" wurde der neuronale Wachstumsfaktor BDNF vorgestellt (Kap. 5.3.4), der die Neubildung von Nervenzellen unterstützt und zuständig ist für den Erhalt und das Wachstum von bestehenden Neuronen. BDNF spielt somit eine wichtige Rolle für die Neuroplastizität bzw. die Resilienz. Eine Erhöhung des BDNF-Spiegels wird nachweislich durch regelmäßige (2- bis 3-mal/Woche mind. 30 Minuten) Bewegung im aeroben Bereich erreicht (70–80 % der maximalen Herzfrequenz).

Möglichkeiten zur Selbstentwicklung sehen
In Krisen beschäftigt man sich oft mit Dingen, zu denen zuvor kein Zugang bestand. Man liest Literatur zum Thema oder probiert neue Aktivitäten – nur um einige zu nennen: Meditation, Lauftraining, Musiktherapie, Yoga u.v.a.m. –, die neben der Krisenbewältigung auch das persönliche Wachstum unterstützen können. Krisen sind fruchtbar für die persönliche Entwicklung. Hierzu passt ein Zitat von Max Frisch: „Krise kann ein produktiver Zustand sein. Man muss ihr nur den Beigeschmack der Katastrophe nehmen."

Krisen nicht als unüberwindbare Probleme ansehen
Krisen und belastende Ereignisse sind Teil der menschlichen Erfahrung. Das ist nicht veränderbar. Was jedoch veränderbar ist, ist die eigene Haltung gegenüber schwierigen Zeiten. Will man bei jeder Schwierigkeit mit dem Schicksal hadern und sich als Opfer sehen oder versucht man, Probleme als Teil des Lebens zu akzeptieren, sich ihnen zu stellen und eine positive Zukunft zu antizipieren? An dieser Stelle kann auf den Ansatz des Selbstmitgefühls verwiesen und entsprechende Literatur empfohlen werden (z.B. [105]).

Situationen aus einer größeren Perspektive betrachten
Das Hauptsymptom der Stressreaktion in der kognitiven Dimension ist der Tunnelblick. Dabei werden viel Aufmerksamkeit und Denkressourcen in die Belastungssituation investiert und die Freizeit und soziale Kontakte vernachlässigt. Indem man sich überwindet, in Stressphasen angenehmen Aktivitäten nachzugehen und schöne Pläne für danach zu schmieden, wird ein Bewusstsein generiert, dass das Leben während der Bewältigung des Stressors stattfindet und danach weitergeht.

Um ein Problem zu relativieren helfen auch Fragen wie „Was bedeutet das über mein ganzes Leben betrachtet?" oder „Wie werde ich in fünf Jahren auf diese Situation zurückblicken?"

Wechsel als Teil des Lebens akzeptieren
Nichts währt ewig, auch nicht die guten Dinge. Wie ein Zitat des griechischen Philosophen Heraklit besagt „Die einzige Konstante im Universum

ist die Veränderung", oder adaptiert „Das einzig Sichere im Leben ist die Veränderung". Es ist wichtig zu akzeptieren, dass gewisse Begebenheiten nicht kontrolliert werden können. Man kann lernen, diese loszulassen und sich mehr auf veränderbare Umstände zu konzentrieren.

Eine zuversichtliche Perspektive beibehalten
Nichts währt ewig, auch Belastungsphasen gehen einmal zu Ende. Für die Entwicklung dieses Resilienzfaktors kann man lernen, eine positive Zukunft zu antizipieren und zu visualisieren, was man möchte, anstatt in den gegenwärtigen Sorgen zu versinken. Man soll versuchen, einem Problem mit Offenheit und in Erwartung von besseren Zeiten zu begegnen. Ein möglicher Leitsatz ist: „Ich sehe, was ist, und erwarte mit offenem Herzen, was kommt."

Die Förderung der besprochenen Resilienzfaktoren ist ein individueller Prozess und die Teilnehmer werden motiviert, diesen für sich oder mit der Unterstützung eines Coaches oder entsprechenden Kursen aufrecht zu erhalten. Für das allgemeine Wohlbefinden lohnt es sich, Energie in die Entwicklung von Beziehungen, Selbstkontakt und Selbstfürsorge zu investieren.

In der Gruppe wird im Folgenden angeschaut, wie man ein positives Selbstbild nähren kann.

6.4.4 Ressourcen identifizieren

Für ein positives Selbstbild ist es essenziell, die eigenen Ressourcen zu kennen. Einfach gesagt, sind Ressourcen alles, was einem guttut. Ressourcen können persönliche Stärken, Fähigkeiten, Lebenserfahrungen, Beziehungen und materielle Dinge sein, die zur Befriedigung von Bedürfnissen, zum Erreichen von Zielen und dem Lösen von Problemen eingesetzt werden können. Ressourcen sind individuell, situations- und lebensphasenabhängig und dynamisch, d.h. es können unbenutzte Ressourcen reaktiviert, aktuelle verstärkt oder neue aufgebaut werden.

Nach diesen Erläuterungen kann den Teilnehmern 10 Minuten Zeit gegeben werden, um Dinge aufzuschreiben, die ihnen guttun: „Schreiben Sie alles auf, was Ihnen guttut. Was macht Ihnen Freude, was gibt Ihnen ein Gefühl von Freude, Unterstützung oder Kraft? Schreiben Sie alles auf, was Ihnen in den Sinn kommt." Es können auch einige Beispiele vom „Fragebogen zum persönlichen Ressourcen-Pool" (Tabelle 6-1) genannt werden, damit die Teilnehmer einen Ansatzpunkt haben.
Anschließend können auf der Liste die Ressourcen gekennzeichnet werden, die aktuell guttun und diejenigen, die in der Vergangenheit gutgetan haben.
Als Ergänzung kann den Teilnehmern das Arbeitsblatt „Fragebogen zum persönlichen Ressourcen-Pool" (Tabelle 6-1) mit möglichen Ressourcen abgegeben werden. Vor dem Ausfüllen kann auf die Unterteilung in personale, interpersonale und nonpersonale Ressourcen hingewiesen werden. Diese ist nur eine Möglichkeit, die vielen verschiedenen Arten von Ressourcen zu strukturieren.

Es ist zu empfehlen, den Fragebogen – wenn überhaupt – erst nach dem selbstständigen Zusammentragen der Ressourcen abzugeben, da der Fragebogen auf Ressourcen aufmerksam machen kann, die man gerne hätte, aber nicht hat. Dieser Ansatz wäre der Resilienzförderung weniger zuträglich, da die Fokussierung auf nicht vorhandene Ressourcen („das kann/habe ich alles nicht") einen zusätzlichen Stressor darstellen könnte.

6.4.5 Ressourcenverankerung in Zweiergruppen

Damit Ressourcen nachhaltig integriert werden und auch unter Belastung zugänglich sind, müssen sie über die KEK-Dimensionen vernetzt sein. Hierfür muss eine Ressource konsequent in die Körperdimension gebracht werden, um eine konkrete Hier-und-Jetzt-Erfahrung (Felt Sense) zu erreichen.

Alternativ oder zusätzlich zur nachfolgenden Übung „Ressourcendusche" kann die Verankerung bzw. das Embodiment von Ressourcen in Zweiergruppen geübt werden. Da interpersonale Ressourcen oft ambivalent sind, sind persönliche Fähigkeiten oder materielle Ressourcen für die Übung im Rahmen der Gruppe besser geeignet.

An einem ungestörten Ort stellt Person A der Person B folgende Fragen:

- „Welche Ressource ist es?"
- „Was ist die Geschichte der Ressource. In welcher Situation war sie besonders hilfreich?"
- „Was spürst Du im Körper, wenn Du die Ressource vergegenwärtigst?"
- „Welche Gefühle entstehen bei der Vergegenwärtigung der Ressource?"
- Bei einer nonpersonalen Ressource: „Was würde die Ressource sagen, wenn sie reden könnte?"
- Um die Ressource zu verankern, soll mehrmals nach den Körperempfindungen, Gefühlen und Gedanken gefragt werden. Nach 5–10 Minuten wechseln A und B die Rolle.

6.4.6 Die Komplimentedusche (auch Ressourcendusche)

Man hat Ressourcen, die anderen sofort auffallen. Teilweise ist die innere Wahrnehmung deckungsgleich mit der Wahrnehmung von außen, es kann aber überraschend sein, welche positiven Eigenschaften von anderen beobachtet oder einem zugeschrieben werden. Um auch den Blick von außen kennenzulernen, eignet sich folgende Übung.

Jedem Teilnehmer werden Zettel (Post-it) in der Anzahl der anderen Teilnehmer verteilt. Wenn es insgesamt 10 Teilnehmer sind, bekommt jeder einzelne 9 Zettel. Die Teilnehmer werden nun aufgefordert, für jeden anderen einen Zettel vorzubereiten, mit mindestens einer positiven Eigenschaft, die einem aufgefallen ist, einem Kompliment oder mit etwas, das man am anderen schätzt etc. Die Vorbereitungszeit beträgt ca. 10 Minuten. Diese Aufgabe kann für manche mit großer Anstrengung und perfektionistischen Ansprüchen verbunden sein. Es kann deshalb zusätzlich instruiert werden, dass man eher auf spontane Eindrücke achten und nicht zu lange überlegen soll. Es kann auch etwas im Stil von „mir gefällt Deine Brille" sein, Hauptsache, es ist positiv und wohlwollend. Die Zettel werden nach der Übung der betreffenden Person übergeben.

Danach geht's los: Ein Teilnehmer nach dem anderen bekommt eine Komplimentedusche.

Die zu duschende Person bekommt folgende Anweisung: „Nehmen Sie eine würdevolle Haltung ein und stellen Sie beide Füße auf den Boden. Sie hören nun eine geballte Ladung an Komplimenten und positiven Worten. Lassen Sie das Gehörte auf sich wirken, achten Sie darauf, was in Ihrem Körper passiert, und nehmen Sie wahr, wie sich Ihr Ressourcentank füllt. Atmen Sie die Komplimente ein.

Es kann sein, dass es für Sie ungewohnt und schwierig auszuhalten ist. Es können starke Emotionen und Gedanken hochkommen. Es kann sein, dass Sie Widerstand spüren und den Impuls, gegen ein Kompliment zu argumentieren. Nehmen Sie diese Impulse bewusst wahr und atmen Sie tief ein und aus. Das Einzige, was Sie sagen dürfen, ist ein ‚Danke' am Ende. Es kann vorkommen, dass ein gutgemeintes Kompliment bei Ihnen negativ assoziiert ist. Stellen Sie sich in diesem Fall vor, Sie hätten ein großes Sieb, das nur Dinge auffängt, die Sie annehmen möchten und alles Unbrauchbare durchfließen lässt."

Die duschenden Teilnehmer werden folgendermaßen instruiert: „Teilen Sie der Person in der Dusche mit, was Sie für sie auf Ihrem Zettel notiert

haben. Formulieren Sie Ihre Komplimente in Ich-Botschaften, z. B. ‚Ich finde …', ‚Auf mich wirkst du …', ‚Ich schätze an dir …' usw. Wenn die Runde zu Ende ist, geben Sie den Zettel Ihrem ‚frisch geduschten' Kollegen." Die Gruppenleitung ist von dieser Übung ausgeschlossen, damit die Leitungsrolle und eine neutrale Haltung bewahrt werden.
Nach dieser bewegenden Übung ist es besonders empfehlenswert, einen KEK-Check zu machen. Die Teilnehmer werden aufgefordert, nachzuspüren, wie das Erhalten der vielen Komplimente für sie war: „Was passiert im Moment in Ihnen? Welche Körperempfindungen nehmen Sie nach dieser Übung bei sich wahr? Wo und wie spüren Sie die Komplimente? Wie ist Ihre Gefühlslage, welche Gefühle sind im Moment vorhanden? Welche Gedanken und Impulse haben Sie?" Danach haben sie ein paar Minuten Zeit, ihre Wahrnehmungen in Stichworten zu notieren.

Auch hier ist der Vergleich zwischen dem KEK-Check vor und nach dieser Übung interessant, damit die Teilnehmer erfahren können, welchen Effekt Ressourcen haben können.

6.4.7 Alternative: Ressourcenort-Imagination

Um einer Ressource effektiv und nachhaltig Wirksamkeit zu verleihen, empfiehlt es sich, diese zu „installieren", das heißt sie in allen KEK-Dimensionen zu erfahren und über die Körperdimension im Hier und Jetzt spürbar zu machen. Ressourcen können mithilfe der Technik der Imagination installiert werden. Die folgende Übung ist von der Imaginationsübung „Der sichere, innere Ort" von Luise Reddemann abgeleitet. Sie kann zur Installation von einem Ort, einer nonpersonalen Ressource oder von Fähigkeiten und guten Gefühlen in einer spezifischen Situation, also personalen Ressourcen, genutzt werden.

Zur Vorbereitung – die Aufgabe kann auch in einem früheren Modul vergeben werden – werden die Teilnehmer aufgefordert, sich in Gedanken einen Ort auszusuchen, an dem Sie sich rundum wohl und sicher fühlen. Es kann ein ganz gewöhnlicher Ort sein, wie der eigene Balkon oder auch einer aus der Fantasie oder aus einem Film, Roman, Traum etc. Oder es kann eine bestimmte Situation vergegenwärtigt werden, in der sich eine Person glücklich, selbstwirksam, stark, selbstbewusst, gelassen etc. fühlte oder in der sie etwas gut gemeistert hat.

- Nehmen Sie eine würdevolle Haltung ein und stellen Sie beide Füße auf den Boden.
  Finden Sie eine Position, in der Ihr Rücken gerade, Ihre Schultern und Ihr Nacken entspannt sind. Entspannen Sie Ihre Gesichtsmuskulatur und schließen Sie die Augen.
- Lassen Sie nun Ihren Ort, Ihren Ressourcenort, den Ort an welchem Ihre Ressourcensituation stattfand vor Ihrem inneren Auge entstehen.
- Lassen Sie Ihren Blick schweifen.
- Was sehen Sie? Nehmen Sie jedes Objekt, das Sie sehen, genau wahr.
  Welche Farben sehen Sie? Welche kommen am häufigsten vor?
  Welche Formen sehen Sie? Geometrische oder diffuse Formen?
  Wie ist die Beschaffenheit oder das Material der Dinge, die Sie sehen? Sind es sanfte Hügel, ein stiller See, schroffe Klippen, glänzende Blätter, zarte Blüten, grobgewobener Stoff, sprödes Holz?
- Wie ist das Wetter an Ihrem Ressourcenort, in Ihrer Ressourcensituation?
  Ist es hell, ist es dunkel? Warm oder kalt? Windig oder stürmisch?
- Sind Sie alleine oder ist jemand bei Ihnen? Ist es eine oder sind es mehrere Personen? Oder ist es ein Tier? Was macht die Person oder das Tier?
- Nun aktivieren Sie Ihren Hörsinn an Ihrem Ressourcenort, in Ihrer Ressourcensituation.

Was hören Sie an diesem Ort, an dem Sie sich wohl fühlen? Welches sind die Geräusche, die am deutlichsten sind? Welche Geräusche sind im Hintergrund, wie ist die Geräuschkulisse?

- Versuchen Sie nun, die Gerüche in Ihrer Nase und den Geschmack in Ihrem Mund wahrzunehmen.
  Liegt an Ihrem Ressourcenort ein bestimmter Duft in der Luft? Oder hat er einen spezifischen Geschmack? Welche Gerüche nehmen Sie wahr? Wie ist der Geschmack in Ihrem Mund?
- Nehmen Sie nun Ihren Körper wahr. Wie ist Ihre Körperhaltung an dem Ort, wo Sie sich wohl fühlen?
  Stehen, sitzen, liegen oder spazieren Sie? Welche Kleidung tragen Sie? Wie fühlt sich diese Kleidung an? Wie fühlt sich Ihre Haut an? Ist sie warm oder kühl? Trocken oder feucht?
- Wie fühlt es sich in Ihrem Körper an, wenn Sie sich wohl fühlen? Was sind Ihre Körperwahrnehmungen? Spüren Sie irgendwo Weite, angenehmen Druck, Leichtigkeit, Schwere, Befreitheit?
- Welche Gefühle nehmen Sie bei sich wahr? Versuchen Sie, Ihre Gefühle mit einer interessierten und wohlwollenden Haltung zu beobachten.
- Wie atmen Sie an Ihrem Ressourcenort, an dem Ort und in der Situation, in der Sie sich wohlfühlen? Wo spüren Sie Ihren Atem? Beobachten Sie ihn, wie er ist.
- Machen Sie nun ein Foto, eine Momentaufnahme mit all Ihren Sinneseindrücken von Ihrem Ressourcenort. Ein Bild, das die Geräusche, Gerüche, Ihre Gefühle und Ihre Körperwahrnehmungen integriert. Und speichern Sie es in Ihrem Inneren ab. Vielleicht gibt es eine bestimmte Körperstelle, wo Sie Ihr Bild abspeichern möchten. Berühren Sie diese mit Ihrer Hand und üben Sie leichten Druck aus.
- Sie können dieses Bild Ihrer persönlichen Ressource, das ganzheitliche Foto Ihres Wohlbefindens, jederzeit hervorholen und mit all Ihren Sinnen erkunden und aktualisieren. Wenn Sie den Speicherort in Ihrem Köper berühren, haben Sie erleichterten Zugang. Ihr persönlicher Ressourcenort ist immer da für Sie und kann jederzeit aktiviert werden.
- Verabschieden Sie sich nun von Ihrem Ressourcenort und vertiefen Sie bewusst Ihre Atmung.
  Strecken und recken Sie sich und machen Sie, sobald Sie bereit sind, die Augen auf.

Nach der Imagination werden die Teilnehmer angeleitet, sich in den KEK-Dimensionen zu beobachten, d.h. wie in der Einstiegsübung die eigenen Körperempfindungen, Gedanken, Gefühle und Impulse wahrzunehmen. Können Unterschiede zu davor festgestellt werden, als die Übung im Rahmen der Besprechung der Resilienzförderung durchgeführt wurde?
Danach wird in die Gruppe gefragt: „Wie war das für Sie?" Der Austausch kann in Form eines Sharings stattfinden.
Anmerkungen: Je regelmäßiger diese Übung durchgeführt wird, desto leichter aktivierbar wird die damit assoziierte Ressource. Zum Üben kann man sich die Imaginationsreise selbst auf Band sprechen oder sie von jemandem vorlesen lassen.

Es kann geschehen, dass die Übung Trauer auslöst, da der Ressourcenort weit weg, unerreichbar oder nicht (mehr) existent ist. In diesem Fall soll die Trauer anerkannt werden und die Person ermuntert, dass die Gefühle und Empfindungen, die dieser Ort auslöst bzw. diesem innewohnen, die eigentliche Ressource darstellen.

6.5 Anwendung im Einzelsetting

Die Entwicklung und Förderung eines jeden Resilienzfaktors kann im Einzelsetting behandelt werden. Generell ist die Entwicklung der Fähigkeit zum Selbstkontakt indiziert, da diese nicht nur einen fundamentalen Resilienzfaktor darstellt, sondern auch das übergeordnete Ziel bei körperorientierten Behandlungen ist.

Übungen zum Selbstkontakt

Es gibt viele Herangehensweisen und Übungen, um den Selbstkontakt herzustellen und zu stärken. Mit Klienten, die sich unter dem Begriff Selbstkontakt nicht viel vorstellen können, ist folgende Technik ein guter Einstieg. Der Coach stellt dem Klienten wiederholt und „unangenehm oft" die Frage: „Sagen Sie mir, was im Moment in Ihnen passiert." Nach einigen automatischen Antworten und Schnellschüssen wie „ich weiß nicht" oder „ich sitze jetzt hier" wird der Klient zum Nachforschen und zur Kontaktierung seiner Empfindungen und Stimmung angeregt. Falls die Frage nicht verstanden wird, kann sie erweitert formuliert und analog zum KEK-Check durchgeführt werden: „Wenn Sie sich in diesem Moment von innen beobachten und wahrnehmen, welche Körperempfindungen, Gefühle und Gedanken Sie gerade haben. Was geht in diesem Moment in ihnen vor? Was können Sie beobachten?"

Mit Klienten, denen das Konzept und das Erleben des Selbstkontaktes nicht unbekannt ist, kann – analog zu der Erfassung der individuellen Stresssymptome in Kap. 3 – eine Liste mit Symptomen des Selbstkontaktes innerhalb der verschiedenen KEK-Dimensionen erstellt werden. Dadurch wird die Erfahrung des Selbstgefühls in der körperlichen, emotionalen und kognitiven Dimension vertieft und verankert.

Die Fähigkeit zum Selbstkontakt entwickelt sich mit regelmäßiger Übung. Deshalb sind Hausaufgaben, die der Klient für sich alleine macht, unabdinglich. Eine empfehlenswerte Übung ist das Führen eines Tagebuchs. Spezifisch zur Kultivierung des Selbstkontaktes kann täglich zu einer bestimmten Zeit, z. B. nach dem Aufstehen oder vor dem Zubettgehen, ein KEK-Check durchgeführt werden. Dabei werden während ein paar Minuten (zu empfehlen sind zu Beginn 3–5 Minuten) ohne lange nachzudenken und zu bewerten, alle Gefühle, Körperempfindungen, Impulse und Gedanken aufgeschrieben, die im Moment wahrgenommen werden. Statt eines Zeitrahmens kann auch eine Anzahl angegeben werden, dass beispielsweise für jede Dimension jeweils drei oder mehr Beobachtungen aufgeschrieben werden sollen. Diese Aufgabe soll regelmäßig und über einen längeren Zeitraum (mehrere Monate) ausgeführt werden.

Ressourcen installieren

Das positive Selbstbild durch Ressourcenarbeit zu nähren, kann in vielerlei Situationen im Einzelsetting indiziert sein. Als Grundlage kann der „Fragebogen zum persönlichen Ressourcenpool" (Tabelle 6-1) ausgehändigt und personalisiert werden. Der Klient kann auch einen Gegenstand oder ein Symbol für eine Ressource mitnehmen, z. B. einen Stein, der für Stärke oder Willenskraft steht oder eine Muschel von einem Strand, an dem besonders genussvolle Momente erlebt wurden. Es ist zu empfehlen, anfänglich nur mit eindeutig guten personalen und nonpersonalen Ressourcen zu arbeiten. Interpersonale Ressourcen wie Familienmitglieder oder Freunde können auch negative Anteile haben, die während der Ressourcenarbeit störend wirken können.

Ressourcen werden wie in der oben beschriebenen Übung installiert (Kap. 6.4.5). Wichtig ist, dass jeweils ein Felt Sense für die Ressource entsteht. Deshalb soll den Klienten genügend Zeit gelassen werden, damit sie sich mit der Ressource verbinden, sie spüren und erleben können. Die Entstehung des Felt Sense wird begünstigt, indem wiederholt Körperempfindungen, Gefühle und Gedanken der Klienten erfragt werden.

Zu beachten gilt, dass für einen nachhaltigen Effekt die Übung regelmäßig durchgeführt werden soll, in den Sitzungen oder als Hausaufgabe.

Tabelle 6-1: Fragebogen zum persönlichen Ressourcenpool (adaptiert von Markus Fischer, IBP Institut, Winterthur). Die leeren Zeilen können mit weiteren individuellen Ressourcen ergänzt werden.

Personale Ressourcen
☐ Selbstbeobachtung von/ Achtsamkeit auf
☐ Körperempfinden
☐ Gefühle
☐ Gedanken
☐ Intuition
☐ innere Bilder
☐ Selbstreflexionsfähigkeit
☐ Imaginationsfähigkeit
☐ Positive Fantasien
☐ Kraftbilder (sicherer Ort, innerer Freund)
☐ Positive Erinnerungen
☐ Überzeugungen (z. B. Selbstwirksamkeit)
☐ Glauben und Religion
☐ Spiritualität
☐ Optimismus
☐ Traditionen, Rituale
☐ ...
☐ ...
☐ ...
☐ Werte
☐ ...
☐ ...
☐ ...
☐ Zielorientierung
☐ Projekte verfolgen
☐ Schlafen
☐ Selbstfürsorge (tun, was mir guttut)
☐ Selbstpflege
☐ Fähigkeiten, Fertigkeiten
☐ ...
☐ ...
☐ ...
☐ Erfüllendes Arbeiten
☐ Lachen, Humor
☐ Sport
☐ Bewegung (Tanzen, Tai Chi, Yoga, Qi Gong ...)
☐ Sex
☐ Zärtlichkeit
☐ Kreativer Ausdruck (Schreiben, Malen, Musizieren, Singen, Theaterspielen, Gestalten ...)
☐ Reden
☐ Verlangsamen
☐ Freiraum nehmen
☐ Lesen
☐ Lernen
☐ Gefühle von
☐ Freude

- ☐ Sicherheit
- ☐ Vertrauen
- ☐ Geborgenheit
- ☐ Gelassenheit
- ☐ Liebe
- ☐ Neugier
- ☐ Zugehörigkeit und Akzeptanz
- ☐ Innerer Ordnung
- ☐ Hoffnung
- ☐ Sinnhaftigkeit
- ☐ Anerkennung
- ☐ Wertschätzung
- ☐ Genuss
- ☐ Erfolg
- ☐ Sich verstanden fühlen
- ☐ Verbundenheit
- ☐ Heimat
- ☐ …
- ☐ …
- ☐ …

Interpersonale Ressourcen (soziale Ressourcen)

- ☐ Zwischenmenschlicher Kontakt und Austausch
- ☐ Freundeskreis
- ☐ Nachbarn
- ☐ Gemeinsame Tätigkeiten und Projekte
- ☐ Gemeinsames Bestehen von Schwierigkeiten/ Prüfungen
- ☐ Familienkreis
- ☐ Bezugspersonen außerhalb der Familie (Lehrer, Mentor, Arzt, Pfarrer …)
- ☐ Vereine, Gruppen
- ☐ Haustiere

Nonpersonale Ressourcen

- ☐ Natur
- ☐ Garten
- ☐ Kraftorte
- ☐ Wohnung
- ☐ Möbel
- ☐ Geld
- ☐ Kleider, Schmuck
- ☐ Düfte
- ☐ (gesundes) Essen
- ☐ Heilmittel
- ☐ Bücher, Geschichten, Märchen
- ☐ Kunst, Ästhetik, Kultur
- ☐ Musik
- ☐ Bedeutsame, symbolische Objekte
- ☐ Filme
- ☐ Fotos
- ☐ Information, Orientierung, Übersicht
- ☐ Ordnung (Struktur im Äußeren)

Es kann geschehen, wenn eine Ressource auf einer tieferen Ebene erfahren wird, dass alte Geschichten und Probleme auftauchen und die Gefühle ins Negative kippen. Das bedeutet, dass ein Verarbeitungs- oder Integrationsprozess eingeleitet wurde, bei dem die Wahrnehmung zwischen dem durch die Ressource ausgelöstem Wohlbefinden und den mit dem Problem verbundenen Gefühlen hin und her verlagert wird. Die Aufgabe des Coaches liegt darin, diesem Pendeln Raum zu geben und den Klienten immer wieder in die Ressource zurückzubegleiten.

7 Erholung ist alltäglich

7.1 Modulziele

- Verstehen, warum regelmäßige Erholung wichtig für den Erhalt der Gesundheit und der Leistungsfähigkeit ist
- Regelmäßigkeit und Präsenz als Prinzipien der Erholung verstehen
- Kenntnis über die Funktionen der Anti-Stress-Systeme gewinnen: ventraler Vaguskomplex und Oxytozin
- Möglichkeiten zur Aktivierung des Vagus und der Oxytozin-Freisetzung entdecken und in den Alltag integrieren

7.2 Hintergrund

In Belastungssituationen und Phasen von Stress wird die meiste Zeit und Aufmerksamkeit für den Stressor aufgewendet. Für die Bereitstellung dieser Ressourcen werden als erstes Pausen, Freizeit und Ruhephasen vernachlässigt mit dem Gedanken, dass die Zeit besser und zweckbestimmter genutzt werden kann und muss. Den meisten Menschen ist bewusst, dass Erholung wichtig ist, um gesund zu bleiben und längerfristigem Schaden vorzubeugen, der durch eine erhöhte Konzentration von Stresshormonen und durch Überaktivierung des autonomen Nervensystems verursacht werden kann. Dennoch gibt es für die Vernachlässigung der Erholung viele sehr gute Gründe. In erster Linie liegt es in der Natur des Menschen bzw. in der Natur von Lebewesen mit einem Stressantwortsystem, Stressoren unmittelbar bewältigen zu müssen. Wenn im Bewertungsprozess im limbischen System und der Hirnrinde eine Situation als bedrohlich etikettiert wurde, wird das Stressantwortsystem aktiviert und Energie zur Bewältigung mobilisiert. Im Flucht-oder-Kampf-Modus stellt sich in der kognitiven Dimension der Tunnelblick ein und Reize, die nichts mit dem Stressor zu tun haben, werden unwichtig und kaum wahrgenommen. Mit der körperlichen Aktivierung und dem Fokus auf dem Stressor ist Erholung einfach nicht auf dem Radar. Überlebenstechnisch macht es Sinn, erst die Bedrohung zu beseitigen oder ihr entkommen zu wollen.

Erholungsfeindliche Mechanismen entstehen auch im Herkunftsszenario. Es gibt einige stressfördernde Glaubenssätze, die es auf arbeitsfreie Zeiten und nicht zweckbestimmte Aktivitäten abgesehen haben. Der Glaubenssatz „Ich muss meine Zeit nutzen und etwas Sinnvolles machen“ verleitet dazu, in der Freizeit den Haushalt zu machen, wettkampforientierte Sportarten auszuüben, karriererelevante Weiterbildungen zu besuchen oder alles so dicht mit Aktivitäten zu verplanen, dass man wortwörtlich in einen „Freizeitstress“ gerät. Glaubenssätze im Stil von „Ich muss besser oder zumindest gleich gut sein wie die anderen“ machen anfällig für Prestigedenken und soziale Vergleiche. Man geht beispielsweise Surfen oder Golfen, organisiert ausgefallene Dinnerpartys, um zu bestimmten sozialen Kreisen dazuzugehören, obwohl es gar nicht als erholsam und wohltuend erlebt wird.

Auch setzt man sich oft selbst mit der Vorstellung unter Druck, sich an freien Tagen besonders effizient erholen zu müssen. Schließlich sind die freien Tage dazu da und sollen voll ausgeschöpft werden. Aber wie? Sich in einer Stressphase nichtstuend aufs Sofa zu setzen und auf den Erholungseffekt zu warten, mag vielen zurecht als unsinnig erscheinen. Einerseits ist viel mobilisierte Energie im Körper, die ausagiert werden sollte. Andererseits können das gedankliche Kreisen um den Stressor und die Stressgefühle nicht einfach gestoppt werden.

Es wirken somit biologische, soziale und persönlichkeitsbedingte Mechanismen, die beim Vorhandensein eines Stressors die Erholung in den Hintergrund rücken.

7.2.1 Erholungsvarianten im Aktivierungs-/Deaktivierungsmodell

Regelmäßige Erholung ist für einen nachhaltigen Umgang mit Belastungen, eine gute Leistungsfähigkeit und für die Lebensqualität unabdingbar. Eine typische Verhaltensweise bei chronischem Stress ist jedoch, die Erholung auf einen späteren Zeitpunkt und in konzentrierter Form zu planen. Dies bedeutet, dass sich bis dahin die Aktivierung stetig kumuliert, bis man schließlich kurz vor der Überforderung in die Ferien fährt (Abbildung 7-1a). Unser Organismus kann hervorragend mit solchen Achterbahnfahrten zwischen Aktivierung und Deaktivierung umgehen, vorausgesetzt, er bekommt genügend lange Ruhezeiten, um sich zu erholen und sich in die Homöostase zurückzuregulieren. Dennoch spricht einiges gegen diese „Variante Achterbahn". Durch stetige Kumulation der Aktivierung befindet man sich dauerhaft auf der Mobilisationsstufe. Dort kann man zwar gut funktionieren und quantitative Leistung erbringen, man entfernt sich jedoch immer weiter weg vom „Window of Tolerance", in dem Anpassungs- und Regulierungsfähigkeit, soziale und kommunikative Fähigkeiten und Kreativität ausgeprägter sind. Für die Erhaltung der Gesundheit und die qualitative Leistungsfähigkeit ist es deshalb wichtig, regelmäßig zu deaktivieren. Dies wird erreicht, indem man den Parasympathikus zum Zug kommen lässt bzw. gezielt aktiviert. Ein Richtwert besagt, dass für eine gute Balance zwischen Aktivierung und Deaktivierung der Parasympathikus zu einem Drittel des Tages, also acht Stunden täglich aktiviert werden sollte. Zu diesen acht Stunden zählen qualitativ guter, d.h. erholsamer Schlaf in der Nacht und „parasympathische Inseln" in Form von kürzeren, aber regelmäßigen Pausen im Verlauf des Tages (Abbildung 7-1b).

Regelmäßige Erholung fördert auch die aktuelle Resilienz. Während bei der „Variante Achterbahn" die aktuelle Resilienz zunehmend geschmälert und die Vulnerabilität erhöht wird, wird durch „parasympathische Inseln" die aktuelle Resilienz stabil gehalten und längerfristig gestärkt (Abbildung 7-2).

7.2.2 Erholung mit Genuss

Für die Handhabung und Gestaltung von Erholungsphasen gibt es unzählige Möglichkeiten, und es ist sehr individuell, welche Art von Erholung effektiv und in den Alltag integrierbar ist. Empfehlenswert ist, ein möglichst breites Repertoire an Strategien und Zugangsmöglichkeiten über die verschieden KEK-Dimensionen zu haben, d.h. diverse Erholungsmethoden für die körperliche, gedankliche und emotionale Dimension zu kennen.

In der Ratgeberliteratur sind viele praktische Empfehlungen für die Erholungs- und Pausengestaltung zu finden. Ein vielfach beschriebener Ansatz ist, Pausenaktivität komplementär zur Leistungs- und Arbeitstätigkeit zu gestalten

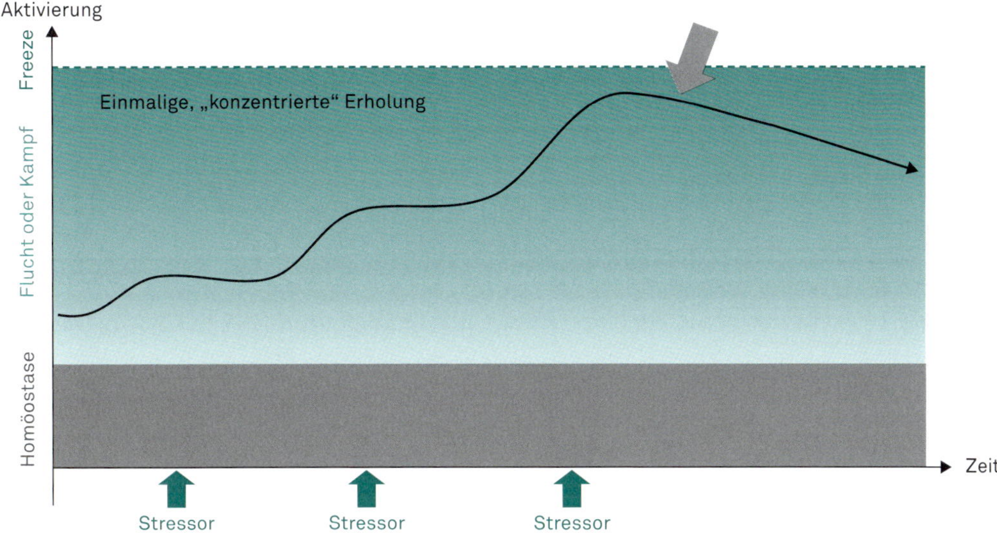

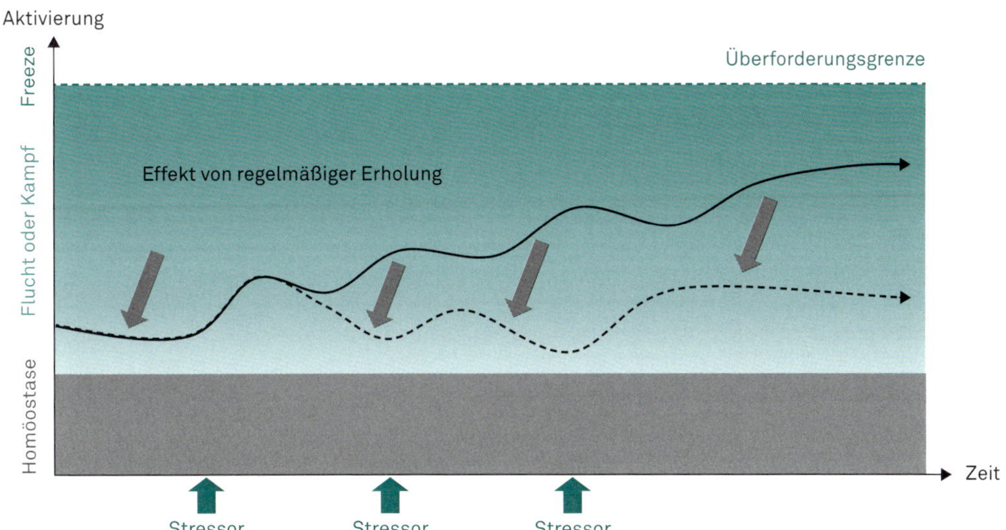

Abbildung 7-1: a Kumulierung der Aktivierung bis zur konzentrierten Erholung („Variante Achterbahn“). **b** Effekt von regelmäßiger Erholung auf das Aktvierungsniveau („parasympathische Inseln“).

[116]. Dieses Komplementaritätsprinzip ist eine einfache und gut umsetzbare Faustregel, die vielerorts Anwendung findet. Beispielsweise soll man bei langem Arbeiten an einem Bildschirm in den Pausen in die Weite schauen, bei einer sitzenden Tätigkeit sich in den Pausen bewegen, bei viel intellektueller Arbeit sich in der Freizeit körperlich betätigen, bei einem körperlich anstrengenden Beruf sich abends ausruhen und einer geistigen Herausforderung nachgehen usw. Um eine Pause als erholsam zu erleben, ist in erster Linie das WIE und weniger das WAS wichtig. Um die Qualität von Pausen zu erhöhen, ist es entscheidend, sich auf die Pause bzw. sich

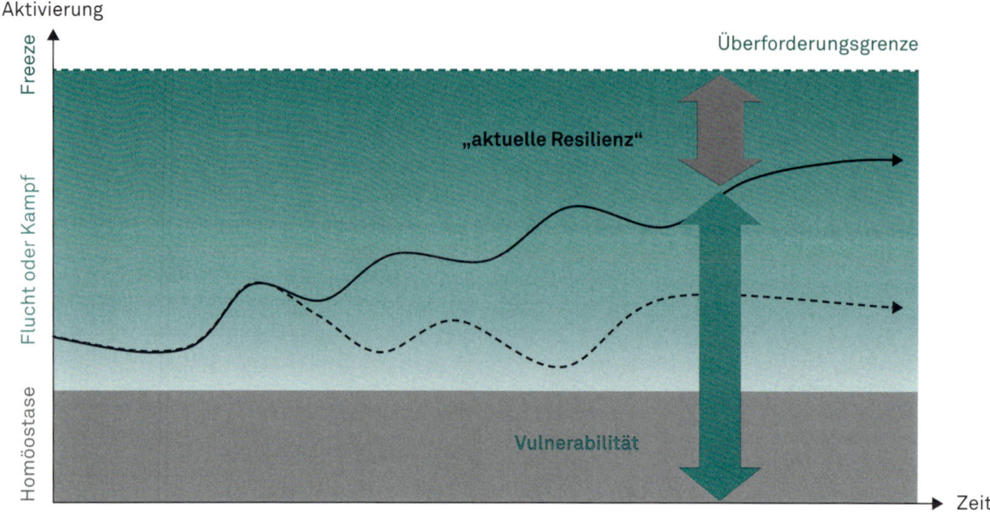

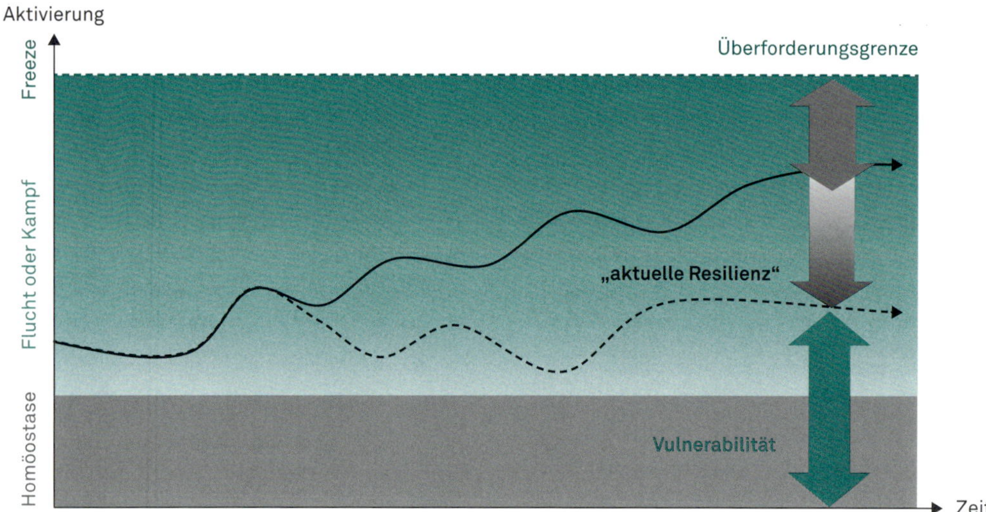

Abbildung 7-2: Die Auswirkung von Aktivierung und Erholung auf die aktuelle Resilienz **a** bei der „Variante Achterbahn" und **b** durch „parasympathische Inseln".

auf die Erholung einzulassen und diese genießen zu können. Um das bewusste Erleben von Genussmomenten zu schulen, wurden so genannte Genussregeln ([117], [118]) aufgestellt, welche lauten:

- Genuss braucht Zeit. Damit ein Augenblick als angenehm wahrgenommen und sich ein Wohlgefühl einstellen kann, braucht es eine gewisse Zeit und Übung.
- Genuss ist erlaubt. „Genussverbote" bzw. stressfördernde Glaubenssätze wie „zuerst die Arbeit, dann das Vergnügen" sollen identifiziert, auf ihre Gültigkeit überprüft und korrigiert werden.
- Genuss geht nicht nebenbei. Man soll sich voll und ganz auf den Genussmoment einlassen, damit ein Erholungs- und Wohlfühleffekt eintreten kann.

- Weniger ist mehr. Wenn etwas im Überfluss vorhanden und zugänglich ist, wird es zur Gewohnheit und verliert an Wirksamkeit. Dies gilt insbesondere für den Gebrauch von Genussmitteln.
- Genuss ist Geschmackssache. Geschmäcker sind verschieden, weshalb für sich selbst entdeckt und ausprobiert werden muss, was guttut. Jedem das Seine.
- Genuss kann man nicht erzwingen. Es kommt vor, dass sich kein Wohlgefühl einstellt. Dennoch ist es wichtig, dass man sich die Zeit genommen hat.
- Ohne Erfahrung kein Genuss. Auch Geniessen will geübt sein. Durch regelmäßige Erfahrungen mit einem potenziellen Genuss- und Wohlfühlmoment wird dessen Wahrnehmung intensiver und die Induktion schneller.
- Genuss ist alltäglich. Genuss ist im Alltag erlebbar und steht nicht (nur) mit außergewöhnlichen Ereignissen wie z.B. Ferien im Zusammenhang. Es ist fast immer und überall möglich, sich einen Moment des Genusses zu gönnen.

Diese vielfach zitierten Genussregeln beziehen sich zwar auf Genuss, Genussfähigkeit basiert jedoch auf denselben Prinzipien wie Erholungsfähigkeit: Regelmäßigkeit und die Bereitschaft, sich auf etwas einzulassen und präsent zu sein.

7.2.3 Regelmäßigkeit und Präsenz

Erholung will geübt sein. Je öfter eine Erholungstätigkeit durchgeführt wird, desto effizienter, wirksamer und intensiver wird deren Erleben. Beispielsweise wirkt eine 3-minütige Fokussierung der Aufmerksamkeit auf den Atem die ersten Male wenig oder gar nicht erholsam. Mit regelmäßiger Wiederholung entfaltet sich mit den Wochen oder Monaten allmählich der wohltuende Effekt und setzt immer schneller und stärker ein. Der Erholungseffekt geht mit einem Lernprozess einher. Eine bestimmte Aktivität, wie z.B. die 3-minütige Atemübung, muss wiederholt mit Wohlgefühl in Verbindung gebracht werden. Dafür sind Wiederholungen unverzichtbar, damit sich durch die regelmäßige Ko-Aktivierung der beteiligten Neuronen synaptische Verbindungen bilden können und nachhaltig gestärkt werden („fire and wire“).

Eine gute Methode, etwas regelmäßig durchzuführen und in den Alltag einzubauen, ist, die Tätigkeit zu ritualisieren oder an bestehende Rituale anzuknüpfen. Beispielsweise kann eine Erholungstätigkeit in den Arbeitsweg – den man ja sowieso macht – eingebaut werden, wie eine Haltestelle früher aussteigen oder im Zug Entspannungsmusik oder Hörbücher hören. Oder man stellt den Wecker drei Minuten früher und macht direkt nach dem Aufstehen eine 3-minütige Achtsamkeitsübung oder einen KEK-Symptomcheck. So werden Erholungsrituale Teil des Tagesablaufs und müssen nicht jedes Mal neu geplant werden.

Das andere Prinzip, das neben der Übung eine Pause erholsam macht, ist Präsenz. Präsent sein bedeutet, im gegenwärtigen Moment „da“ zu sein, sich und die Umgebung im Hier und Jetzt in den KEK-Dimensionen wahrzunehmen. In anderen Worten bedeutet das, dass man sich voll und ganz auf die Pausen und das Erholungsritual einlässt. Es hat eine andere Wirkung, eine Atemübung während dem Lesen einer Mail durchzuführen, als wenn diese am offenen Fenster mit Blick nach draußen gemacht wird. Es zählt somit nicht nur, wie oft eine Erholungsmethode praktiziert wird, sondern auch die Dosis Präsenz bei der Durchführung. Generell gilt Qualität vor Quantität, d.h. lieber kurz und präsent, als lang und absent.

7.2.4
Das Social Engagement System

Erholung geht einher mit der Aktivierung des Social Engagement System. Dieses wurde zuvor bereits vorgestellt als soziales Kommunikationssystem, das Reize unterhalb des Flucht-oder-Kampf-Aktivierungsniveaus mittels Kommunikation und Beziehung bewältigt und adaptiert (Kap. 2). Das biologische Korrelat des Social Engagement System ist der ventrale Vaguskomplex, der jüngste Anteil des autonomen Nervensystems. Der Vagus ist der Hauptnerv des Parasympathikus und hat sensorische, motorische und vegetative Funktionen. Die Bezeichnung „nervus vagus" bedeutet „umherschweifender Nerv" und nimmt Bezug auf dessen großes Versorgungsgebiet, besonders im Gesicht, Hals-, Rachen- und Bauchbereich (Abbildung 7-3). Der Großteil der Kommunikation zwischen Gehirn und Körper wird durch den Vagus gewährleistet. Einerseits leitet der Vagus sensorische Information aus dem Körper an das Gehirn, andererseits reguliert er aufgrund von Signalen aus dem Gehirn die Motorik des Gesichts und des Kopfes. Über die Kontrolle der Gesichtsmuskulatur ist er zuständig für den Ausdruck von Gefühlen und über Muskelgruppen, die für Kopfbewegungen zuständig sind, vermittelt er soziale Gesten. Auch steuert der Vagus die Augenlider an und beeinflusst dadurch den Blick. Durch Steuerung der Muskulatur des Rachens und des Kehlkopfes bestimmt er den Klang der Stimme und den Ausdruck in der Sprache. Außerdem kontrolliert er die Muskulatur des Innenohrs und ermöglicht das Herausfiltern von menschlichen Stimmen aus einer Geräuschkulisse [44]. Viele Funktionen des Vagus sind somit auf die Wahrnehmung und die Sendung von sozial relevanten Reizen und somit auf soziale Interaktion ausgerichtet.

Die vegetative Funktion des Vagus besteht darin, den Sympathikus zu inhibieren. Dadurch reduziert er das Aktivierungsniveau und ist für

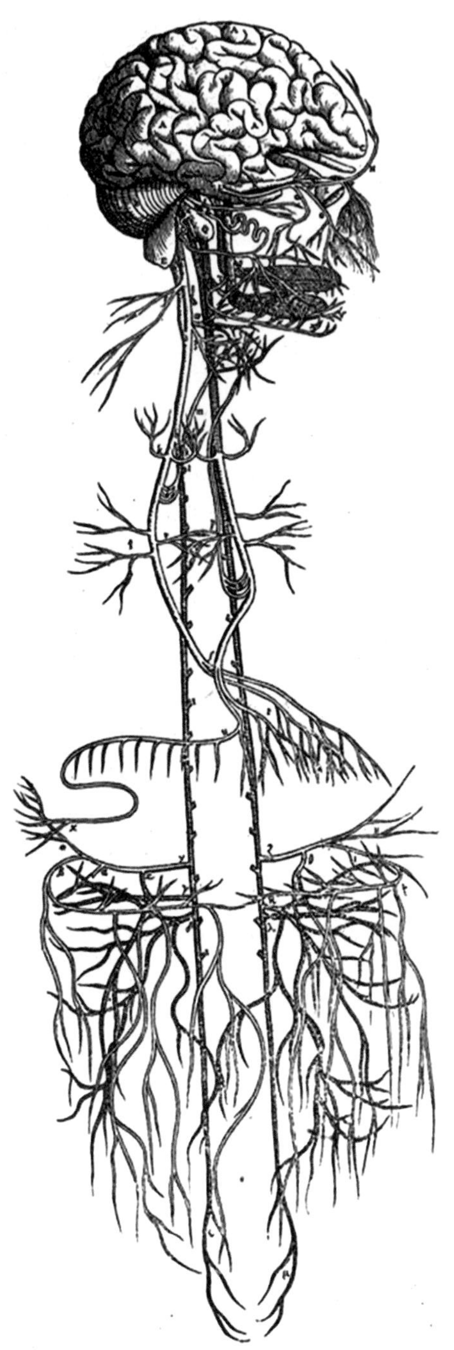

Abbildung 7-3: Der Vagus-Nerv. (Quelle: Vesalius A. De humani corporis fabrica libri septem. Basel: Ex officina Joannis Oporini; 1543.)

den physiologischen Zustand von Ruhe zuständig. Körperliche Entspannung ist wiederum mit einem Gefühl von Sicherheit assoziiert, welches soziales Verhalten fördert. Physiologische Entspannung, ein Gefühl von Sicherheit und soziales Verhalten werden somit über den ventralen Vagus gesteuert und stehen über ihn miteinander in Wechselwirkung. Dies bedeutet einerseits, dass die Aktivierung des Vagus nicht nur körperliche Entspannung herbeiführt, sondern auch das Sozialverhalten fördert. Andererseits bedeutet das, dass der Vagus über verschiedene Zugänge aktivierbar ist, nämlich über den Körper, über soziale Interaktion sowie über das Gefühl von Sicherheit und Geborgenheit.

Im Verlauf der Menschheitsgeschichte entstandene Rituale beinhalten oft gemeinschaftliches Singen, Beten, Meditieren, Musizieren, Tanzen oder das Einnehmen von bestimmten Körperhaltungen [119]. Jede dieser Tätigkeiten aktiviert den Vagus, weshalb es sich bei (alten) Ritualen im Grunde genommen um funktionales „Vagus-Training“ handelt, durch das das Gemeinschaftsgefühl und die Gesundheit gefördert wird. Gesänge bewirken, dass die Ausatmung im Vergleich zur Einatmung verlängert wird. Ausatmung ist mit Parasympathikusaktivierung und der Verlangsamung der Herzrate gekoppelt (s. Kap. 2). Die eigene Stimme und der Empfang von Hörsignalen stimulieren über den Gehörgang, das Trommelfell und den Kehlkopf ebenfalls den Vagus. Um die Stimme länger halten und Laute produzieren zu können, wird außerdem automatisch das Zwerchfell miteinbezogen. Zwerchfellbewegungen, wie z. B. auch bei der Bauchatmung, stimulieren den Solarplexus, ein Nervengeflecht bestehend aus den Nerven des ANS, vorwiegend aus Verästelungen des Vagus. Veränderungen in der Körperhaltung wie beim Tanzen und rhythmischen Bewegungen aktivieren indirekt den Vagus. Durch den Blutdruckanstieg wird der so genannte Baroreflex aktiviert, einem homöostatischen Mechanismus der Blutdruckregulation, bei dem durch eine verstärkte Parasympathikusaktivierung der Einfluss des Sympathikus eingedämmt wird.

Das Einnehmen von bestimmten Körperhaltungen bei Ritualen wirkt auch über einen weiteren Mechanismus vagusaktivierend: über die konditionierte Entspannungsreaktion [120]. Wenn für eine Entspannungsübung jeweils eine bestimmte Sitzposition eingenommen oder ein Bewegungsablauf durchgeführt wird, werden diese nach einigen Wiederholungen mit dem Entspannungszustand assoziiert. Das bedeutet, dass mit der Zeit bereits das Einnehmen der Position oder das Ansetzten zur Bewegung einen Entspannungszustand induziert wird. Die Vagusaktivierung ist somit konditionierbar.

Das Wissen um den Vagus bzw. um das Social Engagement System ist hilfreich bei der Auswahl von Erholungsmöglichkeiten. Regelmäßig ausgeführte Tätigkeiten mit einen „Ritualcharakter“ aktivieren und konditionieren über Bewegung, Atmung, Stimme, Klang und soziale Interaktion den Vagus und somit das Social Engagement System, was zu körperlicher Entspannung, emotionalem Wohlbefinden und einer Begünstigung von sozialem Verhalten führt.

Vagusaktivierung senkt unmittelbar das Aktivierungsniveau und vergrößert somit die aktuelle Resilienz. Regelmässiges „Vagus-Training“ stärkt nachhaltig das Social Engagement System. Da dadurch soziales Verhalten und Wohlbefinden in sozialen Interaktionen begünstigt wird, trägt regelmäßige Erholung zur Förderung des primären Resilienzfaktors „soziale Beziehungen“ bei. Dabei handelt es sich um qualitative Resilienzförderung, denn durch Stärkung des Vagus erweitert sich der autonome Regulationsbereich und somit das „Window of Tolerance“. Es konnte gezeigt werden, dass die neuronalen Netzwerke, die für die autonome Regulation zuständig sind, auch an der emotionalen und kognitiven Regulation beteiligt sind [121]. Das bedeutet, dass eine Stärkung des Vagus auch zu einer Verbesserung der Selbstregulationsfähigkeit, einem weiteren Resilienzfaktor, führt.

7.2.5 Exkurs: Einsichten aus Messungen der Herzratenvariabilität

Die Herzratenvariabilität (HRV) wird als Fenster zum ANS bezeichnet. Wie in Kap. 2 beschrieben, reguliert hauptsächlich der Vagus die HRV. Im Umkehrschluss bedeutet das, dass man anhand Veränderungen in der HRV die Vagusaktivität verfolgen kann.

Für eine Studie hat die Autorin über 100 Langzeit-HRV-Messungen ausgewertet. Für die Messung trugen die Personen 24 Stunden lang ein kleines EKG-Messgerät und dokumentierten während dieser Zeit ihre Tätigkeiten sowie die dabei subjektiv empfundene Stressbelastung. Bei der Auswertung und Rückmeldung an die Personen lag das Augenmerk besonders auf Momenten und Aktivitäten, die mit erhöhter Parasympathikusaktivierung einhergehen, sozusagen auf der Suche nach den „parasympathischen Inseln" im Tagesablauf. Dabei kamen einige spannende Beobachtungen zutage. Mit der steigenden Anzahl an Auswertungen fiel auf, dass sich bestimmte „Entspannungstypen" unterscheiden lassen. Einer der Typen erholt sich vornehmlich beim Ruhen oder Lesen. Dann gibt es solche, bei denen der Vagus während Achtsamkeitsübungen aktiviert ist, und andere, die ihre „parasympathischen Inseln" während der Yogastunde hatten. Dazu gab es auch die „sozialen Entspanner", die hauptsächlich beim Mittag- und Abendessen mit anderen entspannt waren, was auf Vagusaktivierung durch soziale Interaktion zurückzuführen ist. Während Massagen blieb die Parasympathikusaktivierung oft aus, was nicht weiter verwunderlich ist, da die Massagen mit medizinischer Indikation stattfanden und die Behandlungen oft mit Schmerzen, sprich Sympathikusaktivierung, einhergingen.

7.2.6 Oxytozin

Analog zur Stressantwort werden Regeneration und soziales Verhalten nicht nur über das autonome Nervensystem, sondern auch hormonell reguliert. Ein prominentes Anti-Stress-Hormon ist das Oxytozin, das in Kap. 5, „Neurobiologie des Stresses", vorgestellt wurde. Oxytozin bewirkt eine verminderte Aktivität der Stressachse und führt somit zu einer Senkung des Kortisolspiegels. Zudem sind das Oxytozin- und das Vagussystem miteinander verknüpft, wobei Oxytozin den Vagus stimuliert und indirekt den Sympathikus hemmt.

Oxytozin ist bei Frauen und Männern gleichermaßen maßgeblich an fürsorglichem, sexuellem und sozialem Verhalten beteiligt [122], was dem Hormon die verschiedensten Übernamen, wie Treuehormon, Bindungshormon, Kuschelhormon oder Orgasmushormon einbrachte. Oxytozin hat auch eine angstlösende Wirkung und trägt dazu bei, dass eine Umgebung als sicher wahrgenommen wird, was soziales Verhalten fördert [44]. Umgekehrt führt positive soziale Interaktion zur verstärkten Freisetzung von Oxytozin. Aufgrund der Wechselwirkung mit dem Vagus werden bei der Ausschüttung von Oxytozin auch Deaktivierungs- und Erholungsprozesse induziert [122]. Dies dürfte einer der Gründe sein, warum Menschen mit positiven Beziehungen gesünder sind bzw. warum soziale Verbundenheit ein primärer Resilienzfaktor ist. Auch der epigenetische Einfluss von Bindung in den ersten Lebensjahren wird auf Oxytozin zurückgeführt. Bei einer Mutter-Kind-Beziehung mit viel Berührung und Augenkontakt (indirekte Berührung) wird im Neugeborenen (und in der Mutter) mehr Oxytozin ausgeschüttet, was mit lebenslangen, gesundheits- und resilienzrelevanten physiologischen Effekten assoziiert wird, wie z. B. einem niedrigeren Blutdruck, geringerer Kortisolkonzentration oder einer höheren Schmerzwahrnehmungsschwelle [122].

Neben sozialer Interaktion führen auch verschiedene Arten sensorischer Stimulation zur Oxytozinfreisetzung. In Anlehnung ans Sozialverhalten sind angenehme Körperkontakte wie sanfte Berührungen und Zärtlichkeiten, Umarmungen, Massagen, Streicheln (v. a. Bauchvorderseite) und sexuelle Stimulation besonders wirksam. Andere wohlige Sinneswahrnehmungen, wie (Körper-)Wärme, als angenehm empfundene Gerüche, bestimmte Arten von Klang und Licht induzieren ebenfalls die Freisetzung von Oxytozin. Auch Singen [123] und Essen, genauer gesagt der Akt des Essens, bewirken eine Erhöhung der Oxytozinkonzentration im Blut, welche durch die Stimulation des Vagus im Rachen und Kehlkopf zusätzlich verstärkt wird.

Auch durch psychische Mechanismen wie angenehme Gedanken, Assoziationen und Erinnerungen kann die Oxytozinausschüttung gefördert werden. Es konnte gezeigt werden, dass Übungen zu Achtsamkeit und Selbstmitgefühl längerfristig zu einer Erhöhung der Oxytozinkonzentration führen können [124].

7.2.7 Oxytozin ausschütten und den Vagus aktivieren

Zusammenfassend lässt sich sagen, dass der Vagus vor allem über Atmung, Körperübungen und über Vibrationen im Kehlkopf (Singen) und am Innenohr (Gesänge, Klänge hören) aktiviert wird, während Oxytozin bei Berührungen, Wärme, angenehmen Sinnesreizen und Gedanken ausgeschüttet wird. Die Aktivierung der beiden „Anti-Stress-Systeme" ist einfach, vielfältig und über jede KEK-Dimension möglich. Es ist jedermanns persönliche Aufgabe herauszufinden, welche Interventionen zu Erholung und Wohlbefinden führen. Beispiele für zwei wirksame Ansätze sind.

Selbstfürsorge und Selbstmitgefühl

Oxytozin wird in Beziehungen und bei fürsorglicher Zuwendung ausgeschüttet. In derselben Art und Weise, wie man sich anderen zuwendet, kann man sich auch sich selbst zuwenden. Dies wird als Selbstfürsorge bezeichnet und wurde oben als Instrument zur Resilienzförderung vorgestellt. Zur Selbstfürsorge gehört, dass man die eigenen Bedürfnisse wahr- und ernstnimmt und sich selbst liebevoll, achtsam und mitfühlend begegnet [106]. Selbstfürsorge bedingt somit einerseits, dass man sich selbst gegenüber aufmerksam ist (Selbstaufmerksamkeit) und andererseits mitfühlend auf sich selbst reagiert (Selbstmitgefühl). Selbstaufmerksamkeit bedeutet präsent und mit sich selbst in Kontakt zu sein und zu beobachten, wie es einem gegenwärtig in den KEK-Dimensionen geht und welche Sorgen und Bedürfnisse gerade aktuell sind. Durch Selbstmitgefühl anerkennt man das eigene Befinden, nimmt es ernst und wendet sich fürsorglich sich selbst zu. Das Praktizieren und Üben von Selbstmitgefühl ist ein äußerst effektives Instrument, um sich in Krisen beistehen zu können und hat eine messbar stressreduzierende Wirkung [125] und ist nachweislich der Resilienz zuträglich [107]. Denn (Selbst-)Mitgefühl entsteht aus einer beobachtenden und ruhigen Haltung und ist mit Vagusaktivierung und Oxytozinausschüttung verbunden [119].

Aus der Tradition des Selbstmitgefühls sind folgende Sätze bekannt, die man während der Meditation wiederholt an sich selbst richtet: „Möge ich sicher sein. Möge ich in Frieden sein. Möge ich freundlich zu mir selbst sein. Möge ich mich selbst so annehmen, wie ich bin." ([106], [126]) Diese Sätze an sich selbst zu adressieren, wirkt in Krisenzeiten sehr wohltuend und beruhigend und können auch als Gegen-Sätze bei stressfördernden Glaubenssätzen wie „reiß dich zusammen", „das ist doch nicht so schlimm" oder „das hast du dir selbst eingebrockt" fungieren.

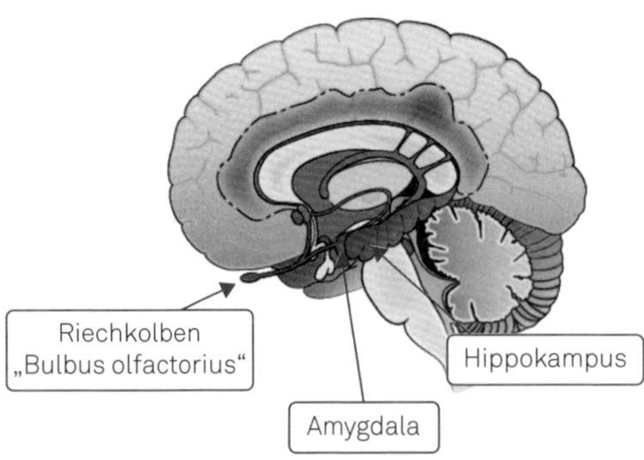

Abbildung 7-4: Gerüche als Träger von Emotionen und Gedächtnis. Die Verbindung vom Riechkolben zum limbischen System.

Aktivierung des Geruchssinns

Die Aktivierung der Sinne fördert die Gegenwärtigkeit und die Erfahrung, im Hier und Jetzt präsent zu sein und dadurch die Erholungsfähigkeit. Speziell am Geruchssinn ist, dass wohlriechende Düfte eine erhöhte Oxytozinfreisetzung bewirken können. Gerüche, die mit positiven Erinnerungen und Gefühlen verknüpft sind, haben denselben Effekt. Duftstoffe werden über die Riechschleimhaut aufgenommen und es kommt zur ersten Informationsverarbeitung im so genannten Riechkolben, der die Riechinformationen ins limbische System weiterleitet (Abbildung 7-4). Gerüche können somit direkt die Amygdala aktivieren und die Stressreaktion auslösen bzw. Energiemobilisierung bewirken (Kap. 5.3.2). Geruchswahrnehmungen sind auch eng mit dem emotionalen Gedächtnis verknüpft, was auf die Verbindung des Riechkolbens zum Hippokampus zurückzuführen ist. Die Abkürzung von der Geruchswahrnehmung zum limbischen System wird deutlich spürbar beim Proust-Effekt. Dabei kann ein Geruch eine Erinnerung spontan und intensiv lebendig werden lassen, mitsamt den entsprechenden Stimmungen und Emotionen. In seinem Werk „Auf der Suche nach der verlorenen Zeit“ beschreibt Proust, wie der Duft von Madeleines in Lindenblütentee getaucht bei ihm Freude und Erinnerungen an seine Kindheit auslöste.

7.3 Praktische Durchführung

Zum Einstieg in dieses Modul, kann der KEK-Symptomcheck in einer besonderen Variante durchgeführt werden. Im Sinne einer Vorübung zur sensorischen Imaginationsreise am Ende des Moduls wird der KEK-Symptomcheck als Antwort auf einen Duft gemacht. Den Teilnehmern wird ein wohlriechender Gegenstand (Zimtstange, Gewürznelken, Zitronenschalen etc.) vorgelegt. Es kann der gleiche oder ein anderer Duft sein, den man für die Abschlussübung auswählt. Die Teilnehmer werden aufgefordert, ihre Augen zu schließen und den Duft auf sich wirken zu lassen. Da Düfte eng mit Emotionen, Erinnerungen und Bildern verknüpft sind, sollen besonders diese Assoziationen ausgearbeitet werden, z. B. mit Fragen wie: „Welche Bilder und Erinnerungen tauchen bei diesem Duft auf?“ oder „Welche Gefühle nehmen Sie bei sich wahr, wenn Sie diesen Duft einatmen?“ und „Mit welchen Körperempfindungen sind diese Gefühle und Bilder verbunden?“ Danach haben die Teilnehmer einige Minuten Zeit, um ihre Eindrücke und Wahrnehmungen in Stichworten zu notieren.

7.3.1 Warum regelmäßige Erholung wichtig ist

Zum Einstieg ins Thema können die Teilnehmer gefragt werden, wie und wann sie sich erholen: „Was tun Sie, um sich zu erholen?“ oder „Was tun Sie für Ihre Erholung?“ In einem nächsten Schritt können die Teilnehmer angeben, wie oft (pro Tag, pro Woche, pro Monat und pro Jahr) sie diesen Tätigkeiten nachgehen.
Danach können die zwei Erholungsvarianten „Variante Achterbahn“ und „parasympathische Inseln“ in der Aktivierungs-/Deaktivierungskurve dargestellt werden. Falls passend, kann Bezug auf die gesammelten Erholungsmethoden der Teilnehmer genommen werden.

In der „Variante Achterbahn" wird die Aktivierung fortlaufend kumuliert und die Erholung findet in konzentrierter Form statt (Abbildung 7-5a). Zur Veranschaulichung kann folgendes Beispiel dienen: „Sie haben eine anspruchsvolle Arbeit und es kommen immer mehr spannende Spezialprojekte dazu. Auch in Ihrem Privatleben läuft es auf Hochtouren und Sie sind in die Planung von verschiedenen Unternehmungen und Anlässen involviert. Vielleicht machen Sie noch eine Diät oder exzessiv Sport, damit Sie bei einer bestimmten Feier gut aussehen. Natürlich sind da auch einige Arbeiten im Haushalt, die nebenher erledigt werden müssen. Zum Ausruhen ist da schlicht keine Zeit. Macht nichts, es sind nur noch zwei Monate und dann fliegen Sie in die All-Inclusive-Ferien, in denen Sie zwei Wochen nur im Liegestuhl liegen werden." Das kann gut funktionieren und tut es eine gewisse Zeit wahrscheinlich auch. Diese Variante ist jedoch nicht nachhaltig, denn nach den Ferien geht es im gleichen Stil weiter und der Stress wird bis zu den nächsten Ferien weiter kumuliert; die Achterbahnfahrt geht weiter. Falls in den Ferien nicht genügend deaktiviert wurde, wird mit gespeicherten Restenergien, d.h. auf einem höheren Aktivierungsniveau wieder in den Alltag gestartet (Abbildung 7-5b). Außerdem bietet die Bremsung von 100 auf 0, vom Totalstress zum Nichtstun am Strand, oft nicht genug und nicht die richtige Erholung, da die kumulierte Energie so nicht ausagiert wird. Zu kurze und falsche Erholung führen somit dazu, dass die meiste Zeit auf der Mobilisierungsstufe verbracht wird, was längerfristig negative Auswirkungen auf die Gesundheit und die Leistungsfähigkeit hat.
Subjektiv wird dies oft nicht oder erst sehr spät wahrgenommen. Ein körperlicher Hinweis für die Kumulation von Energien ist, dass man zu Ferienbeginn erkrankt. Das ist ein Zeichen, dass der erhöhte Kortisolspiegel und die damit einhergehende Immunsuppression absinkt und Infektionen nun ausbrechen können.

Es ist nachhaltiger, Erholung nicht auf irgendwann einmal, auf die Ferien oder auf den Ruhestand zu verschieben, sondern auf regelmäßiger Basis in den Alltag einzubauen.

Gestresste Teilnehmer mit einem vollen Terminkalender werden gegen diesen Ansatz Einwände haben. Das ist verständlich, denn in einen vollen Alltag zusätzlich noch lange Erholungsphasen einzuplanen, ist auf den ersten Blick eher stressfördernd, als -reduzierend. Darum ist es wichtig zu betonen, dass die Balance zwischen Aktivierung und Erholung nicht eins zu eins ist, sondern eher eins zu zwei oder zweieinhalb. Das bedeutet sieben bis acht Stunden Erholung täglich, erholsamer Schlaf inklusive. Im nachfolgenden Exkurs (Box 7-1) sind einige „Tipps und Tricks für einen erholsamen Schlaf" [127] zusammengefasst und können den Teilnehmern abgegeben werden.

Zusätzlich zum Nachtschlaf ist es wichtig, tagsüber mehrere „Erholungsinseln" bzw. „parasympathische Inseln" einzubauen. Das kann folgendermaßen aussehen: „Nach dem Aufstehen machen sie sogleich für drei bis fünf Minuten die Selbst- und Körperwahrnehmungsübung, wie wir sie jeweils zu Beginn dieser Gruppe durchführen. So starten Sie bereits bewusst und präsent in den Tag. Für das Mittagessen verabreden Sie sich mit Personen, in deren Gegenwart Sie sich wohlfühlen. Am Nachmittag nehmen Sie sich eine fünf- oder zehnminütige Pause für eine Atem- oder Stretchingübung, bevor Sie sich Ihren Kaffee holen. Nach der Arbeit könnten Sie eine Bewegungssequenz einbauen, um die mobilisierte Energie zu verbrauchen. Diese können Sie nach Zeit und Geschmack gestalten und beispielsweise einen Teil Ihres Nachhauseweges zu Fuß gehen, zum Sport gehen oder einen Abendspaziergang machen" (Abbildung 7-5c).

Mit einem Beispiel in dieser Art kann gezeigt werden, dass Erholung nicht unendlich viel Zeit und

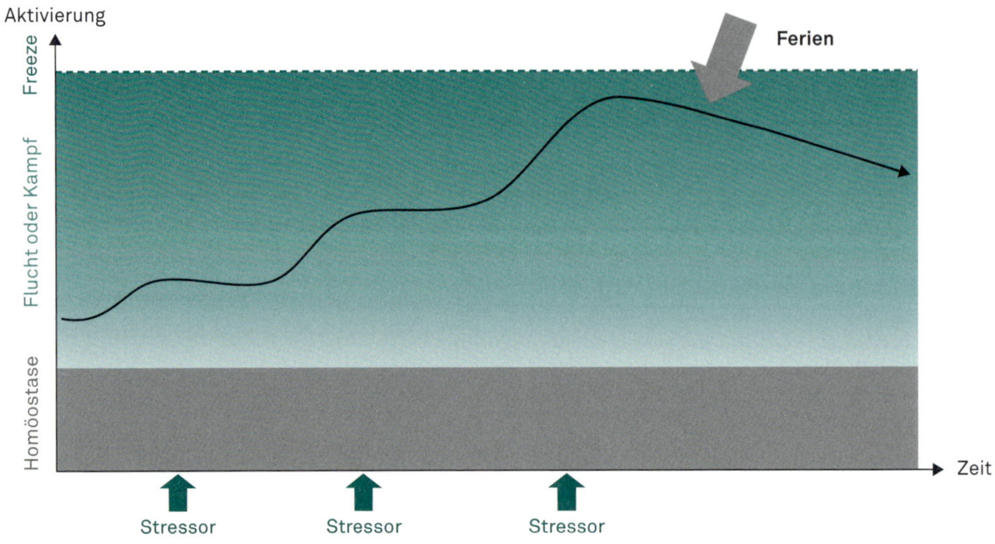

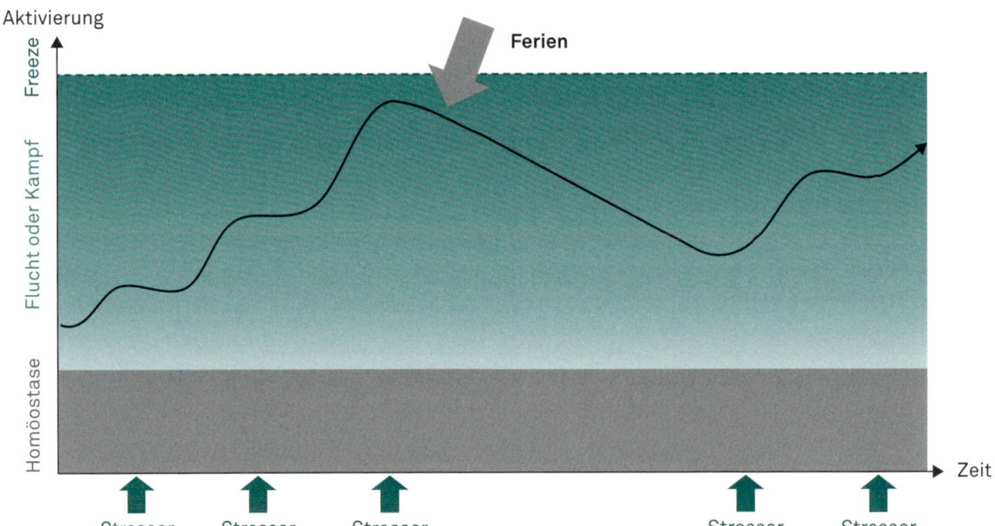

Abbildung 7-5: „Variante Achterbahn". **a** Der Effekt von aufgeschobener, konzentrierter Erholung; **b** Bei unvollständiger Erholung steigt man auf einem höheren Aktivierungsniveau wieder in den Alltag ein.

aufwändige Methoden braucht, sondern einfach in den Alltag integrierbar ist. Ausschlaggebend ist, dass regelmäßig und gezielt deaktiviert wird. Analog zu Stress ist auch Erholung in gewisser Weise kumulativ und jede Deaktivierung zählt.

Bei regelmäßiger Erholung geht es primär nicht um Entspannung als angestrebten Grundzustand, sondern um den Erhalt der Anpassungs- und Regulationsfähigkeit. Denn im Aktivierungsbereich des „Window of Tolerance" sind wir anpassungsfähig und können auf wertvolle Fähigkeiten zurückgreifen, die für eine nachhaltige und qualitativ bessere Leistungsfähigkeit garantieren.

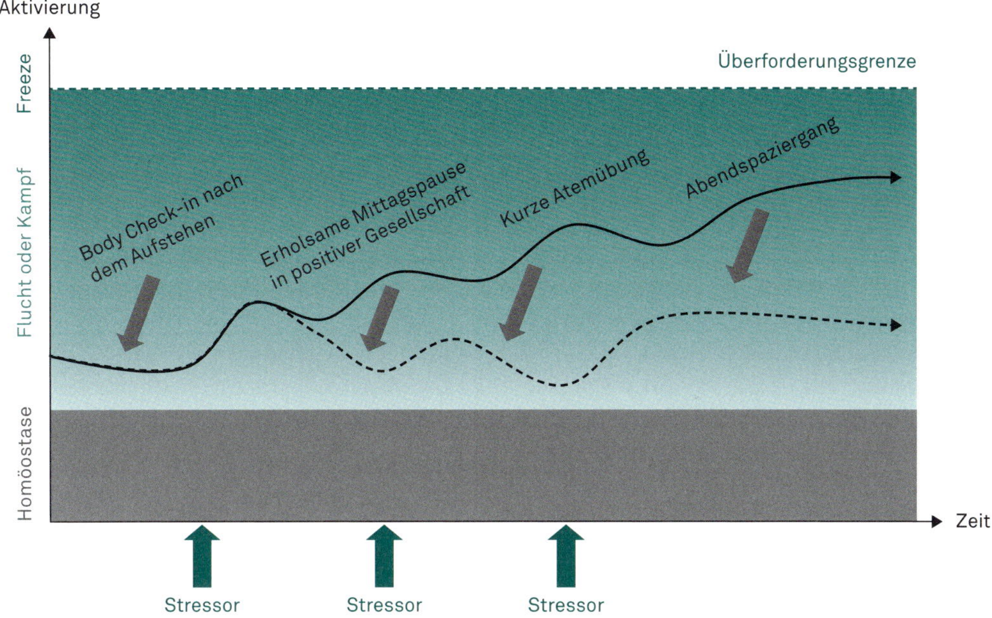

Abbildung 7-6: Mögliche Erholungsinseln im Alltag.

Box 7-1

Exkurs: Tipps und Tricks für einen erholsamen Schlaf

- *Nur zu Bett gehen, wenn man müde ist.* Sich im Bett herumwälzen aktiviert den Sympathikus.
- *Im Bett nur schlafen.* Nicht arbeiten, essen, TV schauen etc. Das Bett soll mit Schlaf und Erholung assoziiert werden (Konditionierung!).
- *Einen regelmäßigen Schlaf-wach-Rhythmus einhalten.* Möglichst fixe Aufsteh-/Zubettgeh-Zeiten.
- *Zwei Stunden vor dem Zubettgehen keinen Alkohol mehr trinken.* Alkohol ist ein physiologischer Stressor und aktiviert den Sympathikus.
- *Vorsicht mit Sport nach 20 Uhr.* Zu intensive körperliche Anstrengungen am Abend können aufgrund Kortisolausschüttung aufputschend wirken und den Schlaf beeinflussen.
- *Vor dem Zubettgehen keine größeren Mengen essen.* Sonst ist der Körper mehr mit Verdauung statt mit Erholung beschäftigt.
- *In der Nacht nichts essen.* Eingriff in hormonelle Regelkreise und Stoffwechselrhythmen.
- *Kein kurzwelliges (blaues) Licht vor dem Zubettgehen und nachts (z.B. TV, Smartphone oder Tablet).* Kurzwelliges Licht unterbricht die Ausschüttung von Melatonin, dem Schlafhormon.

7.3.2
Wichtig ist das Wie: regelmäßig und präsent

Im Zusammenhang mit Erholung gibt es drei wichtige Fragen zu beantworten: wie lange, was und wie? Zu „wie lange" wurde bereits eine Antwort gegeben: Längere Erholungsphasen sind natürlich erwünscht, aber jede Deaktivierung zählt. Hauptsache regelmäßig! Der Akt selbst, dass man regelmäßig aktiv etwas für sich selbst tut, ist nachhaltig resilienzfördernd.

Bezüglich „was" macht es keinen Sinn, hier eine Liste mit Interventionen abzugeben, denn es gibt unendlich viele Möglichkeiten für Erholung im Alltag und es ist sehr individuell, was wirksam und umsetzbar ist. Es gilt aber zu beachten, dass Erholung „Ich-Zeit" sein und nicht in den Dienst von Wettbewerb oder Prestigedenken gestellt werden sollte. Es ist ausschlaggebend, dass man in der Erholungszeit Dinge tut, die einem persönlich guttun und nicht, was angesagt ist oder worauf andere schwören. Zudem ist Erholung mehr prozess- als ergebnisorientiert. Nicht der Zweck und das Resultat der Tätigkeit stehen im Vordergrund, sondern Spaß und Genuss. Damit sei auch zum „wie" übergeleitet: Ein wichtiger Faktor für effiziente Erholung ist, sich auf den jeweiligen Moment einlassen zu können, d.h. im Erholungsmoment präsent zu sein.

Präsenz bedeutet, im Hier und Jetzt mit der gegenwärtigen körperlichen, emotionalen und kognitiven Erfahrung zu sein. Ein Weg, präsent zu werden, führt über die Aktivierung der Sinne. Folgende Präsenzübung kann angeleitet werden:

1. Nehmen Sie eine würdevolle Haltung ein und nehmen Sie zwei, drei bewusste Atemzüge, um den Beginn der Übung zu markieren.
2. Schauen Sie sich um und nehmen Sie wahr, was Sie sehen. Benennen Sie nun fünf oder mehr Gegenstände mit ihrem Namen und ihrer Farbe (z.B. Vase rot, Tasse weiß, Vorhang grün etc.).
3. Schließen Sie nun Ihre Augen und lauschen Sie den Geräuschen, Stimmen und Klängen, die Sie hören. Benennen Sie mindestens fünf davon.
4. Nehmen Sie nun fünf oder mehr Empfindungen (oder Eindrücke) an der Oberfläche Ihres Körpers wahr und benennen Sie diese.
5. Nehmen Sie zwei, drei bewusste Atemzüge, um die Übung ausklingen zu lassen.

Diese einfache Übung kann jederzeit und überall durchgeführt werden und ist eine großartige Methode, sich mit sich selbst und der Umwelt zu verbinden. Sie ist geeignet als Übergang und Vorbereitung zur Erholung. Übungen zur Förderung von Präsenz und Gewahrsein trainieren die Fähigkeit zum Selbstkontakt und dienen somit längerfristig der Resilienzförderung.

In Anlehnung an die Genussregeln und aufbauend auf dem bisher vermittelten Hintergrund können folgende „Erholungsregeln" genannt werden:

1. Erholung braucht Wiederholung (wichtiger als wie lang ist, wie oft ich mir dafür Zeit nehme).
2. Erholung beruht auf Präsenz (damit eine Tätigkeit oder ein Moment erholsam ist, muss ich dabei sein).
3. Erholung ist meins (nur ich weiß und spüre, was mir wirklich guttut und Spaß bereitet).
4. Erholung ist jetzt (es ist wichtig für meine Gesundheit und Leistungsfähigkeit, dass ich mich auch in der aktuellen Stressphase erhole und nicht irgendwann später, wenn ich vielleicht mal Zeit habe).

7.3.3
Anti-Stress: vegetative und hormonale Mechanismen

Analog zur Stressantwort wird auch Erholung über zwei Wege reguliert: über das ANS und hormonell.

Erholung (Deaktivierung) geht einher mit der Aktivierung des Parasympathikus, genauer gesagt des ventralen Vaguskomplexes. Der Vagus ist der größte Nerv des parasympathischen Nervensystems. Um das große Versorgungsgebiet zu veranschaulichen, kann die Abbildung 7-3 gezeigt werden, mit besonderem Hinweis auf die Verdichtungen im Gesichts- und Halsbereich, beim Herzen (HRV!) und am Zwerchfell, in dessen Umgebung sich auch der Solarplexus befindet. Außerdem soll erwähnt werden, dass der Vagus nicht nur vegetative (Gegenspieler des Sympathikus), sondern auch sensorische (Wahrnehmung von Informationen im Körper) und motorische (Beeinflussung der Muskulatur) Funktionen hat. Er beeinflusst u.a. die Muskulatur des Gesichts, des Kehlkopfes und des Innenohrs und spielt somit eine entscheidende Rolle im Ausdruck von Emotionen, in der Bildung von Stimme und Sprache und auch im Hören und Verarbeiten von Stimmen und Klängen. Neben der Beruhigung von autonomen Funktionen ist der ventrale Vagus somit auf die soziale Interaktion (Senden und Empfangen) ausgerichtet. In anderen Worten: Beruhigung des Systems und das Sozialverhalten begünstigen sich gegenseitig.
In diesem Zusammenhang kann daran erinnert werden, dass soziale Beziehungen den primären Resilienzfaktor darstellen. Das hat neben praktischen Aspekten auch damit zu tun, dass über soziale Beziehungen der Vagus aktiviert und dadurch der Regulierungsbereich, das „Window of Tolerance“, erweitert wird.

In sich gegenseitig verstärkender Wechselwirkung mit dem ventralen Vaguskomplex ist das Hormon Oxytozin. Oxytozin hat eine angstlösende Wirkung und vermittelt ein Gefühl von Sicherheit, welches soziales Verhalten – mit Aktivierung des ventralen Vagus assoziiert – begünstigt. Umgekehrt wird durch positive soziale Interaktion vermehrt Oxytozin freigesetzt, weshalb es auch Bindungshormon genannt wird. Da es die Aktivität der hormonellen Stressachse vermindert und somit die Kortisolkonzentration im Blut senkt, hat Oxytozin auch direkte Anti-Stress-Effekte und trägt dadurch zur Erholung bei.

Oxytozin wird neben sozialen Interaktionen auch durch verschiedene Arten von angenehmer sensorischer Stimulation ausgeschüttet, allem voran durch Körperkontakt, d.h. durch Umarmungen, Massagen, Streicheln (v.a. Bauchvorderseite), Zärtlichkeiten und sexuelle Stimulation (daher auch die Namen: Kuschelhormon und Orgasmushormon). Andere angenehme Sinneswahrnehmungen, wie (Körper-)Wärme, Gerüche, Klänge und auch psychische Mechanismen, wie schöne Gedanken, Assoziationen und Erinnerungen können die Oxytozinfreisetzung anregen.

7.3.4
Übungen zur Vagusaktivierung und Oxytozinfreisetzung

Aufbauend auf dem Wissen über die „Anti-Stress-Systeme“ kann ein Brainstorming durchgeführt werden, um Möglichkeiten und Interventionen zu deren Aktivierung zusammenzutragen. Das Brainstorming kann allgemein gehalten und mit folgender Frage angestoßen werden:

- „Sie nehmen sich bei Ihrer Arbeit am Nachmittag 5 Minuten Zeit für Erholung. Was tun Sie, um Ihre ‚Anti-Stress-Systeme‘ zu aktivieren?“

Das Zusammentragen der Interventionen kann auch separat für Vagusaktivierung und Oxytozinausschüttung durchgeführt werden:

- „Welche Ideen haben Sie, um Ihren Vagus zu aktivieren?" oder „Sie nehmen sich bei Ihrer Arbeit am Nachmittag 5 Minuten Zeit für Erholung. Was tun Sie, um Ihren Vagus zu aktivieren?"

Mögliche Beispiele zur Hilfestellung: sich mit positiven sozialen Kontakten austauschen, Bauchatmung („Vagus-Massage"), summen, singen, „Om" singen (Yoga), „Self-Release-Techniken", durch einen Strohhalm in eine Wasserflasche „blubbern" [128] ...

- „Welche Ideen haben Sie, um Ihre Oxytozinfreisetzung anzuregen?" oder „Sie nehmen sich bei Ihrer Arbeit am Nachmittag 5 Minuten Zeit für Erholung. Was tun Sie, um Oxytozin auszuschütten?"

Mögliche Beispiele zur Hilfestellung: sich mit positiven sozialen Kontakten austauschen, Singen, einen wohlschmeckenden Tee trinken, sich an eine Wärmequelle setzen, ein Tier streicheln, beruhigende Musik hören, Übungen zu achtsamem Selbstmitgefühl ...
Auch hier ist es wichtig, darauf hinzuweisen, dass es äußerst individuell ist, was zu Wohlbefinden führt, und dass es in der Verantwortung der einzelnen Personen liegt, die persönlichen Wohlfühl- und Erholungsinduktoren herauszufinden.

7.3.5
Warum wir es trotzdem nicht machen

Trotz bestem Wissen und guter Vorsätze wird bei Stress meist als erstes Erholung und Freizeit vernachlässigt. Damit Erholung in den Alltag integriert werden kann, kann es hilfreich sein, den Hindernissen auf den Grund zu gehen.

Vor der Vorstellung von einigen grundlegenden Widerständen, können die Teilnehmer gefragt werden, was sie daran hindert, sich regelmäßig zu erholen bzw. was sie von der Erholung abhält. Die Antworten können auf dem Flipchart notiert werden. Ergänzend können folgende Widerstände besprochen werden:

- Einige Hürden legt uns unsere Biologie in den Weg. Menschen sind wie alle Lebewesen auf das Überleben getrimmt. Unser Stressantwortsystem hat sich zu diesem Zweck über 200 Mio. Jahre lang so entwickelt, dass es unverzüglich aktiviert wird, sobald eine Situation als bedrohlich wahrgenommen wird. Dann werden allen Bewältigungs- und Denkressourcen auf den Stressor gerichtet (Tunnelblick). Bis die Bedrohung bewältigt oder ihr entkommen worden ist, sind andere Reize unwichtig. Erholung ist dann einfach nicht auf dem Radar.
- Widerstand gegen Erholung basiert oft auch auf stressverstärkenden Glaubenssätzen, die sich im Herkunftsszenario entwickelt und sich als Charakterstil oder Agency verfestigt haben bzw. in unserer Persönlichkeit verankert sind. Wenn beispielsweise jemand früh gelernt hat, dass er den Wünschen der Bezugsperson(en) nachkommen und sich beweisen muss, um das eigene Bedürfnis nach Zuneigung zu befriedigen, entwickelt diese Person ein ausgeprägtes Agency. Dieses kann sich in der Überzeugung zeigen, dass man für Liebe und Anerkennung dauernd etwas leisten muss, und sich in entsprechenden Glaubenssätzen wie „Ich darf nicht nein sagen" oder „Ich muss meine Zeit nutzen und etwas Sinnvolles machen" niederschlagen. Solche aus dem Agency kommenden Glaubenssätze wie auch erholungsfeindliche Glaubenssätze aus dem Charakterstil wie „Ich muss immer mein Bestmögliches geben" oder „Ich muss das hinkriegen, koste es, was es wolle" (Charakterstil-Merkmale „sich selbst und andere wie ein Objekt behandeln" oder „fixe Ideen") werden in der heutigen Gesellschaft gefördert. Leistung, Selbstverausgabung und ein hochgetaktetes Leben werden höher angesehen als arbeitsfreie Zeit und nicht zweckbestimmte Aktivitäten. Die-

ses gesellschaftliche Klima trägt zusätzlich dazu bei, dass man ein schlechtes Gewissen bekommt, wenn man sich für ein Weilchen zurücklehnt und verleitet dazu, in der Freizeit den Haushalt zu machen, Weiterbildungen zu besuchen oder alles so dicht mit sinnvollen Aktivitäten zu verplanen, dass man in einen „Freizeitstress" gerät.

In diesem Zusammenhang sei auf das Modul „Stressverstärkende Glaubenssätze" (Kap. 4) hingewiesen. Mit der vorgestellten Methode Identifizieren-Anerkennen-Aktualisieren können die Glaubenssätze, die den Widerstand gegen Erholung mitverursachen, aufgedeckt und gegenwirkende Gegen-Sätze formuliert werden. Wenn man sich mit den inneren und äußeren erholungsfeindlichen Mechanismen auseinandersetzt und passende Umgangsstrategien entwickelt, ist man diesen Automatismen nicht ausgeliefert und kann jeweils bewusst, frei und flexibel für sich selbst entscheiden, was in der Situation für einen gerade gut ist.

7.3.6
Transfer in den Alltag: Rituale

Wie können nun die menschliche Natur und die Glaubenssätze ausgetrickst und Erholungspausen in den Alltag integriert werden? Ein Weg führt ebenfalls über die menschliche Natur, nämlich über die Vorliebe, Gewohnheiten zu haben. Sobald Tätigkeiten einen Ritualcharakter haben und dem gleichen Ablauf folgen, werden sie leichter zu einem Teil des Tages und müssen nicht jedes Mal neu geplant werden. Erholungsrituale können beispielsweise an einen fixen Programmpunkt im Alltag angehängt oder damit vermischt werden. So kann jeden Morgen gleich nach dem Aufstehen eine 3-minütige Achtsamkeits- oder Präsenzübung gemacht oder eine Yoga-Sequenz durchgeführt werden, während der Zugfahrt zur Arbeit bewusst aus dem Fenster geschaut und Dinge benannt werden, zwei Bushaltestellen früher ausgestiegen und zu Fuß gegangen werden oder der Nachmittagstee statt vor dem Computer bei offenem Fenster mit Blick nach draußen getrunken werden ...

Wirksam sind auch Einleitungsgesten vor der effektiven Übung, zum Beispiel immer die gleiche Sitzhaltung einnehmen oder jeweils zwei, drei bewusste Atemzüge zu Beginn machen. Dadurch wird die Einleitungsgeste mit der darauffolgenden Erholung assoziiert und nach einigen Wiederholungen setzt die Erholung bereits bei Einnehmen der Sitzhaltung oder den Atemzügen ein (konditionierte Entspannungsreaktion!). Konditionierung funktioniert auch mit Düften, Orten, Bildern (auch die Aussicht aus dem Fenster etc.) oder Musik. Wenn während einer Entspannungsübung jeweils das gleiche Musikstück gehört wird, bekommt dieses einen erholungsinduzierenden Effekt.

Mit dieser Hilfestellung können nun anhand von konkreten Beispielen aus der Gruppe Ideen generiert und gesammelt werden, wie bestimmte Erholungstätigkeiten ritualisiert und in den Tagesablauf integriert werden können.

Ideen zur Integration von Erholung in den Alltag können auch in Zweiergruppen vorbesprochen werden. In einem Dialog können persönlichere Informationen ausgetauscht und durch Fragen des Gegenübers Möglichkeiten für Erholung entdeckt werden.

7.3.7
Sensorische Imaginationsreise

Zum Abschluss des Moduls und des ganzen Gruppenprogramms kann folgende schöne Übung angeleitet werden (adaptierte Imaginationsübung nach Eva Koppenhöfer [117]). Dazu braucht man einen wohlriechenden Gegenstand, der an die Teilnehmer verteilt wird. Als besonders geeignet haben sich frische Orangenschalen erwiesen. Frische Zitronenschalen, Zimtstangen, Glühweinmischung oder getrockneter Lavendel funktionieren ebenfalls gut.

Wohlriechende Düfte führen zu Oxytozinfreisetzung. Geruchsinformationen werden direkt ans limbische System weitergeleitet und wenn der Duft mit positiven Erinnerungen und Gefühlen verbunden ist, wird ebenfalls Oxytozin ausgeschüttet. Zudem fördert die Aktivierung des Geruchssinns die Gegenwärtigkeit und die Erfahrung, im Hier und Jetzt präsent zu sein.

Wegen der Verbindung zwischen Geruchssinn und Hippokampus können Gerüche Erinnerungen an traumatische Ereignisse aktivieren. Deshalb müssen die Teilnehmer unbedingt vor der Übung gefragt werden, ob der Duft schlechte Gefühle oder Erinnerungen auslöst.

- Nehmen Sie Ihren duftenden Gegenstand zur Hand und nehmen Sie eine würdevolle Haltung ein. Stellen Sie beide Füße auf den Boden und finden Sie eine Position, in der Ihr Rücken gerade, die Schultern und der Nacken entspannt sind. Entspannen Sie Ihre Gesichtsmuskulatur und schließen Sie die Augen. Nehmen Sie wahr, wie Sie auf dem Stuhl sitzen und wie Ihre Füße den Boden berühren. Nehmen Sie ein paar ruhige und bewusste Atemzüge.
- Ich werde Sie nun durch eine Imaginationsreise führen, indem ich Suchfragen und Assoziationen formuliere, die verschiedene Aspekte des Duftes hervorbringen sollen. Die Fragen dienen als Vorschläge und Inspiration – wenn sie bei Ihnen nicht auf Resonanz stoßen, lassen Sie meine Worte einfach ziehen und folgen Sie Ihren eigenen Bildern, Eindrücken und Fantasien. Tauchen während der Reise störende oder negative Gedanken oder Bilder auf, dann nehmen Sie diese wahr, lassen Sie sie vorbeiziehen und wenden Sie sich erneut dem Duft zu.
- Führen Sie nun den duftenden Gegenstand zu Ihrer Nase. Atmen Sie den Duft ein und lassen Sie ihn auf sich wirken. Heißen Sie die Bilder, Erinnerungen und Fantasien willkommen und begegnen Sie diesen mit Offenheit und Neugier.
- Woher kennen Sie diesen Duft und wo taucht dieser Duft auf? Wo kamen Sie mit diesem Duft in Berührung? Gibt es Düfte, die Ihrem Duft ähnlich sind?
- Welche Farbe passt zu dem Duft? Vielleicht taucht eine Farbe auf, die mit dem duftenden Gegenstand in Ihrer Hand gar nichts zu tun hat? Vielleicht erscheinen auch mehrere Farben?
- Forschen Sie weiter nach, was den Eindruck des Duftes abrunden könnte.
- Möglicherweise passen die Töne eines bestimmten Musikinstrumentes dazu: der Klang einer Harfe, einer Violine, einer Trompete, eines Klaviers, eines Schlagzeugs, das Spiel einer Gitarre oder das Geläut eines Windspiels.
- Gibt es eine ganz bestimmte Art von Musik, zu der Sie dieser Duft führt? Klassische Musik, Jazz, Hip-Hop, Techno, Country-Musik, Volksmusik oder Kirchenmusik?
  Eventuell fällt Ihnen ein Stück Ihrer Lieblingsband dazu ein, der Satz aus einer Symphonie oder eine Passage aus einem Jazzkonzert. Vielleicht taucht auch die Melodie eines Schlagers, eines Chansons oder einer Opernarie auf.
- Spüren Sie den Vorschlägen nach und falls sich eine stimmige Ergänzung einstellt, greifen Sie sie auf und lassen Sie sich weiter darauf ein. Falls nicht, ist das auch in Ordnung. Gehen Sie Ihren eigenen Bildern und Erinnerungen nach.
- Versuchen Sie nun weitere Verbindungen herzustellen.
- Gibt es vielleicht Worte, die bei diesem Duft auftauchen? Vielleicht ein Spruch aus einer Werbung, der Name eines Märchens, ein Sprichwort, ein Vers aus einem Kinderreim, eine Strophe aus einem Gedicht oder eine Zeile aus einem Liedertext?

- Nun machen Sie sich weiter auf die Suche.
- Führt Sie dieser Duft vielleicht an einen ganz bestimmten Ort? Führt er Sie in ein bestimmtes Haus und dort in ein Zimmer, in die Küche, ins Wohnzimmer oder ins Bad?
- Oder führt er Sie in eine Waldhütte, in ein Gartenhaus, in eine Berghütte oder in eine Burg oder ein Schloss? Vielleicht passt zu Ihrem Duft eher das Innere einer Kathedrale, der Kreuzgang eines Klosters oder vielleicht ein unterirdisches Gewölbe oder eine Höhle?
- Oder finden Sie sich durch den Duft in einer charakteristischen Landschaft wieder? Auf einer Wiese oder im Wald, in einer Hügellandschaft oder in einem Flusstal, am Meeresstrand oder in den Bergen?
- Welche Atmosphäre geht von dieser Landschaft aus und welche Jahreszeit herrscht dort?
- Und dann passen vielleicht auch Geräusche aus der Natur zu Ihrem Duft.
  Das Geplätscher eines Bachs, Knacken von Geäst im Unterholz, Gezwitscher von Vögeln, Summen von Bienen, Fallen von Regentropfen, das Knistern eines Feuers, Hundegebell in der Ferne, der Schrei einer Möwe, Meeresrauschen, Rascheln von Herbstlaub, Gewitter und Donnergrollen, die Stille einer Winternacht oder einfach nur Stille?
- Ich überlasse Sie jetzt für eine kurze Zeit sich selbst. Folgen Sie Ihren Bildern, Fantasien und Eindrücken und bleiben Sie eine Weile dabei. Ich werde Sie dann wieder zurückholen.

Nach der Imagination haben die Teilnehmer einige Minuten Zeit, Ihre Körperempfindungen, Gefühle, Gedanken und besonders Ihre Bilder und Erinnerungen wahrzunehmen und zu notieren. Danach werden sie gefragt, ob und welche Unterschiede sie zwischen dem KEK-Check mit dem Duft zu Beginn des Moduls und dem KEK-Check nach der vertieften Duft-Imaginationsreise erfahren haben.

Danach können die Erfahrungen in der Gruppe ausgetauscht werden.

Dieses Modul ist zum Thema passend „entdichtet“ und könnte etwas kürzer ausfallen. Diese Zeit kann für offene Fragen und eine Feedback-Runde genutzt werden. Dies kann auch zu Beginn des Moduls durchgeführt werden, um den Kurs mit der sensorischen Reise zu beenden und die Teilnehmer mit einer guten Ladung Oxytozin zu entlassen.

7.4 Anwendung im Einzelsetting

Im Einzelsetting kann gezielt an der Integration der Erholung in den Alltag gearbeitet, Widerstände angeschaut und Übungen mit Fokus auf Selbstmitgefühl angeleitet und mitgegeben werden.

Planung und Integration der Erholung

Anhand der Stress- und Belastungssymptome des Klienten im Alltag können zuerst geeignete Erholungsformen identifiziert werden. Wenn jemand beispielsweise mit muskulären Verspannungen im Nacken auf Belastung reagiert, wäre eine Bewegungs- und/oder Stretchingsequenz eine Form der Erholung im Alltag. Oder wenn flache Atmung und Herzrasen als vorherschende Belastungszeichen identifiziert werden, wären regelmäßige Atemübungen für Pausen geeignet oder Singstunden am Abend. Wichtig ist, dass die Erholungsinterventionen dem Klienten zugänglich sind und ihm Spass machen. Einfache und kürzere Interventionen, die gleich am nächsten Tag umsetzbar sind, sind vorzuziehen.

Sobald eine oder mehrere Interventionen ausgesucht wurden, werden Zeitfenster und Programmpunkte im Tages- und Wochenablauf gesucht, in denen die Erholungspausen stattfinden bzw. mit denen sie verknüpft werden können.

Widerstände bearbeiten

Wenn vornehmlich stressverstärkende Glaubenssätze im Stil von „erholen bedeutet, ich bin faul“ oder „ich darf mich erst erholen, wenn alles andere erledigt ist“ die Erholung sabotieren, können diese im Einzelsetting identifiziert und deren Entstehungsgeschichte anerkannt werde (s. Kap. 4 „Stressverstärkende Glaubenssätze“). Anschließend können passende Gegen-Sätze ausgearbeitet und im „Pingpong“ mit dem Coach verfestigt werden.

Übungen zum Selbstmitgefühl

Oxytozin verstärkt das Gefühl von Sicherheit und Verbundenheit und führt dadurch zu Ruhe und Gelassenheit. Ausgeschüttet wird Oxytozin unter anderem durch Zuwendung in positiven Interaktionen. Zuwendung kann man sich auch selbst zuteil werden lassen. Falls beim Klienten Selbstvorwürfe, Selbstkritik und stressverstärkende Glaubenssätze aktuell sind oder er sich in einer Situation befindet, in der er Trost braucht, kann folgende oder ähnliche Übungen zu Selbstmitgefühl vorgezeigt, gemeinsam durchgeführt und als Aufgabe mitgegeben werden:

- Die Hand aufs Herz legen (oder auf eine andere Körperstelle, die mit einer mitfühlenden Geste assoziiert wird).
- Die Berührung, den sanften Druck und die Wärme der eigenen Hand über dem Herz spüren.
- Bei Bedarf können sich selbst Streicheleinheiten gegeben und kreisende Bewegungen mit der Hand über dem Herz gemacht werden.
- Während dieser körperlichen Zuwendung können die „Selbstmitgefühl-Mantras“ zu sich selbst gesagt werden: „Dies ist ein Moment des Leidens. Leiden gehört zum Leben. Möge ich sicher sein. Möge ich in Frieden sein. Möge ich freundlich zu mir selbst sein. Möge ich mich selbst so annehmen, wie ich bin.“

Diese Sätze an sich selbst zu adressieren, wirkt in Krisenzeiten und bei aktiven stressfördernden Glaubenssätzen sehr wohltuend und beruhigend.

Empfohlene Literatur zu achtsamem Selbstmitgefühl: ([105], [126]).

Literaturverzeichnis

[1] Kaul E, Fischer M. Einführung in die Integrative Körperpsychotherapie IBP (Integrative Body Psychotherapy). Hogrefe Verlag: Bern; 2016.

[2] World Health Organisation. Fact sheet N 369; 22. März 2018 [abgerufen am 1.3.2019]. Verfügbar unter: https://www.who.int/en/news-room/fact-sheets/detail/depression

[3] National Institute for Occupational Safety and Health (NIOSH). Stress at Work. Cincinnati, OH: National Institute for Occupational Safety and Health; 1999 [abgerufen am 1.3.2019]. Verfügbar unter: https://www.cdc.gov/niosh/docs/99-101/pdfs/99-101.pdf?id=10.26616/NIOSHPUB99101

[4] Kaluza G. Stressbewältigung: Trainingsmanual zur psychologischen Gesundheitsförderung. Springer: Berlin Heidelberg; 2018.

[5] Hillert A, Koch S, Hedlund S. Stressbewältigung am Arbeitsplatz. Göttingen: Vandenhoeck & Ruprecht; 2012.

[6] Koch S, Hedlund S, Rosenthal S, Hillert A. Stressbewältigung am Arbeitsplatz: Ein stationäres Gruppentherapieprogramm. Verhaltenstherapie. 2006;16(1):7–15.

[7] Strobel I. Stressbewältigung und Burnoutprävention: Einzelberatung und Leitfaden für Seminare. Thieme: Stuttgart; 2018.

[8] Koemeda-Lutz M, Kaschke M, Revenstorf D, Scherrmann T, Weiss H, Soeder U. Evaluation of the effectiveness of body-psychotherapy in outpatient settings (EEBP). Psychother Psychosom Med Psychol. 2006;56(12):480-7.

[9] Schwarzer R. Optimistische Kompetenzerwartung: Zur Erfassung einer personellen Bewältigungsressource. Generalized self-efficacy: Assessment of a personal coping resource. Diagnostica. 1994;40(2):105-23.

[10] Rosenberg JL, Rand ML, Asay D. Körper, Selbst & Seele: ein Weg zur Integration: Junfermann: Paderborn; 1996.

[11] Rosenberg JL, Kitaen-Morse B. Das Geheimnis der Intimität. 1. Aufl. Fischer üvM, editor. St. Gallen, Schweiz: i-books; 2011.

[12] Stern DN. Die Lebenserfahrung des Säuglings: Klett-Cotta: Stuttgart; 1992.

[13] Kohut H. Die Heilung des Selbst: Suhrkamp: Berlin; 1996.

[14] Roth G. Persönlichkeit, Entscheidung und Verhalten. Warum es so schwierig ist, sich und andere zu ändern. Klett-Cotta: Stuttgart; 2015.

[15] Lazarus RL. Emotion and adaptation. Oxford University Press: Oxford; 1991.

[16] Storch M. Embodiment im Zürcher Ressourcen Modell (ZRM). Embodiment. 2. Aufl. Huber: Bern; 2010.

[17] Selye H. A Syndrome produced by diverse nocuous agents. Nature. 1936;138:32.

[18] Cannon WB. The wisdom of the body. W.W. Norton: New York; 1939.

[19] McEwen BS. Stress, adaptation, and disease. Allostasis and allostatic load. Ann N Y Acad Sci. 1998;840:33–44.

[20] McEwen BS, Stellar E. Stress and the individual. Mechanisms leading to disease. Arch Intern Med. 1993;153(18):2093-101.

[21] Darwin C. On the Origin of species by means of natural selection, Or The preservation of favoured races in the struggle for life. J. Murray: Lonon; 1861.

[22] Selye H. The physiology and pathology of exposure to stress: A Treatise based on the concepts of the general-adaptation-syndrome and the diseases of adaptation.-supplement. Ann Rep Stress. Acta; 1950.

[23] McEwen BS. Physiology and neurobiology of stress and adaptation: central role of the brain. Physiol Rev. 2007;87(3):873-904.

[24] Selye H. Stress without distress. Penguin Group (USA) Incorporated; 1975.

[25] Selye H. Stress in health and disease: Butterworths: Oxford; 1976.

[26] Koolhaas JM, Bartolomucci A, Buwalda B, de Boer SF, Flugge G, Korte SM, et al. Stress revisited: a critical evaluation of the stress concept. Neurosci Biobehav Rev. 2011;35(5):1291-301.

[27] Huttenlocher PR. Morphometric study of human cerebral cortex development. Neuropsychologia. 1990;28(6):517-27.

[28] Squire L, Berg D, Bloom FE, du Lac S, Ghosh A, Squire LR, et al. Fundamental neuroscience. Elsevier Science: New York; 2002.

[29] Hebb DO. The organization of behavior: A neuropsychological theory: Wiley: New York; 1949.

[30] Pavlov IP, Anrep GV. Conditioned reflexes: An Investigation of the physiological activity of the cerebral cortex. Oxford Univ ersity Press, Humphrey Milford: Oxford; 1927.

[31] Roth G. Das Verhältnis von bewusster und unbewusster Verhaltenssteuerung. Psychother Forum. 2004;12(2):59-70.

[32] Damasio AR. Ich fühle, also bin ich: Die Entschlüsselung des Bewusstseins. Ullstein eBooks: Berlin; 2014.

[33] Damasio AR. Descartes' Irrtum: Fühlen, Denken und das menschliche Gehirn. Ullstein eBooks: Berlin; 2014.

[34] Wotjak C, Pape H-C. Neuronale Schaltkreise von Furchtgedächtnis und Furchtextinktion. Neuroforum. 2013;19(3):92-102.

[35] Smith S. Body memories: And other pseudoscientific notions of „Survivor Psychology“. Iss Child Abuse Accus. 1993;5(4).

[36] Tozzi P. Does fascia hold memories? J Bodyw Mov Ther. 2014;18(2):259-65.

[37] Langevin HM, Sherman KJ. Pathophysiological model for chronic low back pain integrating connective tissue and nervous system mechanisms. Med Hypotheses. 2007;68(1):74-80.

[38] Dudel J, Menzel R, Schmidt RF. Neurowissenschaft: Vom Molekül zur Kognition. Springer: Berlin Heidelberg; 2013.

[39] Murray EA. The amygdala, reward and emotion. Trends Cogn Sci. 2007;11(11):489-97.

[40] Morris JS, Ohman A, Dolan RJ. A subcortical pathway to the right amygdala mediating „unseen“ fear. Proc Natl Acad Sci U S A. 1999; 96(4):1680-5.

[41] Lazarus RS. Psychological stress and the coping process. McGraw-Hill: New York, NY, US; 1966.

[42] Goldstein K. Der Aufbau des Organismus. Einführung in die Biologie unter besonderer Berücksichtigung der Erfahrungen am kranken Menschen. Martinus Nijhoff: Haag; 1934.

[43] Reyes del Paso GA, Langewitz W, Mulder LJ, van Roon A, Duschek S. The utility of low frequency heart rate variability as an index of sympathetic cardiac tone: a review with emphasis on a reanalysis of previous studies. Psychophysiology. 2013;50(5):477-87.

[44] Porges SW. The polyvagal theory: phylogenetic substrates of a social nervous system. International journal of psychophysiology. Int J Psychophysiol. 2001;42(2):123-46.

[45] Porges SW. Orienting in a defensive world: mammalian modifications of our evolutionary heritage. A polyvagal theory. Psychophysiology. 1995;32(4):301-18.

[46] Ogden P, Minton K. Sensorimotor psychotherapy: one method for processing traumatic memory. Traumotology. 2000;VI(3).

[47] Levine PA. Sprache ohne Worte: Wie unser Körper Trauma verarbeitet und uns in die innere Balance zurückführt: Kösel-Verlag: München; 2011.

[48] Payne P, Levine PA, Crane-Godreau MA. Somatic experiencing: using interoception and proprioception as core elements of trauma therapy. Front Psychol. 2015;6:93.

[49] Levine PA. Accumulated stress, Reserve capacity and disease. Ann Arbor, MI: University of California, Berkeley; 1977.

[50] Holmes TH, Rahe RH. The Social Readjustment Rating Scale. J Psychosom Res. 1967; 11(2):213-8.

[51] Scully JA, Tosi H, Banning K. Life event checklists: Revisiting the Social Readjustment Rating Scale after 30 years. Educ Psychol Meas. 2000; 60(6):864-76.

[52] Lazarus RS. A cognitively oriented psychologist looks at biofeedback. Am Psychologist. 1975; 30(5):553-61.

[53] LeDoux JE. Emotion, memory and the brain. Sci Am. 1994;270(6):50–7.

[54] Lin IM, Tai LY, Fan SY. Breathing at a rate of 5.5 breaths per minute with equal inhalation-to-exhalation ratio increases heart rate variability. International journal of psychophysiology.: Int Org Psychophysiology. 2014;91(3):206–11.

[55] Silbernagl S, Despopoulos A. Taschenatlas Physiologie. Thieme: Stuttgart; 2007.

[56] Nesse RM. The smoke detector principle. Natural selection and the regulation of defensive responses. Ann N Y Acad Sci. 2001;935:75–85.

[57] Fischer M. Seminarunterlagen zur autonomen Stressregulation. Winterthur: IBP-Institut; 2014.

[58] Darwin C. The expression of the emotions in man and animals. John Murray: London; 1872.

[59] Strack F, Martin LL, Stepper S. Inhibiting and facilitating conditions of the human smile: a nonobtrusive test of the facial feedback hypothesis. J Pers Soc Psychol. 1988;54(5):768–77.

[60] James W. What is an emotion? Mind. 1884; 9:188–205.

[61] Damasio AR. The feeling of what happens: Body, Emotion and the making of consciousness. Harcourt Brace & Company: New York, NY; 1999.

[62] Richter-Levin G. The amygdala, the hippocampus, and emotional modulation of memory. Neurosci J Neurobiol Neurol Psychiatry. 2004; 10(1):31–9.

[63] Desmedt A, Marighetto A, Richter-Levin G, Calandreau L. Adaptive emotional memory: the key hippocampal-amygdalar interaction. Stress. 2015;18(3):297–308.

[64] Dolgoff-Kaspar R, Baldwin A, Johnson MS, Edling N, Sethi GK. Effect of laughter yoga on mood and heart rate variability in patients awaiting organ transplantation: a pilot study. Altern Ther Health Med. 2012;18(5):61–6.

[65] Wollmer MA, de Boer C, Kalak N, Beck J, Gotz T, Schmidt T, et al. Facing depression with botulinum toxin: a randomized controlled trial. J Psych Res. 2012;46(5):574–81.

[66] Wolever RQ, Bobinet KJ, McCabe K, Mackenzie ER, Fekete E, Kusnick CA, et al. Effective and viable mind-body stress reduction in the workplace: a randomized controlled trial. J Occup Health Psychol. 2012;17(2):246–58.

[67] IBP Institut. [http://www.ibp-institut.ch]

[68] Reich W. Charakteranalyse. Kiepenheuer & Witsch: Köln; 1970.

[69] Potreck-Rose F. Von der Freude, den Selbstwert zu stärken. 7. Aufl. Klett-Cotta: Stuttgart; 2011.

[70] Sher B. Live the life you love: In ten easy step-by step lessons. Random House Publishing Group: Manhattan; 2013.

[71] Siegrist J. Arbeitswelt und stressbedingte Erkrankungen: Forschungsevidenz und präventive Maßnahmen: Elsevier Health Sciences Germany: Berlin; 2015.

[72] Gendlin ET. Focusing. Selbsthilfe bei der Lösung persönlicher Probleme. Rowohlt Taschenbuch Verlag: Reinbek bei Hamburg; 2012.

[73] Adolphs R, Tranel D, Damasio H, Damasio A. Impaired recognition of emotion in facial expressions following bilateral damage to the human amygdala. Nature. 1994;372(6507):669–72.

[74] Feinstein JS, Adolphs R, Damasio A, Tranel D. The human amygdala and the induction and experience of fear. Curr Biology. 2011;21(1):34–8.

[75] Maguire EA, Gadian DG, Johnsrude IS, Good CD, Ashburner J, Frackowiak RSJ, et al. Navigation-related structural change in the hippocampi of taxi drivers. Proc Nat Acad Sci U S A. 2000; 97(8):4398–403.

[76] Tausk M. Hat die Nebenniere tatsächlich eine Verteidigungsfunktion? Das Hormon, 3. Holland: Organon; 1951. 1–24.

[77] Luthar SS, Sawyer JA, Brown PJ. Conceptual issues in studies of resilience: past, present, and future research. Ann N Y Acad Sci. 2006; 1094:105–15.

[78] Charney DS. Psychobiological mechanisms of resilience and vulnerability: implications for successful adaptation to extreme stress. Am J Psychiatry. 2004;161(2):195–216.

[79] Luthar SS, Cicchetti D, Becker B. The construct of resilience: a critical evaluation and guidelines for future work. Child Dev. 2000;71(3):543–62.

[80] King A. Neurobiology: Rise of resilience. Nature. 2016;531(7592):S18–9.

[81] Antonovsky A. Unraveling the mystery of health: How people manage stress and stay well. San Francisco, CA: Jossey-Bass; 1987. 218 ff.

[82] Waldinger RJ. TED Talk: What Makes a Good Life? Lessons from the Longest Study on Happiness. 2015 [abgerufen am 1.3.2019] Verfügbar

unter: https://www.ted.com/talks/robert_waldinger_what_makes_a_good_life_lessons_from_the_longest_study_on_happiness/discussion.

[83] Steptoe A, Dockray S, Wardle J. Positive affect and psychobiological processes relevant to health. J Pers. 2009;77(6):1747–76.

[84] Revenstorf D. Selbstfürsorge. In: Tübingen MEG, editor. 2016.

[85] Wright R. Nonzero : the logic of human destiny/ Robert Wright. Pantheon Books: New York; 2000.

[86] Inagaki TK, Eisenberger NI. Neural correlates of giving support to a loved one. Psychosom Med. 2012;74(1):3–7.

[87] Watanabe T, Takezawa M, Nakawake Y, Kunimatsu A, Yamasue H, Nakamura M, et al. Two distinct neural mechanisms underlying indirect reciprocity. Proc Natl Acad Sci U S A. 2014; 111(11):3990–5.

[88] Wayment HA, Collier AF, Birkett M, Traustadóttir T, Till RE. Brief quiet ego contemplation reduces oxidative stress and mind-wandering. Front Psychol. 2015;6: Article 1481.

[89] Creswell JD, Welch WT, Taylor SE, Sherman DK, Gruenewald TL, Mann T. Affirmation of Personal Values Buffers Neuroendocrine and Psychological Stress Responses. Psychol Sci. 2005;16(11):846–51.

[90] Cohen S, Alper CM, Doyle WJ, Treanor JJ, Turner RB. Positive emotional style predicts resistance to illness after experimental exposure to rhinovirus or influenza a virus. Psychosom Med. 2006;68(6):809–15.

[91] Lovallo WR. Stress & Health: Biological and Psychological Interactions. Thousand Oaks, California; 2005.

[92] Reivich K, Shatte A. The resilience factor: 7 keys to finding your inner strength and overcoming life's hurdles. New York: Broadway Books; 2003.

[93] McKenna KM, Hashimoto DA, Maguire MS, Bynum WET. The missing link: Connection Is the key to resilience in medical education. Acad Med. 2016;91(9):1197–9.

[94] Bakker AB, Demerouti E, Sanz-Vergel AI. Burnout and work engagement: The JD–R approach. Ann Rev Organ Psychol Organ Behav. 2014; 1(1):389–411.

[95] Kotov R, Gamez W, Schmidt F, Watson D. Linking „big" personality traits to anxiety, depressive, and substance use disorders: a meta-analysis. Psychol Bull. 2010;136(5):768–821.

[96] Rössler W, Hengartner MP, Ajdacic-Gross V, Angst J. Zusammenhang zwischen Burnout und Persönlichkeit. Nervenarzt. 2013;84(7):799–805.

[97] Kobasa SC. Stressful life events, personality, and health: An inquiry into hardiness. J Person Soc Psychol. 1979;37(1):1–11.

[98] Cicchetti D. Resilience under conditions of extreme stress: a multilevel perspective. World Psychiatry. 2010;9(3):145–54.

[99] Kochanska G, Philibert RA, Barry RA. Interplay of genes and early mother-child relationship in the development of self-regulation from toddler to preschool age. J Child Psychol Psychiatry. 2009;50(11):1331–8.

[100] Danese A, McEwen BS. Adverse childhood experiences, allostasis, allostatic load, and age-related disease. Physiol Behav. 2012;106(1): 29–39.

[101] Karatsoreos IN, McEwen BS. Psychobiological allostasis: resistance, resilience and vulnerability. Trends Cogn Sci. 2011;15(12):576–84.

[102] Curtis WJ, Cicchetti D. Moving research on resilience into the 21st century: theoretical and methodological considerations in examining the biological contributors to resilience. Develop Psychopathol. 2003;15(3):773–810.

[103] Jaffee SR, Takizawa R, Arseneault L. Buffering effects of safe, supportive, and nurturing relationships among women with childhood histories of maltreatment. Psychol Med. 2017;47 (15):2628–39.

[104] American Psychological Association. The Road to Resilience. Washington, DC: APA; 2019 [abgerufen am 1.3.2019].Verfügbar unter: https://www.apa.org/helpcenter/road-resilience

[105] Neff K. Selbstmitgefühl: Wie wir uns mit unseren Schwächen versöhnen und uns selbst der beste Freund werden. München: Kailash; 2013.

[106] Brechbühl G, Pfeifer S. Ohne Wenn & Aber. Selbstfürsorge und Selbstmitgefühl leben. 2018.

[107] Leary MR, Tate EB, Adams CE, Allen AB, Hancock J. Self-compassion and reactions to unpleasant self-relevant events: the implications of

treating oneself kindly. J Pers Soc Psychol. 2007;92(5):887-904.

[108] Storch M, Krause F. Selbstmanagement - ressourcenorientiert. Grundlagen und Manual für die Arbeit mit dem Zürcher Ressourcen Modell ZRM. Bern: Huber; 2002.

[109] Brandstätter V., Schüler J., Puca R., Lozo L. Implizite und explizite Motive. Motivation und Emotion. Springer: Berlin, Heidelberg; 2013.

[110] McClelland DC. Motivational factors in health and disease. Am Psychologist. 1989;44(4):675-83.

[111] Brunstein JC, Schultheiss OC, Grässman R. Personal goals and emotional well-being: The moderating role of motive dispositions. J Person Soc Psychol. 1998;75(2):494-508.

[112] Murray HA. Thematic apperception test. Harvard University Press: Cambridge, MA, US; 1943.

[113] Simpson EH, Balsam PD. The behavioral neuroscience of motivation: An overview of concepts, measures, and translational applications. Curr Topics Beh Neuroscie. 2016;27:1-12.

[114] Sher B, Schwarzer G. Wishcraft: Lebensträume und Berufsziele entdecken und verwirklichen. Osnabrück: Edition Schwarzer; 2009.

[115] Sinek S. Finde dein Warum: Der praktische Wegweiser zu deiner wahren Bestimmung. München: REDLINE Verlag; 2018.

[116] Allmer H. Erholung und Gesundheit: Grundlagen, Ergebnisse und Massnahmen. Hogrefe: Göttingen, Bern; 1996.

[117] Koppenhöfer E. Sinnliche Lebendigkeit erfahren - Wohlbefinden durch Sinnesgenüsse erleben. In: Frank R, Hrsg. Therapieziel Wohlbefinden. Springer: Berlin, Heidelberg; 2007.

[118] Lutz R, Koppenhöfer E. Kleine Schule des Geniessens. In: Lutz R, Hrsg. Genuss und Geniessen. Zur Psychologie des genussvollen Erlebens und Handelns. Beltz: Weinheim; 1983.

[119] Porges SW. Vagal pathways: portals to compassion. In: Seppala EM, editor. The Oxford handbook of compassion science. Oxford University Press: New York, NY; 2017.

[120] Petermann F, Vaitl D. Entspannungsverfahren: Das Praxishandbuch. Mit E-Book inside: Beltz: Weinheim; 2014.

[121] Williams DP, Cash C, Rankin C, Bernardi A, Koenig J, Thayer JF. Resting heart rate variability predicts self-reported difficulties in emotion regulation: a focus on different facets of emotion regulation. Front Psychol. 2015;6:261.

[122] Uvnas-Moberg K, Petersson M. Oxytocin, a mediator of anti-stress, well-being, social interaction, growth and healing. Z Psychosom Med Psychother. 2005;51(1):57-80.

[123] Grape C, Sandgren M, Hansson LO, Ericson M, Theorell T. Does singing promote well-being?: An empirical study of professional and amateur singers during a singing lesson. Integr Physiol Behav Sci. 2003;38(1):65-74.

[124] Lipschitz DL, Kuhn R, Kinney AY, Grewen K, Donaldson GW, Nakamura Y. An exploratory study of the effects of mind-body interventions targeting sleep on salivary oxytocin levels in cancer survivors. Integr Cancer Ther. 2015;14(4): 366-80.

[125] Arch JJ, Brown KW, Dean DJ, Landy LN, Brown KD, Laudenslager ML. Self-compassion training modulates alpha-amylase, heart rate variability, and subjective responses to social evaluative threat in women. Psychoneuroendocrinology. 2014;42:49-58.

[126] Germer C. Der achtsame Weg zur Selbstliebe: wie man sich von destruktiven Gedanken und Gefühlen befreit. Freiburg: Arbor-Verlag; 2010.

[127] Müller T, Paterok B. Schlaftraining: Ein Therapiemanual zur Behandlung von Schlafstörungen. Hogrefe Verlag: Göttingen, Bern; 2010.

[128] Sihvo M. History of the LAX VOX® - tube exercise: QUICK First-Aid and Vocal Self Care. Riga: LAP LAMBERT Academic Publishing; 2017.

Abkürzungsverzeichnis

Akronym	Bezeichnung
ANS	Autonomes Nervensystem
BDNF	„brain-derived neurotrophic factor"; neuronaler Wachstumsfaktor
EKG	Elektrokardiogramm
KEK	Körperempfindungen, Emotionen und Kognition
HRV	Herzratenvariabilität
IBP	Integrative Body Psychotherapy
N.	Nucleus
SRRS	Social Readjustment Rating Scale
SRT	Self-Release-Technik

Sachwortverzeichnis

Die Autorin

Geraldine Leblanc Photography

Dr. sc. ETH Ariane Orosz ist promovierte Neurowissenschaftlerin und hat eine integrative Coachingausbildung am IBP Institut für Körperpsychotherapie absolviert. Ihren Interessen- und Arbeitsschwerpunkt bilden Stress und dessen neurobiologischen Korrelate, Auswirkungen und Bewältigung. Am Zentrum für stressbedingte Erkrankungen am Sanatorium Kilchberg leitet sie Gruppen zu Stressmanagement, Schlaf und Achtsamkeit und ist verantwortlich für Biofeedback-Behandlungen und Messungen der Herzratenvariabilität (HRV). Am Zentrum Psychosomatik Zürich bietet sie Coachings und Beratungen an. An der Universitätsklinik für Psychiatrie und Psychotherapie Bern ist sie in interdisziplinäre Forschungsprojekte involviert und ist Autorin von wissenschaftlichen Artikeln in internationalen Journals.